资助项目：武汉市社科基金"重大突发事件城市应急管理建设研究专项：领导干部应对重大突发事件能力研究——基于武汉'新冠病毒疫情'的分析"（项目编号2020002）

新时代
如何提升领导力

XINSHIDAI RUHE TISHENG LINGDAOLI

廖 宇 著

知识产权出版社
全国百佳图书出版单位
—北京—

图书在版编目（CIP）数据

新时代如何提升领导力/廖宇著. —北京：知识产权出版社，2022.11
ISBN 978-7-5130-8410-9

Ⅰ．①新… Ⅱ．①廖… Ⅲ．①领导学 Ⅳ．①C933

中国版本图书馆 CIP 数据核字（2022）第 193610 号

内容提要

本书聚焦于研究管理者提高领导力的方法，全书分为七个部分，内容包括导论、管理与领导、东西方领导理论、领导胜任力及其测评、中华传统文化对提高领导力的借鉴、新时代管理者领导力开发、新时代管理者提高领导力的方法，涵盖了提高领导力的相关理论及其实际操作等重要环节，保证了知识体系的完整性。

本书捕捉前沿，突出应用，在内容上，坚持实用性和针对性，根据领导和管理领域读者所需的知识和技能来设计本书内容；在形式上，努力探索、挖掘中华传统典籍中的领导智慧以为今用，在分析、鉴别、吸收和借鉴国外先进领导理论经验的基础上，结合马列主义、毛泽东思想等相关论述，立足于中国改革开放的伟大实践，提出了适应我国情境的新型领导理论模型，以此探索提高管理者领导力的途径。

责任编辑：张水华　　　　　　　　　责任校对：潘凤越
封面设计：智兴设计室·张国仓　　　责任印制：孙婷婷

新时代如何提升领导力
廖宇　著

出版发行：知识产权出版社有限责任公司		网　　址：http://www.ipph.cn	
社　　址：北京市海淀区气象路 50 号院		邮　　编：100081	
责编电话：010-82000860 转 8389		责编邮箱：46816202@qq.com	
发行电话：010-82000860 转 8101/8102		发行传真：010-82000893/82005070/82000270	
印　　刷：北京虎彩文化传播有限公司		经　　销：新华书店、各大网上书店及相关专业书店	
开　　本：720mm×1000mm　1/16		印　　张：16.5	
版　　次：2022 年 11 月第 1 版		印　　次：2022 年 11 月第 1 次印刷	
字　　数：290 千字		定　　价：79.00 元	
ISBN 978-7-5130-8410-9			

出版权专有　侵权必究
如有印装质量问题，本社负责调换。

前言 PREFACE

"领导力"是关系到组织生存和发展的重要因素,这一观念已被企业界广泛接受。领导是领导者为实现组织的目标而运用权力向其下属施加影响力的一种行为或行为过程。领导艺术是领导者的人格魅力、智慧、学识、胆略、经验、作风、品格、方法和能力在领导实践中的具体体现。领导力其实是领导在一定的科学文化知识、理论修养、领导经验、思维能力基础上,创造性地运用领导科学、原则和方法所表现出来的高超技巧。提高不同组织及其不同层次中管理者的领导力已经刻不容缓。

本书聚焦于管理者提高领导力的方法研究,结构紧凑,体系合理,全书共分七部分,主要内容包括:导论、管理与领导、东西方领导理论、领导胜任力及其测评、中华传统文化对提高领导力的借鉴、新时代管理者领导力开发、新时代管理者提高领导力的方法,涵盖了提高领导力的相关理论及其实际操作等重要环节,保证了知识体系的完整性。本书捕捉前沿,突出应用,在内容上注重实用性和针对性,根据领导和管理领域读者所需的知识和技能来设计本书内容;在形式上,努力探索挖掘中华传统典籍中的领导智慧以为今用的模式,在分析、吸收和借鉴国外先进领导理论经验的基础上,结合马列主义、毛泽东思想有关领导的相关论述,以习近平新时代中国特色社会主义思想的领导观为指导,立足于中国改革开放的伟大实践,提出了适应我国情境的新型领导理论模型,以此探索提高管理者领导力的途径。本书可作为各级领导者、管理者的理论读物,也可以作为高职高专、高等院校的管理专业参考书,亦可作为企业相关管理人员的培训教材,用于培养社会需要的实用型领导人才。

本书在撰写过程中,参考了大量的管理学及领导科学教材、案例和相关著作,以及有关期刊和互联网的资料。在此,谨向有关作者以及所有对本书撰写工作给予支持和关心的人们表示衷心的感谢!

由于水平有限,书中难免有不妥之处,恳请同行及广大读者批评指正。

廖 宇

2021年5月于武汉

目 录

导 论 001

第一章 管理与领导 025
第一节 管理的内涵与特征 / 025
第二节 领导及领导职能 / 031
第三节 管理理论 / 051

第二章 东西方领导理论 063
第一节 西方领导理论概述 / 063
第二节 中华传统思想中的领导策略 / 072
第三节 无产阶级革命领袖的领导观 / 078

第三章 领导胜任力及其测评 088
第一节 胜任力 / 088
第二节 领导胜任力模型构建 / 094
第三节 领导素质测评 / 137

第四章 中华传统文化对提高领导力的借鉴 149
第一节 领导者识人的思路 / 149
第二节 领导者用人的思路 / 160
第三节 领导者激励人的思路 / 167
第四节 领导者与人交往的思路 / 172
第五节 领导者形象塑造的思路 / 178

第五章　新时代管理者领导力开发　183

第一节　领导力及领导力模型 / 183

第二节　新时代管理者的领导力开发内容与途径 / 187

第三节　华为公司的领导力开发实践 / 195

第六章　新时代管理者提高领导力的方法　203

第一节　领导者提高政治力的方法 / 203

第二节　善用传统文化软实力管理的方法 / 208

第三节　领导者提高决策力的方法 / 212

第四节　领导者提高指挥驾驭力的方法 / 217

第五节　新任领导者的工作方法 / 225

第六节　领导者提高非职权影响力的方法 / 234

第七节　领导的其他常用工作方法 / 239

后　记　254

参考文献　255

导 论

领导力是一种有关前瞻与规划、沟通与协调、真诚与均衡的艺术，领导力可以被形容为一系列行为的组合，而这些行为将会激励人们跟随领导去要去的地方而不仅仅是简单的服从。

一、研究的目的与意义

1954年，管理大师彼得·德鲁克（Peter Drucker）是这样描述经理人的基本任务的：决定目标，分配工作——经理人需要决定目标应该是什么，分析达成目标所需的活动、决策和关系，将工作分门别类，并分割为可以管理的职务，然后将这些单位和职务组织成适当的结构，选择合适的人来管理这些单位以及需要完成的工作。当今社会经理人仍然需要具备彼得·德鲁克所说的那些有关决策、组织、评价、奖罚等任务的基本技能，但21世纪对经理人提出了更高、更全面的要求。为了从一个传统的"管理者"转变为一名成功的"领导"，我们最需要做的不是完成既定的任务，也不是设计好团队的组织结构，更不是熟练地发号施令，而是为所有员工营造一种充满激情和创新的环境——领导力不是一种方法或技能，而是一种独特的艺术。

（一）研究的目的

在中国特色社会主义进入新时代的特殊历史时期，党的十九大根据新的发展形势和时代要求，既明确了要全面建成小康社会、实现第一个百年奋斗目标，又提出乘势而上开启全面建设社会主义现代化国家新征程，向第二个百年奋斗目标进军。以习近平同志为核心的党中央，在经济建设、政治建设、文化建设、社会建设、生态文明建设等方面提出一系列新理念新思想新战略，习近平新时代中国特色社会主义思想是党和国家各项事业蓬勃发展的行动指南，是我们在新时代进行伟大斗争、建设伟大工程、推进伟大事业、实现伟大梦想的强大思想武器。由此笔者萌发了对领导者领导力进行深入研究的想法，希冀研究的成果可以为领导干部在习近平新时代中国特色社会主义思想指引下提高领导能力提供借鉴。

领导力的研究就是在这些关于领导的研究基础上应运而生，领导不仅仅是职务地位，也不是少数人享有的特权专利，而是一种积极互动的目的明确的动力。通俗地讲，领导就是引导团队成员去实现目标的过程。在组织中，领导者和成员共同推动着团队向既定的目标前进，组织领导力的基础是个体的领导力，如何突破和提升领导力是本研究的主要目的。

（二）研究的意义

国内外绝大多数企业都很重视并乐于花精力提升管理层的领导力。与此同时，从2014年起，国内很多地方政府也在寻求提升领导层领导力的方法。这说明无论是政府部门，还是企业，领导力的提升对它们来讲都有着非凡的意义。

领导者的行为，尤其是关键时刻的行为，是对组织成败影响最大的因素。要带领全体成员在复杂多变和充满激烈竞争的外部环境中乘风破浪，领导者需要拥有雄心伟略和高瞻远瞩的决策能力，由于许多领导者对领导理论知识缺乏系统的理解和掌握，仅仅靠摸索积累管理经验使领导水平受到局限，从而导致整个团队的成长遇到瓶颈，很难满足组织成长的发展需要。中国共产党强大的领导力汇集的是中央到地方全部组织的整体领导力，奠基于基层组织无处不在、无时不在的领导力。在我们党成立一百年的重要历史时刻，在党和人民胜利实现第一个百年奋斗目标、全面建成小康社会，正在向着全面建成社会主义现代化强国的第二个百年奋斗目标迈进的重大历史关头，摆在我们面前的使命更光荣、任务更艰巨、挑战更严峻、工作更伟大。本研究旨在为领导者提供参考，领导者只有认真学习、勇于实践才能在使命的感召下不断前进，圆满地完成新任务。

二、国内外研究综述

领导是对他人达成群体目标施加影响的过程，既是科学又是艺术，领导力是一种合力，即领导者与追随者相互作用而迸发出的一种思想与行为的能力。[1] 从中外对领导力的研究中，我们归纳出其研究动态如下。

(一) 国外相关研究动态

西方对领导能力的研究是从 19 世纪下半叶工业革命时期开始的，一直以来领导能力研究充分融合了社会学、政治学和管理学等理论，从多角度、多方位、多方法的综合研究中不断揭示领导能力的本质。西方学术界关于领导能力的研究可以分为四项内容：领导特质研究、领导行为研究、领导权变研究和领导胜任能力研究。

1. 领导特质理论

领导特质理论也被称为"伟人理论"，侧重研究什么样的人才能当领导，领导者应该具备什么样的领导品质，才能获得最佳的领导效果。从领导者所具有的特质去理解，以领导者为中心，探讨领导者不同于其他人的特点。按其对领导特性来源的不同解释，可分为传统的领导性格理论和现代的领导性格理论。前者认为领导者所具有的品质是天生的，是由遗传决定的；而后者则认为领导的品质和特性是在实践中形成的，是可以通过教育训练培养的。高顿（Sir. F. Galton）早在 1869 年就认为领导者的特质是天生的，特性理论的创始人奥尔波特（C. W. Allport）及其同事曾分析过 17953 个用来描写人的特点的形容词。亨利（W. Henry）于 1949 年在调查研究的基础上指出，成功的领导者应具备 12 种品质：①成就需要强烈，把工作成就看成最大的乐趣；②干劲大，工作积极努力，希望承担富有挑战性的工作；③用积极的态度对待上级，尊重上级，与上级关系较好；④组织能力强，有较强的预测能力；⑤决断力强；⑥自信心强；⑦思维敏捷，富于进取心；⑧竭力避免失败，不断地接受新的任务，树立新的奋斗目标，驱使自己前进；⑨讲求实际，重视当下；⑩不能只对上级亲近，而对下级疏远；⑪对父母没有情感上的牵扯，而且一般不同父母在一起；⑫效力于组织，忠于职守。吉伯（C. A. Gibb）于 1954 年指出，天才的领导者具有 7 项特性：①智力过人；②英俊潇洒；③善言辞；④心理健康；⑤外向而敏感；⑥有较强的自信心；⑦有支配他人的倾向。

随着研究的深入和实践的反馈，传统特性理论受到各方面的质疑，归纳起来，主要反映在三个方面：①据有关统计，自 1940 年至 1947 年的 124 项研

---

[1] 翟鸿燊. 领导的力量 [M]. 北京：企业管理出版社，2001：271-278.

究中,所得出的天才领导者的个人特性众说纷纭,但各特性之间的相关性不大,有的甚至产生矛盾;②进一步的研究发现,领导者与被领导者、卓有成效的领导者与平庸的领导者有量的差别,但并不存在质的差异;③许多被认为具有天才领导者特性的人并没有成为领导者。

现代特性理论认为,领导者的特性和品质并非全是与生俱来的,而是可以在领导实践中形成,也可以通过训练和培养的方式予以造就。主张现代特性理论的学者提出不少富有见地的观点。美国普林斯顿大学教授威廉·杰克·鲍莫尔(William Jack Baumol)针对美国企业界的实况,提出企业领导者应具备的10项条件:①合作精神;②决策能力;③组织能力;④精于授权;⑤善于应变;⑥勇于负责;⑦勇于求新;⑧敢担风险;⑨尊重他人;⑩品德超人。美国管理协会曾对在事业上取得成功的1800名管理人员进行调查,发现成功的管理人员一般具有以下20种品质和能力:①工作效率高;②有主动进取精神;③善于分析问题;④有概括能力;⑤有很强的判断能力;⑥有自信心;⑦能帮助别人提高工作的能力;⑧能以自己的行为影响别人;⑨善于用权;⑩善于调动他人的积极性;⑪善于利用谈心做工作;⑫热情关心别人;⑬能使别人积极而乐观的工作;⑭能实行集体领导;⑮能自我克制;⑯能自主做出决策;⑰能客观地听取各方面的意见;⑱对自己有正确估价,能以他人之长补自己之短;⑲勤俭;⑳具有管理领域的专业技能和管理知识。总而言之,特性理论虽然对领导者自身的特性进行了深入研究,但未考虑到下属的需求,也未说明各种特性在领导工作中的相对重要性,更忽视了情境因素的影响。

2. 领导行为理论

领导行为即通过研究领导者在领导过程中的具体行为和不同行为对下属的影响,寻找最佳领导行为。领导行为基础是领导特征和技巧,领导风格是领导者特质、技巧及与下属沟通时行为的统一体。领导行为理论是由爱荷华大学的勒温、约翰·里皮特和怀特(Lewin, R. Lippitt and R. White, 1939)所开创。心理学家勒温将领导风格分为三种类型:专制型、民主型和放任型。专制型领导风格强调权力集中于领导者个人,民主型领导风格突出群体参与决策过程,放任型领导风格强调每位员工各行其是。莱斯利·W. 鲁(Leslie W. Rue)和劳埃德·L. 拜厄斯(Lloyd L. Byars)对于领导风格的分类与勒温较一致,分为专制型、自由型、民主型。行为科学家李克特(Likert)教授和他的同事提出,根据领导在上下关系、工作激励两个维度上的不同表现,将领导风格区分为：剥削权威型、仁慈权威型、协商民主型和参与民主型。1945 年，美国俄亥俄州立大学首先开创行为理论研究。他们从 1000 多个领导行为特征中，不断提炼概括，最后归纳为"关心人"和"抓工作组织"两个行为量纲，并且发现这两种行为在不同的领导者身上所表现出来的强弱程度不一致。在领导行为四分图基础上，密执安大学心理学家提出领导行为的两个维度：面向员工和面向生产。面向员工的领导者倾向于较高程度的集体生产，与员工较高的满意度相联系；而面向生产的领导者则倾向于较低程度的集体生产，与员工较低的满意度相联系。美国管理学家布莱克（Robert. R. Blake）和穆顿（Jane Mouton）于 1964 年设计了一个巧妙的管理方格图，其醒目地表示出主管人员对生产的关心程度和对人的关心程度。管理方格图的横坐标与纵坐标分别表示对生产和对人的关心程度，每个方格就表示"关心生产"和"关心人"这两个基本因素以不同程度相结合的一个领导方式，它以坐标方式表现上述二维面的各种组合方式，各有 9 种程度，因此可以有 81 种组合，形成 81 个方格。

20 世纪 70 年代晚期，以对变革型、交易型领导的研究为起点，进入新型领导风格研究阶段，由此也产生一些新的划分类型。贝斯（Bass）将领导风格分为三种：变革型、交易型、放任型。交易型领导者通过明确工作角色和任务，指导并激励下属向着既定的目标前进，这类领导者典型的行为是通过奖赏、承诺来维持组织的高绩效。与此相对，变革型领导者以自身的领袖魅力，通过关注员工的需求，影响和改变员工对工作的态度、价值观，鼓励员工为了组织利益而超越自身利益。艾弗里（Avery）主张将领导风格划分为四类——经典型、交易型、变革型和有机型，其领导风格模型强调根据不同的环境条件、组织的需求来考虑领导风格。经典型领导风格的组织中，组织成员一般会执行领导的指令，因为成员会考虑不执行命令的后果和对领导的尊重等因素。交易型领导通过清楚了解下属的需求，明确下属的行为结果，去付出必要的努力，从而实现预期的绩效目标。❶

这些理论在确定领导行为类型与群体工作绩效之间的一致性关系上取得了有限的成功，其主要的缺点是缺乏对影响成功与失败的情境因素的考虑。领导行为与领导的有效性之间的关系显然依赖于任务结构、领导成员关系、领导权威、下属的主导性需求等情境因素。

---

❶ 王诗乐. 领导风格研究综述 [J]. 广东经济, 2017 (6)：28-29.

3. 领导权变理论

该理论亦称"领导情境理论",于20世纪60年代至70年代初形成。该理论认为,不存在一种绝对的最佳的领导方式。领导是领导者、被领导者及其环境因素相互作用的动态过程。心理学家费德勒(F. Fiedler)于1962年提出一个有效领导的权变模式,将领导方式(领导型态)归纳为两类,即"员工导向型"和"工作导向型"领导方式。要想取得理想的领导效能,必须使一定的领导方式和与之相适应的领导情势相配合。领导情势包括领导者与成员之间的相互关系、任务结构和职位权力三个要素。领导者的领导情势程度又决定于领导者使领导情势三因素相互配合的状况。根据这三个因素不同的配合情形,可以看出领导对情势的控制程度有多高。因此,费德勒模式的最大优点在于它吸收了过去有关领导行为的研究成果,分清了不同领导方式能够发挥领导效能的情境。继费德勒的权变论之后,20世纪70年代初,加拿大多伦多大学教授豪斯(R. J. Howse)提出通路—目标理论(Path-goal Theories)。该理论把伊万斯(W. G. Evans)的研究加以延伸,又把期望理论与俄亥俄州立大学的领导行为二因素理论结合起来。该理论的基本前提是:某些领导行为之所以有效,是因为在该情境之中,这种行为有助于下属人员达成与工作有关的目标。豪斯等人认为领导是一种激励部下的过程,领导方式只有适用于不同的部下和环境时,才是有效的。该理论的核心是要求领导者用抓组织、关心生产的办法帮助职工扫清达到目标的通路,用体贴精神关心人,满足人的需要,帮助职工通向自己预定的目标。因此,豪斯提出四种领导方式:指令型、支持型、参与型、成就取向型。而这四种领导方式必须根据部下的不同情况分别选择,选择时主要考虑两个方面的因素,即部下的人格特性和环境因素。人格特性包括能力、需求等。环境因素包括任务的性质、组织的权力系统和工作群体等。1973年,佛鲁姆(V. H. Vroum)和耶顿(P. W. Yeton)又提出了领导—参与模式(Leader-participation Model)。这种模式主要是研究决策中的领导行为。该模式指出:领导在进行决策时,会有各种选择的可能性,有效的领导应根据不同的情境让成员不同程度地参与决策。20世纪80年代以来,海勒和威尔珀特(Heller and Wilpert, 1984)进一步提出海勒—威尔珀特权变模型,探讨了决策行为、资源利用、工作满意和管理的功效之间的相互作用关系,同时分析了各种权变量对决策行为及其结果的影响,在他人研究的基础上提出了"影响—权力连续体"(Influence-Continuum)的概念。他们认为领导决策过程中参与的程度事实上反映了下级在决策过程中能够施加的影响及权力的大小。这种影响和权力可以在一个连续体的一端（下级对于决策制度没有任何影响和权力），另一端下级则拥有充分的权力和全面的影响。领导生命周期理论（Situational Leadership Theory，SLT）是由卡曼（A. Korman）首先提出，后由保罗·赫西（Paul Hersey）和肯尼斯·布兰查德（Kenneth Blanchard）予以发展的领导生命周期理论，也称情景领导理论，该理论认为下属的"成熟度"对领导者的领导方式起重要作用。所以，对不同"成熟度"的员工采取的领导方式有所不同。"成熟度"（Readiness）是指人们对自己的行为承担责任的能力和愿望的大小。它取决于两个要素：工作成熟度和心理成熟度。工作成熟度指的是一个人的知识和技能水平，工作成熟度高的人拥有足够的知识、能力和经验完成他们的工作任务而不需要他人的指导。心理成熟度指的是一个人做某事的意愿和动机。心理成熟度高的个体不需要太多的外部激励，他们靠内部动机激励。在管理方格图的基础上，根据员工的成熟度不同，将领导方式分为四种：命令式、说服式、参与式和授权式。

领导权变理论研究把领导者个人特质、行为者行为及领导环境相互联系起来，从而创造了一套比较完善的领导理论体系。缺点是：①仅仅以简单的两维模型来描述多重复杂的管理实践，解决管理问题，尤其是忽视了人这一决定性的因素，未能把人作为领导权变理论基础中的能动变数；②只强调特殊性，否认普遍性；只强调个性，否认共性。其不可避免地滑到经验主义的立场上去；③排斥用科学的方法论进行概念分析，使概念缺乏统一性，内容缺乏有机联系，从而使管理理论和管理实践缺乏相应科学的标准。

4. 领导胜任能力研究

领导胜任能力理论特别强调领导者的整体分析能力和战略规划能力，重视对领导胜任能力的分析和预测，尤其强调领导者对于职位要求的胜任程度。领导胜任能力理论主要关注领导者知识、技能、能力及其他特征与其职位要求的匹配，与战略发展的适应程度，强调职位要求需要随着组织体系变革发展而持续发生变化。

胜任力概念引起人们广泛关注要追溯到20世纪60年代后期，当时，泰勒建议采用系统的培训和发展活动去提高工人的胜任力，进而提高组织效能，这理论已被基本否定。而智商学说也越来越受到质疑，人们迫切希望了解影响工人绩效的根本原因，却找不到满意的答案。胜任力由戴维·麦克利兰（McClelland）等（1973）最早提出，胜任力要素是那些与工作或工作绩效直接相关的知识、技能、能力、特征与动机等，能够比较好地预测实际工作绩效。目前在文献中经常被引用的胜任力定义有以下四种：胜任力指知识、技能、能力、激励、理念、价值观和兴趣的综合（Fleishman et al., 1995）；胜任力指与高工作绩效相关的知识、技能、能力或特征（Mirabile, 1997）；胜任力指动机、特质、自我概念、态度或价值观、知识或技能，指能够依靠测量，并把高绩效员工与一般绩效员工区分出来的任何个体特征（Spencer, McClelland, and Spencer, 1994）；胜任力指可测量的，有助于实现任务目标的工作习惯和个人技能（Green, 1999）。阿尔法艾索和沃特鲁（Alpha Assoc and Waterloo, 1993）以胜任特征理论为基础考察了组织中的管理培训，总结出管理人员具有的五项基本的胜任力，包括要领技能与创造性、领导、人际技能、行政管理和技术。凯雷斯和奥尔伍德（Careless and Allwood, 1997）对澳大利亚大多数管理咨询机构的管理咨询活动进行了研究，发现他们评价管理人员的工作胜任力指标包括决策能力、人际技巧、计划能力和组织能力等。随着影响力的扩大和研究的深入，胜任特征方法也扩散到其他行业。[1]

5. 领导力开发研究

对领导力的研究源于对领导的研究并以之为基础。美国的哈罗德·孔茨（Harold Koontz）把领导力看作一种对人们的影响力，是一种获得追随者并使之甘心为实现组织目标而努力奋斗的能力。纵观西方对领导力的认识过程，发现对其研究有两种取向——个人能力与集体能力。随着神授和血缘不再是领导者的合法来源，人们对到底哪些特质使那些领导者成为领导者这一问题展开探究，并逐步形成领导特质理论。20世纪70年代，特质领导理论发展为魅力型领导理论，20世纪90年代出现的分权式领导理论流派和学习型组织等流派的领导观更加靠近"集体"这一极。进入21世纪，由于在应对日益复杂多变的挑战时，个体领导者越发显得能力有限；随之，理论界中英雄主义领导理论也备受质疑，对领导力的研究朝着"集体"的方向继续迈进。安诺—比恩（Unl-Bien）认为组织系统中个人、团体和组织相互依赖，有时领导和追随的边界可能会被打破，要明确谁起到的作用更关键是很困难的。1999年盖斯纳（Gessner）和阿尔诺德（Arnold）把领导者创造理想的全球化组织的能力定义为全球领导力。2003年多尔夫曼（Dorfman）将全球领导力定义为一种跨越地理和文化边界的影响力，并强调：这种影响并不局限于全球化事务；

---

[1] 张梅英. 胜任力研究综述 [J]. 生产力研究, 2012 (12): 250-251.

其来源并不局限于个人的知识、技能和行为能力，还包括团队以及组织和社会文化；组织中的个体成员和团队都有可能施加这种影响。关于领导力开发，西方相关研究文献中引用率最高的是创新领导中心（CCL）的观点和学者 Day 的观点。CCL 认为领导者发展是领导力发展的一个方面，培养那些具有较高潜能的领导者和增加后备领导人才储备，仅能够在一定程度上增强组织的领导能力。组织不仅要发展个人的领导能力，也必须发展集体领导能力。强化个体之间的联系以及组织内部各团队之间的紧密联系，能够使组织成员跨越组织界限，以一种开放、包容的方式更加高效地工作。❶

（二）国内相关研究动态

有关领导问题的专业性学术研究兴起于20世纪初的美国社会科学领域，迄今已有百年历史（文茂伟，2007）。❷ 在传统的中国社会发展中，因长期受封建思想的影响，人们习惯于按照差序观念看待领导行为。"差序格局"的概念是由我国社会学先驱费孝通先生于1947年在《乡土中国》一书中最先提出，书中详细介绍了中国社会和文化环境下企业领导者分配资源的方式和差异化对待员工的模式。费孝通认为中国企业领导者以社会关系的亲疏远近为基础，将身边的人归入不同的圈层，由内向外分别予以差别对待，从而形成所谓的"差序格局"。❸ 下文梳理了中华人民共和国成立后国内关于领导理论的相关研究。

1. 政治领袖关于领导的论述

毛泽东在《中国革命战争的战略问题》中系统分析了领导活动的规律和特点，他指出领导目标的实现同领导者自身建设、素质提高是同步的，主要包括以下几点。一是领导目标是领导者与被领导者利益一致基础上的共同目标，这是实现领导的前提。二是领导是社会协作和分工的产物，领导目标要得到被领导者的认同，就必须反映被领导者的利益。三是被领导者并非是单个人，而是社会人，对被领导者要给予政治教育。四是领导者要提高影响力。五是领导者要能够把握住相辅相成的对立面，促进事物向好的方面转化。六是领导者还要成为战略家，能够把握全局。毛泽东认为："凡属带有要照顾各方面和各阶段的性质的，都是战争的全局。""指挥全局的人，最要紧的是把

---

❶ 邵天. 领导力研究综述 [J]. 河北工程大学学报：社会科学版, 2014, 31 (1)：24-25.
❷ 刘晓林. 国内外主要领导风格理论研究综述 [J]. 商情, 2019 (4)：296.
❸ 刘晓林. 国内外主要领导风格理论研究综述 [J]. 商情, 2019 (4)：296.

自己的注意力摆在照顾战争的全局上面。"❶

党的十一届三中全会以后，邓小平同志明确指出，"中国的稳定，四个现代化的实现，要有正确的组织路线来保证"，❷ 提出了干部队伍革命化、年轻化、知识化、专业化的"四化"方针。邓小平对领导干部能力的要求可以概括为具有领导现代化建设的能力，有原则性、系统性、预见性和创造性等。这也是邓小平领导思想的具体体现。其一，原则性。领导者必须有权威，但权威不能自封，权力首先是责任，要依法授权，依法用权，不越权，不揽权，不侵权，不滥用权。其二，系统性。领导者在思考和处理问题时，必须从事物整体性出发，胸怀全局，把握重点，统筹兼顾，把全局和局部、过程和阶段、系统和层次有机结合起来，实现一般和特殊的统一，协调有序地推进工作。其三，预见性。领导者应该是战略家，有战略头脑，视野开阔，对新事物保持着强烈的敏感性和洞察力，能运筹帷幄，决胜千里，立足现在，把握未来。其四，创造性。领导者应大力倡导创造性的思维方式和思想方式，一方面要求领导者不断地"换脑筋"，更新观念，突破陈规戒律的束缚，勇于试验，敢为人先；另一方面要求领导者要有风险意识和机遇意识，"大胆地试，大胆地闯"，❸ 做到机遇要抓住，决策要及时。

在领导干部的能力要求上，江泽民提出加强党的执政能力建设，提高党的领导水平和执政水平。主要体现在："必须以宽广的眼界观察世界，正确把握时代发展的要求，善于进行理论思维和战略思维，不断提高科学判断形势的能力；必须坚持按照客观规律和科学规律办事，及时研究解决改革和建设中的新情况新问题，善于抓住机遇加快发展，不断提高驾驭市场经济的能力；必须正确认识和处理各种社会矛盾，善于协调不同利益关系和克服各种困难，不断提高应对复杂局面的能力；必须增强法制观念，善于把坚持党的领导、人民当家作主和依法治国统一起来，不断提高依法执政的能力；必须立足全党全国工作大局，坚定不移地贯彻党的路线方针政策，善于结合实际创造性地开展工作，不断提高总揽全局的能力。"❹

关于对领导干部领导能力、领导方法的要求，胡锦涛指出："一是着力增强宗旨观念，切实做到立党为公、执政为民。要坚持以人为本，坚持问政于

---

❶ 毛泽东. 毛泽东选集：第1卷 [M]. 北京：人民出版社，1991：170-183.
❷ 邓小平. 邓小平文选：第2卷 [M]. 北京：人民出版社，1994：193.
❸ 邓小平. 邓小平文选：第3卷 [M]. 北京：人民出版社，1993：374.
❹ 江泽民. 全面建设小康社会，开创中国特色社会主义视野新局面 [N]. 人民日报，2002-11-9（1）.

民、问需于民、问计于民；多办顺民意、解民忧、增民利的实事，努力把为群众排忧解难的工作落到实处。二是着力提高实践能力，切实用党的科学理论指导工作实践。要牢固树立马克思主义的实践观点，把党的科学理论与改革发展稳定实践紧密结合起来，认真研究解决实际问题，不断提高干事创业能力，不断增强应对复杂局面能力。三是着力强化责任意识，切实履行党和人民赋予的职责。要牢记党和人民的重托，强化责任意识，把功夫下到抓落实上，兢兢业业完成组织上交付的工作任务。四是着力树立正确政绩观，切实按照客观规律谋划发展。要求真务实、埋头苦干，察实情、讲实话，鼓实劲、出实招，办实事、求实效，努力做出经得起实践、人民、历史检验的实绩。五是着力树立正确利益观，切实把人民利益放在首位。六是着力增强党的纪律观念，切实维护党的团结统一。要严格遵守党的纪律，坚持民主集中制，自觉同党中央在思想上、政治上、行动上保持高度一致，保证中央政令畅通。"❶

如今，我们已经实现了全面建成小康社会的第一个百年奋斗目标，正在开启全面建成社会主义现代化强国的第二个百年奋斗目标新征程，朝着实现中华民族伟大复兴的宏伟目标继续前进，在此进程中领导干部作用巨大。习近平总书记曾说：坚持党中央集中统一领导，确立和维护党的领导核心，是全党全国各族人民的共同愿望，是推进全面从严治党、提高党的创造力凝聚力战斗力的迫切要求，是保持党和国家事业发展正确方向的根本保证。❷ 党的十八大以来，习近平总书记围绕培养选拔党和人民需要的好干部这一重大问题，就"怎样是好干部""怎样成长为好干部""怎样把好干部用起来"❸作了系统阐述，科学回答了新的历史条件下党的干部工作一系列重大理论和实践问题。

习近平明确提出新时代党的组织路线是："全面贯彻新时代中国特色社会主义思想，以组织体系建设为重点，着力培养忠诚干净担当的高素质干部，着力积聚爱国奉献的各方面优秀人才，坚持德才兼备、以德为先、任人唯贤，为坚持和加强党的全面领导、坚持和发展中国特色社会主义提供

---

❶ 胡锦涛. 加强领导干部党性修养，弘扬良好作风，继续推进党风廉政建设和反腐败斗争[N]. 人民日报，2009-1-14（1）.
❷ 习近平. 习近平谈治国理政：第二卷[M]. 北京：外文出版社，2017.
❸ 中共中央文献研究室. 十八大以来重要文献选编（上）[M]. 北京：中央文献出版社，2014：337.

坚强组织保证。"❶ 习近平总书记提出好干部要做到信念坚定、为民服务、勤政务实、敢于担当、清正廉洁，之后又提出"三严三实"、忠诚干净担当、"四有"等新要求，在坚持继承传统的基础上，进一步揭示了党的干部必须具备的基本素质和要把握好的行为坐标，明确了新时期好干部的新标准，具有丰富的时代内涵。2013年习近平在全国组织工作会议上强调：好干部不会自然而然地产生。成长为一个好干部，一靠自身努力，二靠组织培养。使用好干部，关键是把合适的干部选到适合的岗位上来，真正做到合理任用、科学配置、用人得当，从而促进大批好干部源源不断涌现，促使各类人才的聪明才智得到充分释放和发挥。各级党组织和领导干部要善于当好伯乐，把"慧眼识珠"作为一项基本功，健全考察机制和办法，多渠道、多层次、多侧面深入了解干部，全面、历史、辩证看干部，真正把干部看得准、识别透。用人贵在用对人。坚持人岗相宜，从事业发展出发选人用人，认真分析各种岗位的不同特点、不同要求，严格资格条件，畅通领导干部交流使用渠道，盘活用好领导干部资源，把最适合的干部放在最合适的岗位上，做到各尽其能、人尽其才。坚持用当其时，把干部用在"最佳年龄期"，确保好干部在能力和激情的旺盛期内释放最大正能量。坚持用其所愿，尽可能把组织意图、工作需要与个人合理意愿有机结合起来，充分调动干部工作的积极性、主动性和创造性。❷

2. 领导力开发研究

（1）领导者素质研究。

领导者素质是领导者实施领导行为的内在因素，是开展领导活动的前提、基础和条件，它能从根本上决定领导行为的成败得失，进而影响到群体或组织的命运和利益。国内关于领导素质的研究成果颇多，国内学者对于领导素质的研究主要集中在以下几个方面。①关于领导素质特点的研究。领导素质的特点是由领导者所担负的领导工作的性质、职能、所处的时代、阶级地位、环境条件以及个人的先天因素等决定的。这些情况千差万别，所以领导素质具有不同的特点。张雁白认为，由于领导者在组织中的地位和作用，客观上要求他们具备更高更优异的个人素质和修养，因此，领导者的素质应该具有时代性、综合性、层次性的特点。此外，领导者的素质还具有综合性、系统

---

❶ 习近平. 习近平谈治国理政：第三卷 [M]. 北京：外文出版社，2020：517.
❷ 辽宁省委组织部. 着力培养选拔党和人民需要的好干部 [EB/OL]. [2016-08-08]. http://theory.people.com.cn/n1/2016/0808/c49150-28618367.html.

性，它是诸多方面素质组成的集合体。②关于领导者素质的内容。胡娟认为，领导者应具备优良的政治素质、广博的业务知识、高尚的道德修养、纯熟高超的管理技能；陶淑艳认为，新世纪的领导者必须具备以下几方面重要素质：政治素质、创新素质、战略素质、服务素质。总的来讲，国内研究认为领导素质内容主要包括政治思想素质、知识素质、能力素质、身心素质等五个方面，这些研究成果比较全面地概括了领导素质的基本构成，也与我国的国情相适应。随着时代的发展，领导素质内容也需要更进一步完善，如创新意识、具有较高的情商等内容也应该纳入领导素质内容，这需要我们进一步加强研究。[1]

（2）领导行为和领导作风的研究。

20世纪80年代以来，我国大批留学生从海外学成归来，将现代管理心理学这一理念应用于企业和政府的管理上面。当前，我国对领导行为和领导作风的研究主要包括以下几个方面。①在领导行为的理论研究方面，张轶良（2018）从动力学的角度分析了领导行为的构成和内容，建立了领导行为动力分析系统，并将此系统作为基础采用模糊评价的方式对领导行为进行评价；[2] 王丽、张海钟等人（2018）对国外的领导行为理论研究作了分析，结合其实际研究水平提出了领导方式的综合模式。这个模式将群体的认知水平分为四个层次，处于每个层次的群体在受到领导时都需要选择恰当的领导模式，领导需要对不同的认知水平进行判断，并结合自身的工作能力选择恰当的领导方式。简言之，就是在参与型、支持型、指导型和指示型四种领导方式中选择一种或多种组合来进行领导；[3] 同时，张维英还认为领导在进行连续管理时的各种行为与当前的企业环境之间存在较大的冲突，对于企业的创新发展造成桎梏，通过对我国优秀的创新企业发展进行总结，可以发现连续带模式的创新激励范式能够推动企业的发展和进步。②在进行领导行为有效性模式的研究中，相关学者首先对传统的领导行为特质模式、行为模式等模式进行了研究，并对我国领导行为的有效性理论进行了研究。③在进行领导行为的系统结构研究时，相关学者提出了构成领导行为的组织结构，主要包括领导在工作过程中对员工的帮助行为、与员工的深入交流、领导对团

---

[1] 徐枫. 领导素质研究综述 [J]. 当代青年, 2015 (2): 362.
[2] 张轶良. 管理心理学与现代化管理 [J]. 湖南工业职业技术学院学报, 2018, 15 (2): 41-43.
[3] 王莉, 张海钟, 张维英. 领导行为与作风的本土领导科学研究成果综述 [J]. 河西学院学报, 2018 (1): 92-95.

队的指挥和组织、领导对员工的激励以及领导不断学习提升自我的行为。④谢蕾（2018）分析了文化视角下领导的行为方式，提出在文化建设视角下，领导的行为方式没有绝对的对和错，需要结合企业的具体环境来选择恰当的领导方式，建立良好的企业文化会使企业对环境的变化有一个良好的适应。⑤在进行现代领导行为成本的研究时，张芳（2017）认为领导在实施自身的各种行为时需要交付方案成本、控制成本、规范成本和培训成本，为了进一步提升其经济效益，企业领导需要将实施重点放在成本降低等方面。在进行成本的投资时，需要按照信息成本管理、制定方案成本管理、员工培训成本管理以及认同、控制成本等方面入手进行成本的控制。❶ ⑥在团队领导行为研究中，张海钟、赵文进等人（2017）建立了团队领导行为量表和团队效能量表，并进行了可行性检验，在这些量表应用的基础上分析了领导行为和领导行事风格对团队工作积极性及工作能力的影响，结果发现：①我国企业和政府部门所应用的中文版团队领导行为量表的可行性及结构效度更加优秀，具体可分为四个方面，即动机激励、领导魅力、旧规挑战以及特殊关怀；②领导行为在进行团队转换后对于整个组织绩效的影响较之于任务绩效更高；而领导的领导魅力和特殊关怀对团队效能的影响则更为明显。❷

（3）家长式领导研究。

家长式领导的研究始于思琳（Silin，1976）对我国台湾地区企业主管的深度访谈，雷丁（Redding）总结了家长式领导的典型特征：领导者像是一位良师益友，下属对关心自己的领导十分依赖；互惠的规则使下属产生偏向性的忠诚；领导者有很高的自我反思能力，会接纳下属的意见；组织层级分明，权力距离大；领导者一般不直接明了地表达自己的意图，下属便心领神会；领导在气场上的威严，下属不能视而不见。之后，台湾学者郑伯埙与香港学者樊景立（2000）在思琳、雷丁和怀斯特伍德（Westwood）等人研究的基础上将家长式领导定义为：在一种人治的氛围下，显现出严明的纪律与权威、父亲般的仁慈及道德的廉洁性的领导方式。自此，作为具有中国本土特色的家长式领导理论扎根于中华文化的企业管理中，对华人世界的企业管理影响很大并被广泛接受。该理论早期认为家长式领导由两个维度构成，分别为立威与施恩，后期又进一步对家长式领导概念进行优化，提出家长式领导由三个维度构成，分别为威权领导、仁慈领导、德行领导（段锦云，2012）。威权

---

❶ 冯爽. 现当代管理心理学领导行为与领导风格研究成果综述［J］. 神州，2019（21）：297.
❷ 同上。

领导和仁慈领导与二元理论中的立威与施恩基本一致，而德行领导则是一个新的维度。

家长式领导的研究现状表现在以下方面。①研究成果都聚焦在对家长式领导的结果变量上，关于家长式领导的前因变量的研究并不多见。就目前关于家长式领导前因变量的有限研究成果来看，领导者自身的性别特征对其家长式领导行为的产生并无显著影响（林姿葶、郑伯埙，2007）；下属的价值取向特征会影响家长式领导的产生，当下属偏向集体主义价值观和家族取向时，领导会更容易形成家长式领导风格（刘善仕、凌文辁，2004）；此外，组织价值观也是影响家长式领导的重要因素（张鹏程等，2010）。②在个体层面，家长式领导是影响下属的工作态度、行为和绩效的重要变量。在下属的工作态度预测上，郑伯埙构建的三个维度在预测方向上不一致；威权领导与下属组织承诺、工作满意度、留职意愿、组织公平感等工作态度负相关（郑伯埙等，2003）；仁慈领导、德行领导与组织承诺、工作满意度、留职意愿等工作态度正相关（Chenetal，2014）。总体来说，威权领导表现出严苛要求下属、严密控制信息和贬低下属能力等特点，会打击下属的工作积极性，负向影响下属的工作态度、行为与绩效；仁慈领导支持下属，关心下属的工作与私人生活，会增加下属的工作积极性，正向影响下属的工作态度、行为与绩效；德行领导以身作则，行为示范，能够引导下属向积极的方向发展，促进员工积极的态度、行为与绩效。③在团队层面，陈璐（2013）等以57个高管团队为样本研究家长式领导对团队创新的影响，结果发现：威权领导和德行领导对团队创新绩效没有显著影响，仁慈领导通过心理授权间接提高了团队的创新绩效。高昂等人（2014）通过对139个团队的研究得出，威权领导和团队绩效水平显著负相关，仁慈领导和德行领导会促进团队绩效水平的提升。逢晓霞（2012）对首席执行官领导风格和高管团队行为整合的关系进行研究，发现威权领导会阻碍团队成员之间的沟通和交流，从而对团队行为整合产生负效应，仁慈领导和德行领导则有助于提升高管团队成员的交流合作氛围，对团队行为整合产生正效应。④在组织层面，家长式领导对组织层面的影响受到了研究者的关注，特别是对组织学习和组织创新方面的影响。已有研究发现，家长式领导对组织学习和组织创新有积极作用。于海波等人（2009）通过研究得出，家长式领导的三个维度对组织学习都有积极的促进作用。总而言之，家长式领导的有效性会受到个体因素和情境因素的影响，未来应探索出更多的权变因素，个体的差异会影响下属如何回应领导的家长式作风。[1]

(4) 领导力及领导力开发研究。

我国于20世纪80年代引进"领导特质理论"，该理论的创始人是奥尔波特（Allport），代表人物是斯托格迪尔（Stogdill）和穆恩（Moon）等人。他们通过观测领导者的个性、生理和智力因素，制定了有效领导者的标准作为选拔领导者的依据。[2] 主要有以下观点。①关于领导力及领导力开发的含义：陈建生（2003）认为所谓领导力，就是领导激发员工跟随自己一起工作，以实现共同目标的能力[3]；饶苏栩（2019）认为领导力不仅仅是指领导能力和领导素质，而是一种具备能力、素质以及因组织内部环境各因素之间相互作用、相互综合而所形成的作用力；在领导力开发方面，贺善侃（2008）从认为领导力是领导者固有的，转变为认为领导力是可以培养的；程云、王林昌（2013）认为传统观念下，领导力开发指的是对占据管理岗位的个体，通过工作实践、教练、360度反馈等方式，提升其胜任管理岗位所需的知识、技能或信念态度。总的来说，领导力开发是指通过实施一系列科学的方法与手段来实现个体领导能力的提升。②关于领导力开发：张晓凤（2008）认为，领导力主要由六个方面构成，即前瞻力、发展力、协调力、创新力、执行力和凝聚力；李楠（2010）认为领导力开发应注重培育个人特质，包括自我形象、职业能力、多向沟通和品德操守；康健（2011）认为领导力的开发在于自我培养：培养作为领导人的个人特质，形成良好的职业操守，提升作为领导人的专业、说服才能以及个人魅力、创新力和行动力；齐二石等（2016）认为领导力开发要关注领导者的素质能力现状；胡敏（2017）认为开发领导力要注重文化知识和技能的开发、角色意识的转换、个性特质的开发、态度与价值观的转变；王亚军（2017）认为开发领导力需要关注领导的胜任力，即自控力、工作力、执行力、影响力和创新力。③关于领导力开发的新方向：胡继华、张再生（2007）指出企业领导力提升要完善企业作业流程和各项规章制度，建立合适的领导力评估体系和激励机制，建设适用的企业文化；程云、王林昌（2013）认为领导力开发的内容不应局限于个体领导能力的提升，而应同时

---

[1] 彭江艳. 中国情境下的家长式领导研究综述 [J]. 福建质量管理, 2019 (17)：214.
[2] 冯秋婷. 西方领导理论研究 [M]. 北京：人民出版社, 2008：82.
[3] 陈建生. 企业领导如何提高领导力 [J]. 领导科学, 2003 (17)：52.

丰富组织内的联系模式，以及组织文化、组织结构、流程、制度等要素。综上所述，国内大多数的研究成果主要集中于领导者自身的能力和胜任素质。开发领导力不能仅关注领导者自身，而要认识到领导力开发的新趋势，关注领导者与情境之间的相互作用，使领导力开发更适应于环境。❶

(5) 领导干部考核评价研究。

改革开放以来，领导干部考核评价工作在国家社会治理现代化进程中得以顺利开展。党在自身建设实践中逐渐摸索出能够较为全面反映领导干部素质与能力高低的以"德能勤绩廉"为主要考核内容的考核评价体系。围绕考核评价内容细化设计考核指标体系，以提高考核评价结果的科学性和可借鉴性，学者们也从公共管理学、人力资源学、统计学、党的建设等视角对"党政领导干部考核评价指标体系科学化设计"展开了较为丰富的研究。在对现行党政领导干部考核评价指标体系进行反思后，学者们都认为问题主要集中于差异化考核缺乏和可操作性考核指标较少两个方面。现行考核评价指标体系"千人一面"，没能凸显各级各部门领导干部间的差别，现行党政领导干部考核评价指标体系繁冗复杂，关键性指标不突出，考评体系整体可操作性低。❷ 王发读认为，干部考核评价指标的设计存在"关键性原则和全面性原则的'二难'"，一方面干部职责分工不明确决定了考评指标难以实现全面覆盖，另一方面当前考评体系中的二级指标多是"包含多项测评要素的复合型指标"。❸ 领导干部实际工作的量化难与考核评价指标体系笼统模糊存在因果关系，整体工作难以量化，直接导致可量化的部分即经济指标在考核评价指标体系中占比过重，助长了"为追求短时间内能看到的政绩的急功近利"现象。

对于如何完善考核评价指标体系，提升其科学性、合理性和可操作性，学者主要有以下观点。①从整体性思维出发思考完善以考核内容为基础的考核评价指标体系。大部分学者选择从人力资源管理学视角出发，借用定量分析即数据分析法作为完善考核评价指标体系的技术支撑，从而提高考核评价指标体系的可操作性。曹萍等（2012）学者基于 AHP（Analytic Hierarchy Process, AHP）多层次决策方法，以"德能勤绩廉"为一级指标，基于"系

---

❶ 饶苏栩. 我国领导力开发方式文献综述 [J]. 时代报告, 2019 (1): 191.
❷ 王辉, 赵霞霞, 司晓悦. 高校中层领导干部考核指标体系研究: 基于德尔菲法和层次分析法的应用 [J]. 东北大学学报: 社会科学版, 2019 (2): 195-201.
❸ 王发读. 绩效评估在干部考核评价实践中的"二难"处境探析 [J]. 江汉论坛, 2011 (2): 36-40.

统性、全面性、发展性、重点性和针对性的原则"梳理出 20 个二级指标和 47 个三级指标构成干部考核评价指标体系，并"利用 Yapph 5.0 模拟专家打分"确定了三级指标的权重值；王辉等（2019）学者在"德能勤绩廉"考核内容的基础上，运用德尔菲分析法（专家意见法或专家调查法）和层次分析法筛选考核指标，并设计考评指标权重的递阶层次结构模型，运用 MATLAB 软件进行数值计算和数据分析，以提高考核评价结果的准确性。②思考和探索以"德能勤绩廉"为单独一级指标下的二级考核评价指标体系。吴大兵（2019）以"明大德、守公德、严私德"为基本内容，提出从正向、反向、否定和激励四个维度建立"德"的考核评价指标体系，依据考核评价指标本身的特性对其进行量化、半质化和质化，采取定性和定量相结合的方式提高干部"政德"的显性。基于党的十八大以来党中央对干部政治素养的新论述，笔者将"德"概括总结为包含"观念、知识、能力、行为和关系等多重要素"的一个综合体系，并以此为基础构建"新时代干部政治素质考核评价指标体系的整体框架"；李明和郭庆松（2018）用问卷调查、深度访谈和专家论证等方法建立了基于"好干部标准"的考核评价结构模型，以"信念坚定""为民服务""勤政务实""敢于担当"和"勤政廉洁"为考评一级指标，并依据模型建构过程中运用的调查问卷中每个一级指标对应的问卷条目设定二级指标（测量指标）。综合来看，在学者积极的探索和研究中发现仍然存在结构性定位多于独立性研究、经验性研究多于实证性研究等不足。❶

(6) 其他领导视角的研究。

1) 危机领导力研究。

20 世纪 80 年代，危机管理大师罗伯特·希斯开拓了从组织管理的角度研究危机管理的方法，并提出了依照时间序列进行危机管理的"4R"（Reduction、Readiness、Response、Recovery）理念。但是，大多数学者认为，从领导科学的角度研究危机管理起源于阿金·伯尔尼等人的著作《危机管理政治学：压力之下的公共领导力》。国内研究主要有以下观点。①危机领导力含义。刘崇瑞（2010）❷ 分析了五个危机管理的要素，从企业的角度更详细地给出了危机领导力的定义：危机领导力指企业领导者对危机事件能准确预见，通过对危机事件全面深入的识别和了解，提高企业危机反应能力，从而促进企业的尽快恢复，通过对危机事件的反思提高企业的危机学习能力，最终使

---

❶ 张颖秀. 党政领导干部考核评价指标体系研究综述［J］. 党政干部学刊，2020（9）：47-49.
❷ 刘崇瑞. 危机领导力：内涵、要素和模型［J］. 中国商贸，2010（25）：65-66.

企业对危机有更强的免疫力。李军（2011）认为危机领导就是指领导者在危机状态下的领导活动，它是应急管理中重要的组成部分。危机领导力，主要是指领导者能够针对面临的已经发生或潜在的危机，根据现有的条件因势利导，采取一系列控制和处理手段，有效地预防、处理和消除危机的能力和力量。②危机领导力的构成要素，李军（2011）认为危机领导力包含六大能力：预见力、洞察力、决断力、感召力、控制协同力和创新力；朱瑞博（2009）则将危机分成危机前、危机中、危机后三个阶段，他认为，危机领导力在危机前主要包括预警识别力；在危机中主要包括迅速决策力、资源配置力、信息沟通力；在危机后主要包括学习反思力。③关于危机领导力的其他观点，主要包括：危机领导力的评估与问责机制、危机领导力的合力学说、危机领导力与常态领导力、改革领导力、权变领导力、伦理领导力和适应性领导力等其他领导力理论的区别与联系等。④危机领导力提升研究，归纳起来，危机领导力提升的措施主要有以下七个方面：强化危机意识，建立预警机制；养成规范习惯，制定应急预案；强化时效意识，快速决策、迅速控制事态发展；突出协作精神，善于组织协调；提升舆论引导，强化公关沟通；建立培训机制，持续反思和学习；突出法制观念，完善管理体制。

2) 大数据下的领导力研究。

2011年5月麦肯锡研究院发表了"大数据：未来创新、竞争和生产力的下一个前沿"的研究报告，大数据开始受到广泛的关注（胡少甫，2013）。权威顾问咨询公司Gartner Group将大数据定义为"在一个或多个维度上超出传统信息技术的处理能力的极端信息管理和处理问题"。因此领导者要在运用大数据的同时做好数据采集、存储、分析、决策、实施，把握风险控制指标，实时关注组织关键指标，如利润、成本、负债、人才引进与流失等，从而使风险最小化。谭红军（2016）❶ 从大数据应用于企业运营的角度提出，大数据时代的企业领导力模型及其要素即数据挖掘力、决策力、资源整合力、员工激励力和风险把控力。吴瑟等（2016）认为在大数据时代领导者需培养科学领导思维。运用互联网提升领导力把这一思维融入领导决策中，改变领导的思维与决策。通过对大量及时获取的信息进行分析掌握组织发展趋势，对当前及未来影响因素进行量化，从整体的角度分析决策目标，做出更科学的领导战略。大数据时代充分发挥领导力的引领与决策能力，需要对管理者们的数据挖掘力、分析与决策力进行适当的培训；而在绩效考核与薪酬管理方

---

❶ 谭红军. 基于大数据时代的企业领导力提升 [J]. 企业管理，2016（4）：110-112.

面考虑到大数据对领导力的提升以至最终对组织绩效的影响，则对管理者进行绩效评估和薪酬管理时，可以将大数据的应用及贡献能力考虑在内。❶

3）女性领导力研究。

目前，关于女性领导力的研究并不算多，关于女性领导力的概念，专家学者们站在各自的角度提出了看法。至今学术界还未形成有关女性领导力的确切定义。主要有以下观点。①女性领导力的界定，陈方（2003）❷将女性领导力归结为在领导过程中具备的能力，他认为，女性领导力是指注重远见、创新、战略，把握方向、变化和做正确事情的能力。王伟华（2011）较全面地从广义和狭义两个角度理解女性领导力：从狭义角度上讲，即女性领导者的领导力；从广义上来讲，女性领导力即具有女性化性格和特质的领导者的领导力。②研究内容，国内外对于女性领导的研究角度有两个：一是通过男性领导和女性领导的领导力进行对比研究；二是从女性领导者的身份——政治家和企业家出发进行的研究。主要包括：领导特征、领导风格、领导力开发的障碍和优势、领导力提升策略研究等。在女性领导者特质研究上，国内文献资料主要从个性和能力角度说明了女性在生理、心理、思维、情感、意志、价值观等方面具有独特性；从社会环境、生活方式和交往范围说明了女性领导力是基因的作用，受到自然环境和社会环境的影响，既表现出女性的自然生理属性又表现出社会属性；在女性领导风格和模式研究上，基于两性对比的视角认为女性领导风格以民主、互动、参与为主，集中在柔性领导、人本领导和共享领导上，呈现出与男性共性之外的特性；在领导的障碍因素研究上，女性当上领导和当好领导的障碍因素涉及主观认知和客观规则，来源于心理、生理、家庭环境和社会环境等方面。学者们多从心理学、领导学、政治学和社会学视角进行研究，希望能从社会政策、组织机制、文化环境、教育养成等方面找出阻碍女性迈向事业成功的障碍和影响因素，为女性提供自我发展的参考依据和提升方向；在女性领导力开发研究上，多从个体、组织、社会家庭角度出发，从思想观念、制度、能力素质等入手。需要社会公众从根本上改变对女性的偏见，彻底转变男尊女卑思想及女性不适合担任领导的观念；组织创建性别平衡文化，为女性提供同等的晋升机会；女性则要转变自我

---

❶ 郑文会. 大数据与领导力相关研究综述［J］. 经营管理者：下旬刊，2017（9）：286.

❷ 陈方. 也谈女性领导力建设［N］. 中国妇女报，2003.

认知、增强自信、提升能力，平衡工作家庭关系，追求个人发展。❶

近年来，西方学者将领导风格理论与社会学、心理学和管理学等学科相融合，不断探索出新的领导风格理论，由于我国特殊的国情和传统文化的影响，西方国家对于领导行为和领导风格的研究结论并不能很好地应用于我国企业和政府部门。因此，在将其进行应用时，需要结合我国的实际情况进行修正，使之符合我国的国情。但反观国内学者的研究，并没有提出在中国社会文化背景下的相关领导理论。因此，在未来的研究中，国内学者可以更多地关注如何建构有关中国本土化的领导理论模型。

三、本研究的框架和主要观点

清华大学的吴维库教授认为领导力的核心是影响力和获得追随者。领导力与领导最本质的区别在于，领导是一个行为或者过程，领导力则是胜任这种行为或者实现这个过程的能力。2006年中国科学院"科技领导力研究"课题组通过对领导的定义导出领导力的定义，并为我国学者所推崇，即"领导力是领导者在特定的情境中吸引和影响被领导者与利益相关者并持续实现群体或组织目标的能力"。❷

本研究从管理和领导的区别入手，运用文献研究法、定性分析法、系统研究法等方法，分析研究了中外领导理论的内容及其进展，在深入理解马列主义、毛泽东思想的基础上，结合习近平新时代中国特色社会主义思想提出了领导力及其测评和领导力开发方法，并进一步阐述了提高领导者领导力的思路与方法。

（一）研究框架

主要内容分为六章：导论部分论述研究目的与意义，国内外研究情况及本研究的框架、主要观点及创新点、研究方法；第一章从管理和领导的区别入手，论述管理的内涵与特征，领导及领导职能，管理理论；第二章论述东西方领导理论，从西方领导理论到中华传统思想中的领导策略，再到马列主义、毛泽东思想中关于领导的阐述及习近平新时代中国特色社会主义思想对领导的阐述；第三章论述领导胜任力及其测评；第四章论述中华传统文化对提高领导力的借鉴；第五章论述新时代管理者领导力的开发；第六章论述新

---

❶ 浩珍. 女性领导力研究综述 [J]. 中外企业家, 2015 (16): 60-61.
❷ 邵天. 领导力研究综述 [J]. 河北工程大学学报: 社会科学版, 2014, 31 (1): 24-25.

时代管理者提高领导力的方法（见图0-1）。

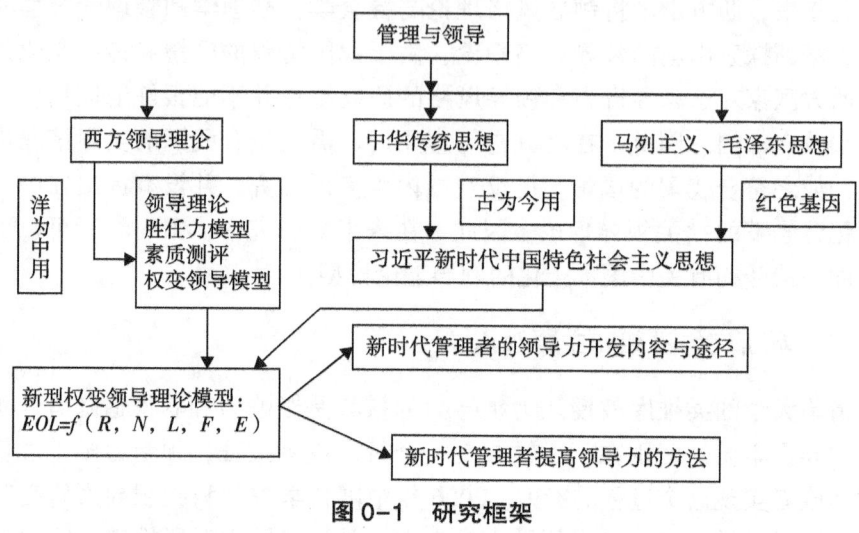

图0-1 研究框架

（二）主要观点

西方理论界在20世纪60年代至70年代初形成了领导权变理论，强调在领导中不存在一种绝对的最佳的领导方式，领导是领导者、被领导者及其环境因素相互作用的动态过程。领导有效性=f（领导者，被领导者，环境）。领导的效果与领导者所处的具体情境和环境有关。要根据具体情况来确定领导方式。本研究在从西方领导理论到中华传统思想中的领导策略，再到马列主义、毛泽东思想中关于领导的阐述及习近平新时代中国特色社会主义思想对领导的阐述中找到灵感，将生产关系因素和传统文化影响纳入影响领导有效性的因子中，函数模型为：领导有效性=f（生产关系，传统文化，领导者，被领导者，环境），从而提出了适应中国本土环境的提高领导力的思路与方法。

四、本研究的主要创新点

领导是一种动态的群体过程或社会关系，领导者与被领导者的交互影响是领导过程之本质。在领导过程中，领导者是发生影响作用的主体，被领导者是被影响的客体。权变领导理论研究把领导者个人特质、行为者行为及领导环境相互联系起来，从而创造了一套比较完善的领导理论体系。但其忽略了生产关系因素及传统文化的影响，本研究的主要创新点是将生产关系因素和传统文化影响纳入影响领导有效性的因子中,将世人所公认的领导有效性=f(领导者,被领导者,环境)这一函数修正为:领导有效性=f(生产关系,传统文化,领导者,被领导者,环境),从而提出了适应中国本土新时代情境的提高领导力的方法(见图0-2)。

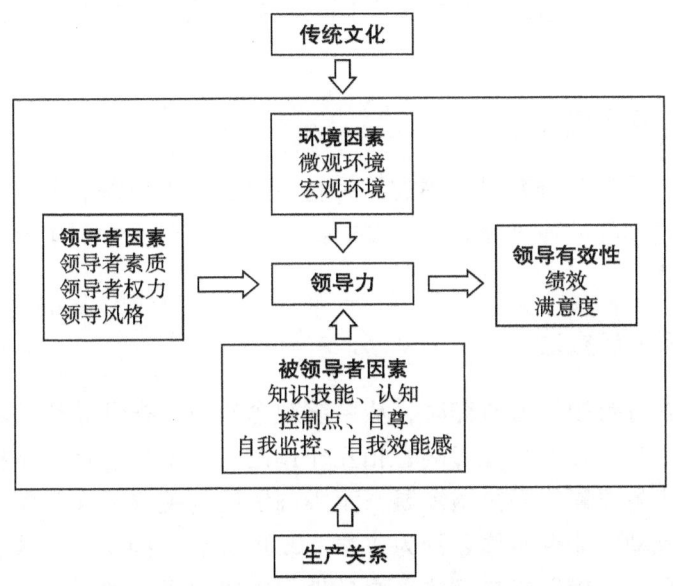

图0-2 适应我国情境的新型权变领导理论模型

五、研究方法

研究方法是人们在从事科学研究过程中不断总结、提炼出来的,运用智慧进行科学思维的技巧。本研究采用的研究方法有以下几种。

(一)文献研究法

这是通过调查文献来获得资料,从而全面地、正确地了解、掌握所要研究问题的一种方法。本研究通过阅读分析相关著述,了解有关领导问题研究的历史和现状,从古今中外的相关理论阐述中去粗取精并进行比较分析,从而得出提高领导力的新的思路。

(二)定性分析法

定性分析法即对研究对象进行"质"的方面的分析,在研究中运用归纳和演绎、分析与综合以及抽象与概括等方法,对获得的各种领导研究素材进行加工，从而达到认识事物本质、揭示内在规律的目的。

(三) 归纳对比法

归纳对比法是通过把具体个别的事物，分别加以综合，从而获得一般结论的方法。本研究中通过比较中外不同的领导模式，寻求其同中之异或异中之同。

(四) 个案研究法

个案研究法是对研究对象中的某一特定对象，加以调查分析，弄清其特点及其形成过程的一种研究方法。文中依据华为公司的案例阐释了企业的领导力开发模式。

(五) 系统研究法

本研究在进行领导力研究时，从系统观念出发，把领导活动看成一个系统，统筹兼顾其内在的相互影响、相互作用的各个要素。这个有机的系统是否正常取决于各要素能否协调发展，而协调发展的关键就在于领导者和其他成员之间的互动，能否使领导行为双方互动形成统一的认识、情感和行为活动，这是领导力正确发挥与否的必要条件。本研究提出的适合中国情境的新权变领导模型正是采用的系统研究思维。

第一章 管理与领导

从字面上看,管理有"管辖""处理""管人""理事"等意,即对一定范围的人员及事务进行安排和处理。马克思认为"协作劳动需要管理,就像一个乐队就需要一个乐队指挥"。❶ 罗宾斯(Stephen P. Robbins)认为领导是领导者的一种能够影响一个群体实现目标的能力。❷ 因此,作为管理者和领导者首先要熟悉什么是管理和领导,怎样有效地进行管理和领导。

第一节　管理的内涵与特征

一、管理的内涵

我们常说"没有规矩不成方圆"这句话,其出自《孟子》"不以规矩,不能成方圆",如果不用圆规和曲尺,就不能准确地画出方形和圆形,古代先贤早就说出了管理的重要。凡是共同劳动都有程度不同的分工,而有分工就有密切协作,为了保证劳动过程顺利进行,就必须有管理。长期以来,对于什么是管理,人们的认识有很大的不同。

20世纪以来,关于管理概念,许多学者从不同侧面提出了许多观点。从1911年"科学管理之父"泰勒(Frederick Winslow Taylor)认为,"管理就是确切地知道你要别人去干什么,并使他用最好的方法去干",此后法约尔(Henri Fayol)提出,管理就是实行计划、组织、指挥、协调和控制,1978年诺贝尔经济学奖获得者赫伯特·西蒙(Herburt Simon)提出"管理就是决

---

❶ 瞿铁鹏. 马克思主义社会理论[M]. 上海:上海人民出版社,2017:157-158.
❷ 陈春花,杨忠,曹洲涛. 组织行为学[M]. 北京:机械工业出版社,2016:174.

策",罗宾斯认为,管理是指协调工作活动的过程,以便能够有效率和有效果地同别人一起或通过别人实现组织的目标。这一定义强调了管理的过程性、协调性和有效性。管理定义的多样性反映了人们对管理的不同理解和管理学家们不同的研究重点。但是定义的不同,只是因为认识角度和侧重点不同。依据对管理本质的共同认识,就一般意义而言,管理是指为有效实现组织目标,管理者通过计划、组织、人员配备、领导和控制,来协调他人的劳动,使别人同自己一起高效率地实现组织既定目标的活动过程。这一定义可以从以下几方面去理解:

（一）管理的主要目的是有效实现组织目标

为了有效实现组织目标,要在一个组织机构中安排所需的管理职能,配置相应的人员,规定其职责和权限,并在工作过程中明确相互关系和活动的接口,确保有效沟通和密切配合。整个组织的管理活动,就是围绕实现组织目标而开展的。

（二）管理的实施是通过计划、组织、人员配备、领导和控制这些手段来进行的

这些手段是所有类型的管理人员在管理实践中都要履行的管理职能,这反映了管理活动的功能和过程。

（三）管理的实质就是协调

管理就是把组织内各种资源（尤其是人力、财力和物力）有机地结合起来,使其和谐化、同步化,围绕着组织的目标,协调各种资源的相互关系,使组织活动更加有效。

（四）管理的核心就是对人的管理

管理对象包括人、财、物、信息、技术、时间等要素,而这些要素中,人是最核心、最关键、最活跃的要素,所有的组织资源都要以人为中心。因此,对人进行管理是管理者最重要的职能。

二、管理的特征

从上述管理的定义中,我们归纳出管理的特征有:

(一) 管理的本质是协调

管理是人们在有组织的集体环境下所从事的一种社会活动。为了实现承担的目标就必须要得到其他人的支援和配合，只要是两个以上的人的集体活动并且有一致认可的目标，就存在着管理。管理的本质是协调，协调包括两个方面：其一是组织内部各种有形和无形资源（如人、财、物、信息、技术等）之间的协调，使其组成一个有机整体形成强大竞争力；其二是组织与外部环境的协调。[1]

(二) 管理的"载体"是组织

在现实社会中，人们都是生活在各种不同组织之中的，如工厂、学校、医院、军队、公司等，人们依赖组织，组织是人类存在和从事社会活动的基本形式。有了组织，就需要管理，从另一个方面来说，有了管理，组织才能进行正常的活动。总之，协同劳动需要组织，并且需要在组织中实施管理行为。

(三) 管理的主体是管理者

管理者是指从事管理活动，实施管理行为，履行管理职能，对实现组织目标承担责任的人。管理者的管理工作比其他业务工作更加重要。因此，一个优秀的组织必须有一批优秀的管理者。

管理者可以按多种标志进行分类，一般按管理层次可以划分为高层管理者、中层管理者和基层管理者。高层管理者是一个组织中最高领导层的组成人员，拥有人事、资金等资源的控制大权，负责组织的长远发展计划、战略目标和重大政策的制定，又称决策层；中层管理者是一个组织中层机构的负责人员，他们是高层管理者决策的执行者，又称执行层；基层管理者，指一个组织中业务"第一线"的管理人员，负责现场作业指挥和监督，又称作业层。

(四) 管理职能

最早提出管理职能概念且论述较有影响力的是 20 世纪早期的亨利·法约尔，他将管理工作分成计划、组织、指挥、协调和控制五大职能。管理学家

---

[1] 王冰，张静，等. 管理学：理论与实践 [M]. 北京：电子工业出版社，2011：5.

们对管理职能认识看法不一，不同学派有不同见解。最常见的有："三职能"论即"计划""组织"和"控制"；"五职能"论，在"三职能"论基础上增加"指挥"和"协调"两个职能。还有主张"七职能"论的，即再增加"领导"与"人员配备"两个职能。即使职能的个数相同，对具体职能的称谓，不同管理学家也持不同的观点。20世纪70年代以后，国内外较为流行的看法是将管理职能压缩为四个基本职能，即计划、组织、领导和控制。具体而言，计划职能就是确定目标，制定战略，开发分计划以协调活动；组织职能是决定需要做什么，怎么做，由谁做；领导职能是指导和激励所有参与者，解决冲突；控制职能则是对活动进行监控以确保其按计划完成。

在上述各项职能中，计划着眼于有限资源的合理配置，组织致力于合理的分工协作关系的建立，领导着眼于激发和鼓励人的积极性，控制的重心在于纠正偏差。它们相互配合，共同致力于管理的效率与效果。

管理的四大职能是相互联系、相互制约的。计划是管理的首要职能，根据计划的要求和安排，确定组织的机构、部门的设置，然后确定有效的领导方式和恰当的激励方式，最后根据计划的要求，设置控制的标准，进行控制。

（五）管理的核心是处理人与人之间的关系

管理者在进行管理的过程中需要处理许多事务。实际上处理事务就是处理人际关系，因为这些事务是由人来解决和处理的。美国著名的管理学家彼得·F.德鲁克（Peter F. Drucker）在1955年提出"管理者的角色"的概念，他认为管理者扮演着三种角色：第一个角色是管理一个组织；第二个角色是管理管理者；第三个角色是管理工作和工人。其中有两个角色都提到人，这表明管理者的工作和职责的很大一部分都是与人打交道的。因此，管理的实质是协调，由于人是一切管理活动的主体，是构成组织的"基本细胞"，协调的主要对象当然就是人与人之间的关系，因此，管理的核心就是处理人际关系。

（六）管理是科学性与艺术性的结合

经过一百余年的探索、研究和总结，在管理历史上已经形成了比较系统的管理理论，它们反映了管理工作中的客观规律，它们所提供的管理原则、方法等使我们能够对具体的管理问题进行具体的分析，并获得科学的结论，这便是管理的科学性所在。然而，与自然科学相比，管理学还只是一门不十分精确的学科。由于管理活动的复杂性，管理环境的千变万化，管理学所提供的管理手段与方法十分有限，因而管理者在管理实践中必须运用各种管理技巧、经验来解决具体的管理问题，而这些技巧和经验他们只能从长期的实践活动中获得。这就是管理的艺术性所在。可见，管理既是一门科学，又是一门艺术。

三、现代管理的特征

第二次世界大战之后，国际政治经济趋于稳定，许多国家和地区大都集中精力发展经济，人类的管理实践活动进入了一个崭新的历史时期，现代管理的基本特征可以大致归纳为以下几点：

（一）系统化

20世纪中叶以后，科技领域取得一系列突破性进展，国际经济飞速发展，这使人类社会生活的各个领域及其发展过程都结成一个密切联系、相互依存的有机整体。在这种情况下，不仅任何一种管理工作的内部各要素之间存在着相互联系、相互制约的关系，而且某一种管理工作与其他管理工作之间也存在着错综复杂的关系。因此要处理好各种各样的关系，就必须运用系统的观点，通盘考虑，全面权衡，综合处理它们之间的各种问题。系统管理的基本要求就是：从整体出发，制定管理系统的目标和战略措施，根据科学的分解，明确各子系统的目标，进而合理分工，总体把握全局，保证管理目标的顺利实现。

（二）人本化

强调"以人为本"，在管理活动中注重调动人的积极性、主动性和创造性，是现代管理区别于历史上所有管理的一大特征。人不仅是管理活动的主体，而且也是最活跃、最为重要的关键要素，组织目标的实现离不开人的主观能动性的充分发挥。所谓人本管理就是树立"以人为中心"思想的管理，管理者在具体管理活动中充分重视人才的作用，尊重人的价值，并通过满足人的需要来调动人的积极性、主动性和创造性。在管理方式上，现代管理更强调用"柔性"方法，尊重个人的价值和能力，通过激励、鼓励人，最充分地调动所有员工的工作积极性，以实现人力资源的优化及合理配置。

（三）效益化

一切管理活动都在努力提高效益，效益的高低是衡量管理效果好坏的一个基本标准。现代社会日益激烈的经济、政治、军事、科技等方面的竞争都离不开管理效益的提高。所以，效益是现代管理的永恒主题。为了促进管理效益不断提高，大批的研究人员研究出许多新的管理理论和方法，管理者把它们运用到管理实践当中，并发挥其作用。

（四）科学化

科学化在现代管理活动中表现为：坚持以科学理论为基础，以管理理论为指导，注重管理活动的程序化和规范化。尤其运用计算机技术和数学模型等手段进行定量分析，提高了决策的科学化和精确化，使各种管理活动更有针对性，更加有效。随着这一趋势的发展，管理科学学派应运而生，这一学派认为，管理就是制定和运用数学模型与程序的系统，用数学符号或公式来表示计划、组织、控制和决策，来寻求最优解答，实现组织目标。

（五）战略化

过去企业家往往追求企业战略的稳定性、长期性，期望对企业的发展施加长远的影响。但事实证明，技术革新的浪潮，难以预测的环境，往往致使寻求"稳步发展"的企业措手不及。企业要想适应全球市场的激烈竞争，必须对自己的发展有一个战略规划，要在彻底而准确地把握企业内部条件和外部环境变化的同时，结合本企业的特点，制定出最佳的企业战略。企业如果没有科学的长远的发展战略目标，只顾眼前和一时的一点点成就，是不可能持续发展的，更不可能在竞争中取胜，企业唯有运筹帷幄，深谋远虑，才能战略制胜，才能使企业不断地发展壮大。

（六）信息化

随着以微型电脑、激光技术、新型材料、生物工程和新能源开发为中心的新科技革命的兴起与发展，生产技术、社会需求和市场竞争等日新月异、瞬息万变，在这种情况下，信息逐渐成为组织中重要的资源。充足、准确、及时的信息，是科学、迅速决策的前提条件。一个企业能否在激烈的竞争中得以生存和发展，它的产品和服务能否符合时代的要求，首先在于该企业能否及时掌握必要和准确的信息，能否正确地加工和处理信息，能否迅速地在员工之间传递和分享信息，特别是能否把信息融合到产品和生产服务过程之中，融合到企业的整个经营与管理工作之中。组织对信息管理的能力，将集中表现在不仅需要有强大的信息网络和信息收集能力，更为重要的是要有出色的信息传递、分析和利用的能力。对信息的管理就成了现代管理的一个突出特点。

（七）数字化

当今时代是信息化时代，而信息的数字化也越来越为研究人员所重视。早在20世纪40年代，香农就证明了采样定理，即在一定条件下，用离散的序列可以完全代表一个连续函数。就实质而言，采样定理为数字化技术奠定了重要基础。数字化管理（Digital Management）是指利用计算机、通信、网络等技术，通过统计技术量化管理对象与管理行为，实现研发、计划、组织、生产、协调、销售、服务、创新等职能的管理活动和方法。它激发了企业在组织层面的进化，帮企业全面实现人、财、物、事的数字化，通过组织在线、沟通在线、协同在线、业务在线、生态在线，助力企业实现经营管理的在线化、数字化，降本增效。在此情境下，管理者利用数字化办公软件平台，进行企业及组织人员架构编辑、组织运营流程维护、工作流程协同、大数据决策分析、企业上下游在线化连接，使企业组织在线、沟通在线、协同在线、业务在线、生态在线，实现企业经营管理在线化、数字化。

第二节　领导及领导职能

西方的领导理论认为，作为管理的一种职能，领导职能的作用主要是通过有效的领导行为和领导方式，对下属产生影响力，带领和激励组织中的成员去实现组织目标。因此，管理的领导职能主要是通过指挥、激励和沟通等手段，去影响组织成员的行为，提高下属工作的积极性，接受领导的统筹安排，使组织成员为实现组织目标而共同努力。但领导又不同于管理。

一个好的领导能够把每个组织成员的作用发挥到最大，并把整个组织的效率聚合起来发挥到最大。

一、领导的含义

领导的定义可概括为：领导是指管理者依靠其影响力，通过激励、沟通、指挥等手段，带领被领导者或追随者，去实现组织目标的活动过程。其基本含义可以从以下几个方面理解。

第一，领导包含领导者和被领导者两个方面。领导者是指能够影响他人并拥有管理的职位权力、承担领导职责、开展领导工作的人。领导者一定要有领导的对象，如果没有被领导者，领导者将变成"光杆司令"，领导工作就失去意义，领导职能也就不复存在。在领导过程中，下属都甘愿追随领导者并接受领导者的指导。

第二，领导是一种活动，是引导人们的行为过程，是领导者带领、引导和鼓舞下属去完成工作、实现目标的过程，是管理的一项重要职能。

第三，领导的基础是领导者的影响力。领导者拥有影响被领导者的能力或力量，它既包括由组织赋予的职位权力，也包括领导者个人所具有的影响力。一个领导者如果一味地行使职权而忽视社会和情绪因素的影响力，就会使被领导者产生逃避或抵触行为。当一个领导者的权力不能使下属跟随领导者时，领导工作是无效的。

第四，领导施加影响力的方式或手段主要有激励、沟通和指挥。①激励是指管理者通过作用于下属来激发其动机、推动其行为的过程。激励的具体形式包括能满足人的需要，特别是心理需要的种种手段。激励具有自觉自愿性、间接性和作用持久性等特点。激励是管理者调动下属积极性，增强群体凝聚力的基本手段。②沟通是指管理者为有效开展工作而交换信息、交流感情、协调关系的过程。具体形式包括：信息的传输、交换与反馈，人际交往与关系融通，说服与促进态度（行为）的改变等。这是管理者保证管理系统有效运转，提高整体效应的经常性手段。③指挥是管理者凭借权力，直接命令或指导下属行事的行为。指挥的形式有部署、命令、指示、要求、指导、帮助等。指挥具有强制性、权威性、统一性等特点。指挥是管理者最经常使用的领导手段，其前提和条件是权力。

第五，领导的目的是实现组织的目标。不能为了领导而领导，不能为了体现领导的权威而领导。领导的根本目的在于影响下属为实现组织的目标而努力。

二、领导与管理的联系与区别

(一) 领导与管理的联系

领导是使他人理解和认同需达成的目标及其达成方式的影响过程,以及促使个人和集体努力完成共享目标的过程。❶ 从行为方式看,两者都是一种在组织内部通过影响他人的协调活动,实现组织目标的过程。从权力的构成看,两者都是组织层级的岗位设置的结果。

(二) 领导与管理的区别

从本质上看,管理是建立在合法的、有报酬的和强制性权力基础上的对下属命令的行为。而领导则可以是建立在合法的、有报酬的和强制权力基础上的,也可以并且更多的是建立在个人影响力和专长以及模范作用的基础上,且两者所担负的工作内容不同,本尼斯和纳努斯提出:"管理者是指那些正确地做事的人,而领导者则是那些做正确事情的人。"❷ 它们的具体区别如下:

第一,从职能上看,管理的范围大,领导是管理的主要职能之一。管理的对象可以是人,也可以是物,如生产管理、信息管理等。而领导的对象通常是人,其通过对人施加影响来实现组织目标。第二,从它们在组织中的作用上看,管理者强调的是正确地做事,在方向既定的前提下运用最好的方法和途径去高效地达到组织目标是管理的重点;领导者主要作用是做正确的事,确立组织正确的行动方向,更关注组织的未来。第三,从其工作的侧重点看,管理重在协调和控制及维持既定秩序,为达成目标,制订出详细的步骤和计划进度,进行资源分配;领导则是重在影响和引导,在组织变革时制定新目标及探索新领域。第四,从执行上看,管理更科学、更正规,管理者在执行中强调采用标准化的管理方法和工具来解决问题;领导则是一门艺术,必须结合具体情况具体分析,因时因地因人而异,推动各项工作顺利开展;第五,从效果上看,管理者一般只能发挥组织成员的现有能力,而领导者可充分挖掘组织成员的潜在能力。

---

❶ 加里·尤克尔. 领导学 [M]. 朱舟, 等, 译. 北京: 机械工业出版社, 2014: 6.
❷ 加里·尤克尔. 领导学 [M]. 朱舟, 等, 译. 北京: 机械工业出版社, 2014: 5.

三、领导的影响力

领导实质上是一种对他人的影响力，即管理者对下属及组织行为的影响力，这种影响力能改变或推动下属及组织的心理与行动，为实现组织目标服务。这种影响力可以称为领导力量或者领导者影响力，管理者对下属及组织施加影响力的过程就是领导的过程。领导者对下属及组织的影响力来自两方面：一是权力（又称为制度权力）影响力；二是非权力（又称为个人权力）影响力。

（一）权力影响力

权力影响力包括法定的权力、强制的权力、奖励的权力。它由组织正式授予管理者，并受组织规章的保护。这种权力与特定的个人没有必然的联系，只同职务相联系。权力是管理者实施领导的基本条件。没有这种权力，管理者就难以有效地影响下属，实施真正的领导。

第一，法定的权力来自上级的任命。组织正式授予领导者一定的职位，从而使领导者占据权势地位和支配地位，使其有权对下属发号施令。这种支配权，是管理者的地位或在权力阶层中的角色所赋予的。

第二，强制的权力是与惩罚权相联系的迫使他人服从的力量。在某些情况下，领导者是依赖于强制的权力与权威施加影响的，对于一些心怀不满的下属来说，他们不会心悦诚服地服从领导者的指示，这时领导者就会运用惩罚权迫使其服从。这种权力的基础是下属的惧怕。这种权力对那些认识到不服从命令就会受到惩罚或承担不良后果的下属的影响力是最大的。

第三，奖励的权力是在下属完成一定的任务时给予相应的奖励，以鼓励下属的积极性。这种奖励包括物质奖励如奖金等，也包括精神奖励如晋升等。依照交换原则，领导者通过提供心理或经济上的奖酬来换取下属的遵从。

权力影响力的影响因素主要有：

第一，传统观念。社会生活使人们对领导者形成心理观念，由此产生了对领导者的服从感。这种传统观念从每个人小时候起就影响着每个人的思想，从而增强了领导者言行的影响力。

第二，职位因素。由于领导者凭借所授予的指挥他人开展具体活动的权力，可以左右被领导者的行为、处境，甚至前途命运，从而使被领导者对领导者产生敬畏感。领导者的职位越高，权力越大，下属对他的敬畏感越甚，领导者的影响力也越大。

第三，资历的影响。一个人的资历与经历是历史性的东西，它反映了一个人过去的情况。一般而言，人们对资历较深的领导者，在心目中比较尊敬，因此其言行也容易在人们的心灵中占据一定的位置。

权力是通过正式的渠道发挥作用的。当领导者担任管理职务时，由传统观念、职位、资历构成的权力的影响力会随之产生；当领导者失去管理职位时，这种影响力将大大削弱甚至消失。

(二) 非权力影响力

非权力影响力包括专长影响力和品质影响力。

第一，专长影响力是指领导者因具有各种专门知识和特殊技能或学识渊博而获得同事及下属的尊重和佩服，从而在各项工作中显示出的在学术上或专长上的举足轻重的影响力。这种影响力的影响基础通常是狭窄的，仅仅被限于专长范围之内。

第二，品质影响力是指由于领导者优良的作风、思想水平、品德修养，而在组织成员中树立的德高望重的影响力。这种影响力是建立在下属对领导者承认的基础之上的，它通常与具有超凡魅力或名声卓著的领导者相联系。

非权力影响力的影响因素有以下几方面：

第一，品格。主要包括领导者的道德、品行、人格等，优秀的品格会给领导者带来巨大的影响力。因为品格是一个人的本质表现，好的品格能使人产生敬爱感，并能吸引人，使人模仿。下属常常希望自己能像领导者一样。

第二，才干。领导者的才干是决定其影响力大小的主要因素之一。才干通过实践来体现，主要反映在工作成果上。一个有才干的领导者，容易取得事业成功，从而使人们对他产生敬佩感，吸引人们自觉地接受其影响。

第三，知识。一个人的才干是与知识紧密联系在一起的。知识水平的高低主要表现在对自身和客观世界认识的程度。知识本身就是一种力量。知识丰富的领导者，容易取得人们的信任，并由此对其产生信赖感和依赖感。

第四，感情。感情是人的一种心理现象，它是人们对客观事物好恶倾向的内在反映。人与人之间建立了良好的感情关系，便能产生亲切感；相互的吸引力越大，彼此的影响力也越大。因此，一个领导者平时待人和蔼可亲，关心体贴下属，与群众的关系融洽，他的影响力往往就较大。

由品格、才干、知识、感情因素构成的非权力影响力，是由领导者自身的素质与行为造就的。在领导者从事管理工作时，这些因素越正向，越能增强领导者的影响力。在不担任管理职务时，这些因素仍会对人们产生较大的影响。

领导工作有效性的核心内容就是领导者影响力的大小及其有效程度。管理者要实施有效的领导，最关键的就是要增强其对下属及组织影响力的强度与有效性。提高影响力的机制与途径，最常见的一般有三种，即激励、沟通、指挥。

四、领导职能及其作用

（一）领导职能

1. 引导

正确地规划目标是引导的核心，正确地提出任务是实现领导的中心环节，科学地决策并制定领导方法是引导的重要内容。

2. 指挥

运用组织权责，发挥领导权威，推动下属为实现既定规划目标任务而努力。指挥一般采取命令、说服、示范三种方式。

命令：以强制性为后盾，是一种具有明显约束力的指挥方式。

说服：布置任务时要晓之以理，耐心细致地做思想工作，这是领导群众的基本方法。

示范：典型引路，身先士卒，为人表率等。

3. 组织

按照目标合理设置机构、建立体制、分配权力、使用人员等，是实现领导任务的可靠保证。

4. 协调

这是领导的基本职能之一，贯穿领导活动过程的始终。主要有两种方式：一是通过积极促进来达到新的平衡；二是通过严肃的纠偏来维护正常的秩序。

5. 监督

检查规划目标任务的执行情况，及时发现问题，纠正偏差，确保任务的完成。监督方法主要有实行报告制度、进行工作指导、辅导专案调查等。监督原则应是及时而有效的。

6. 教育

教育即对群众宣传、动员、培养、训练，提高他们的素质，改正错误。

政治思想教育：是实现领导决策的保证，尤其成为社会主义国家领导的重要职能之一。

业务技术教育：是帮助群众完成具体业务的保证。

总之，上述领导一般职能规定了领导活动的方向，也制约着领导活动的效能。

(二) 领导职能的作用

1. 带领组织成员共同实现组织目标

领导工作的一个重要作用就在于引导组织中的全体人员有效地理解和领会组织目标，协调组织成员的关系和活动，使组织成员充满信心、步调一致地朝着共同的目标前进。

2. 指挥作用

在组织活动中，需要有高瞻远瞩、运筹帷幄的领导者，帮助组织成员认清所处的环境和形势，指明组织活动的目标和达到目标的途径。领导者通过激励、沟通、指挥、指导活动，推动组织成员最大限度地实现组织的目标。在整个活动中，要求领导者作为带头人来引导组织成员前进，鼓舞人们去奋力实现组织的目标。只有这样，才能真正发挥指挥的作用。

3. 有利于调动组织成员的积极性

从事社会活动的人是具有不同的需求、欲望和态度的。人的身上蕴藏着任何一个组织所需要的生产力。领导可以诱发这一力量，通过领导工作调动组织中每个组织成员的积极性、主动性和创造性，使其以高昂的士气自觉、自动地为组织做出贡献。

4. 有利于个人目标与组织目标趋于统一

人们的个人目标有很多，并且也不统一，有的为了获得高收入，有的是为名望，有的是为工作的挑战性，有的是为得到上级领导的认可与肯定，有的为了实现自我价值，等等，不一而足。一旦他们加入某个组织工作时，就会想方设法地去努力实现自己的个人目标，但是，个人目标与组织目标不见得一致，长此以往，将不利于组织目标的实现。通过领导工作，可以帮助他们认识个人对组织、对社会所承担的义务，让他们体察到个人与组织的密切关系，进而使他们主动放弃一些不切实际的要求，自觉地服从于组织目标。所以，领导者也要创造一种环境，在实现组织目标的同时，在条件允许的范围内，满足个人的需求，使人们对组织产生自然的信赖和依赖的感情，从而为加速实现组织目标而做出努力。

五、指挥

（一）指挥的概念及其特点

所谓指挥，就是管理者凭借自身的权力，直接命令或指导下属为实现组织目标而展开活动的行为。

指挥具有以下特点：第一，权威性。权威是指挥的主要依据，没有权威的指挥是无效的指挥，任何指挥活动都离不开权威。第二，强制性。指挥要求下属部门与人员无条件地服从上级的命令与指示，不得对命令和指示提出异议，更不允许抵抗。第三，统一性。指挥要求命令和指示自上而下严格按照直接隶属关系层层传达；要求指令内容反映的是指挥者的意志，下属不得对命令和指示随意解释和更改，更不允许歪曲；一个部门只能接受一个上级的指挥。第四，明确性。指挥者要明确下属的思想状况；向下属明确指挥的方向、目标及实现目标的方法；明确权责关系。

（二）指挥的内容

1. 下达目标和任务

任何管理部门及人员都承担着各自应承担的目标和任务，指挥者通过下达目标任务让承担的部门和人员明确这些目标和任务。具体有以下要求：把各项目标任务落实到具体的承担部门或人员，使他们明确努力方向；使下属明确实施目标的时间界限、空间范围、有效方法等。

2. 规定权责关系

指挥者要根据需要，明确、合理确定权责关系。具体包括：第一，赋予责任，具体地讲，责任主要包括目标实施过程中应承担的政治责任、法律责任和工作责任。第二，授予权力，承担目标所需要的权力包括：在目标实施过程中的决策权；对目标实施措施的选择权；对活动过程的控制权；目标实施过程中的用人权；对一定资源的支配权；对上级的建议权。第三，坚持职、权、责的统一，从职、权、责三者的相互关系与作用看，职位与权力、责任是成正比的；职位是基础，责任是本质、是核心，权力是手段。

3. 发布行为指令

行为指令的内容包括"行"与"止"两个基本方面。"行"即组织提倡或允许的管理与操作活动。"止"即限制或制止的管理与操作活动。指令可以为部门和人员提供明确而具体的行为准则，在计划不周的条件下，指令可以及时调整人员行为，确保工作的有效性。

4. 对组织内的资源进行合理配置

组织内各种资源的合理配置与调整是有效发挥其作用的前提和基础，也是指挥的一项重要内容。具体包括：人员调整；财物资源配置；对完成任务的时间界限调整；信息资源调整；活动空间范围的调整；各种资源之间比例的调整；等等。

(三) 影响有效指挥的因素

指挥者的行为是否有效，直接关系到领导效果的高低。其指挥的有效性主要受以下因素影响。

1. 权力的大小和重要程度

权力是指挥的基础，只有凭借权力，才能进行指挥。权力越大，指挥的效果越明显。权力是指挥有效性的首要决定因素。

2. 指挥内容

符合客观规律和实际情况的指挥，才是科学的指挥。只有指挥内容科学、正确，才能产生好的指挥效果。

3. 指挥形式的选择

指挥的有效性，在很大程度上取决于指挥形式选择是否恰当。内容科学的指挥，还要靠科学、合理、恰当的指挥形式来实施，才能收到好的指挥效果。

4. 指挥对象的素质

指挥要对一定的对象实施，指挥对象的特点也会影响指挥的效果，为此，指挥者要注意指挥对象的特点，确保指挥内容和形式能为指挥对象所接受，自觉服从指挥，从而达到指挥目的。

5. 环境

指挥的实际效果还受环境的影响，如指挥时机、地点、群体情绪、工作性质等。

（四）有效指挥的原则

指挥者的指挥活动应尽可能避免主观随意性，有效的指挥应坚持以下五个原则。

1. 权威原则

权威原则是指在指挥中必须用指挥员的权威使被管理者服从管理者的意志。指挥者的权威主要由两方面来决定：一是组织赋予个人的职权；二是个人的知识、技术、能力、品德等。通常情况下，组织所赋予的权力所决定的权威，比个人的知识、品德所形成的权威，具有更大的强制性，它强迫被管理者服从管理者的意志，这种强制性的权威在管理中是必不可少的。但是，现代管理中指挥的权威原则要求管理者不仅要注重组织赋予的权力，而且必须重视个人的知识、品德所决定的权威，并努力增强自己这方面的权威。

2. 统一原则

统一原则是指在指挥中必须统一目标，统一思想，统一纪律，统一指挥，统一行动。统一目标就是局部的目标要服从全局的目标，个人目标服从组织的共同目标；统一思想就是要统一认识；统一纪律就是要少数服从多数，下级服从上级，个人服从组织；统一指挥就是一个下级只能接受一个上级领导的直接指挥，下级也不越级上报工作；通过以上四个统一，达到统一行动的目的。

3. 首长负责制原则

首长负责制原则，是指在指挥中，组织内部各层次主要负责人对其职权管辖范围内的各项事务有最后的决定权，并负管理责任。实行首长负责制，可以对部属实行统一指挥，根据任务的需要，授予下属组织和人员一定的权力，使各级组织和个人都有明确的责任。

4. 强制与说服相结合

为了充分调动人员的积极性，指挥者在下达指令过程中，除了要强制性下达指令，还必须运用启发、诱导等说服教育的措施，使下属真正理解指挥的内容，化被动行为为主动行为。

5. 坚定果断原则

坚定果断原则，是指在指挥中，指挥者对规定的目标或规划以及自己的行动方案，要有坚定的立场、必胜的信念，对于随机事件的处理要勇敢决断，勇于负责。指挥者只有对自己从事的事业、对自己执行的目标或规划立场坚定，充满信心，才能有力地说服和影响下属百折不挠地去争取成功。

(五) 指挥形式的运用

指挥形式，按所采用的载体不同，可划分为口头指挥、书面指挥和会议指挥三种。

1. 口头指挥

管理者用口头语言的形式直接进行指挥。口头指挥是最经常、最基本的形式。它具有直接、简明、快速、方便等特点。运用口头指挥形式，要注意：内容表达要清晰、准确；用语简洁有力，详略得当；讲究语言艺术。

国外一些管理学家为了帮助各级领导掌握下达命令的指挥方式，根据不同对象的具体情况，提出了一些下达命令的指导方针，这对我们有一定的参考价值。

(1) 用请求的口吻下达命令不会使反应敏感的下属反感，而直截了当下达命令可能会引起对立情绪。

(2) 直截了当的命令，如果不是经常下达此类命令的话，就会显得非常有力，常常能促使下属克服懒惰情绪。

(3) 请求的口吻可以部分地软化人，在直接下达命令前，值得一试。

(4) 对可靠的下属通常婉转地下达命令效果最好，但是对于缺乏经验或不可靠的下属则不能这样做。

(5) 对初次犯错误的人，用请求的口吻要求他纠正错误，这会增进友谊，使他站在你这一边。但是，对累犯错误的人，直截了当地下达命令，也许是可取的。

(6) 在下属对工作不称心或者需要做特别努力乃至需要实行不得人心的加班加点时，采取志愿参加的办法常常是一种挑战并能产生良好的效果。但是，不要以此来逃避按最有利于生产的方式分派任务的职责。

(7) 为了培养有前途的员工的工作能力和判断力，婉转的或建议式的命令是考验和培养其独立工作能力的好方式。当然，还需要进行严格的督促检查。

(8) 紧急情况通常需要直截了当地下达命令。

在利用口头指挥时还要注意，在指挥较大范围内的重大事件时，除了口头方式外，同时要用书面的方式进行指挥。

2. 书面指挥

书面指挥即采用书面文字形式进行指挥。它具有准确性、规范性、确定性和可储存性的特点。正因为如此，许多重要的、正规的、要求在较大范围和较长时期内起作用的指挥一般都采取书面形式。

书面指挥的具体形式多种多样。以行政机关的文件形式最为规范，主要包括命令、指令、决定、决议、指示、布告、公告、通告、通知、通报、报告、请示、批复等。为提高书面指挥的有效性，应注意以下几点。

（1）加强针对性。书面指挥在易接受性和成本等方面一般不如口头指挥。因此，书面指挥要针对所要解决的管理问题，紧紧围绕指挥目标，既要表达完整、准确，又要文字精练，重点突出。

（2）增强规范性。书面文件最显著的特点是其规范性。要注意文件体例和文件内容的规范性，还有文件用语的规范化。

（3）提高写作质量。

3. 会议指挥

这是一种通过多人聚集，共同研究或即时布置工作的指挥形式。在实际领导工作中，会议是一种经常使用，而又行之有效的形式。会议指挥应主要把握好以下要领。

（1）控制会议的议题与规模、次数。

（2）必须做好充分的会前准备。主要包括：会议议题、程序、参加人员、时间、场所等方面的准备，其中最重要的是对议题本身的准备。

（3）科学地掌握会议。主持会议过程中，要始终抓住会议议题，确保会议围绕议题进行；主持者要有效引导与控制与会者，需要讨论问题时，启发、激励与会者，要掌握好会议进程，顺利进行与按时结束。

（4）与会人员必须和会议内容有关，避免无关人员与会或为提高会议级别而邀请高层领导出席。

（5）做好会议讨论的组织工作。

（6）狠抓会议内容的落实和反馈。会议指挥，要防止"议而不决"，但更要防止"决而不行"。会议过后，对于管理者来说，并不是完事大吉，必须责成专人或亲自检查落实会议精神的执行情况，及时搜集有关反馈信息，以保证会议目标落到实处，并做出必要的调整与完善。

六、激励

(一) 激励的概念及其特点

激励就是管理者运用各种管理手段，刺激被管理者的需要，激发其动机，引导并促进被管理者产生有利于管理目标行为的过程。可以从以下三个方面来理解激励这一概念。

1. 激励是一个过程

人的行为都是在某种动机的推动下完成的。对人的行为的激励，实质上就是通过利用能满足人需要的诱因条件，激发行为动机，从而推动人采取相应的行为，以实现目标，然后再根据人们新的需要设置诱因，如此循环往复。

2. 激励过程受内外因素的制约

各种管理措施，应与被激励者的需要、理想、价值观和责任感等内在的因素相吻合，才能产生较强的影响力，从而激发和强化工作动机，否则不会产生激励作用。

3. 激励具有时效性

每一种激励手段的作用都有一定的时间限度，超过时限就会失效。因此，激励不能一劳永逸，需要持续进行。

激励作为一种领导的手段，最显著的特点是内在驱动性和自觉自愿性。由于激励起源于人的需要，是被管理者追求个人需要满足的过程，因此，这种实现组织目标的过程，不带有强制性，而完全是靠被管理者内在动机驱使的、自觉自愿的过程。

激励在组织管理中具有十分重要的作用，有利于激发和调动员工的积极性，有利于满足员工在物质、精神、尊重、社交等多方面的需要，有助于将员工的个人目标与组织目标统一起来。

(二) 激励的过程和模式

激励过程就是一个由需要开始到需要得到满足为止的连锁反应。当人产生需要而未得到满足时，会产生一种紧张不安的心理状态，在遇到能够满足需要的目标时，这种紧张不安的心理就转化为动机，并在动机的驱动下向目标努力，目标达到后，需要得到满足，紧张不安的心理状态就会消除。随后，又会产生新的需求，引起新的动机和行为。这就是激励过程。可见，激励实质上是以未满足的需要为基础，利用各种目标激发和产生动机，驱使和诱导行为，促使实现目标，提高需要满足程度的连续心理和行为过程，整个过程如图 1-1 所示。

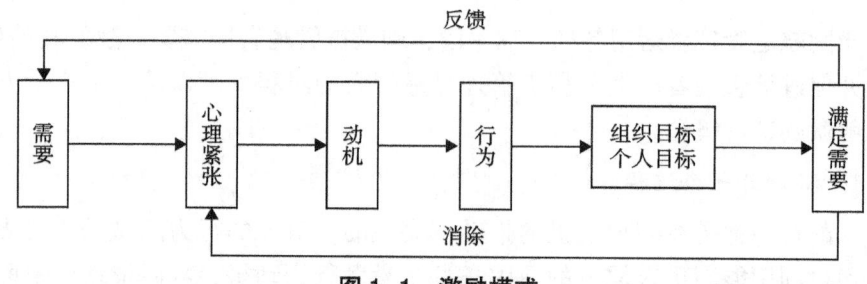

图 1-1　激励模式

（三）激励理论

自 20 世纪二三十年代以来，国外许多管理学家、心理学家和社会学家从不同的角度对怎样激励人的问题进行了研究，并提出了相应的激励理论。通常我们把这些激励理论分为三大类：内容型激励理论、过程型激励理论和行为改造型激励理论。

1. 内容型激励理论

需要和动机是推动人们行为的原因。内容型激励理论是着重研究需要的内容和结构及其如何推动人们行为的理论。其中，有代表性的理论有：需要层次理论、双因素理论等。

（1）需要层次理论。这一理论是由美国社会心理学家亚伯拉罕·马斯洛（Abraham H. Maslow）提出来的，因而也称为马斯洛需要层次理论。需要层次理论的主要内容有以下几个方面。第一，人是有需要的，并且是有层次性的；第二，每个人都有五个层次的需要，由低到高依次是生理需要、安全需要、社交需要、尊重需要、自我实现需要；第三，人类基本的需要必须先得到满足，然后才会进一步追求较高层次需要的满足。一般来说，某一层次的需要相对满足了，就会向高层次发展，追求更高一层次的需求就会成为驱使行为的动力。

在管理实践中要正确认识被管理者需要的层次性。片面看待下属的需要是不正确的，应进行科学分析并区别对待。要结合本组织的特点，同被管理者的各层次需要联系起来，经过科学分析，找出被管理者的需要及其差别，然后，有针对性地满足被管理者的需要，才能取得良好的激励效果（见表 1-1）。

表 1-1 需要层次在企业中的应用

需要层次	激励因素（追求的目标）	应用
生理需要	工资和奖金、各种福利和工作环境	较高的薪金、舒适的工作环境、合理的工作时间、住房和福利设施、医疗保险等
安全需要	职业保障、意外事故的防止	雇佣保证、退休养老金制度、意外保险制度、安全生产制度、危险工种营养福利制度
社交需要	友谊、团体的接纳、组织的认同	建立和谐的工作团队、建立协商和对话制度、互助金制度、联谊小组、教育培养制度
尊重需要	名誉和地位、权力和责任	人事考核制度、职衔、表彰制度、责任制度、授权
自我实现需要	能发挥个人特长的环境、具有挑战性的工作	决策参与制度、提案制度、破格晋升制度、目标管理、工作自主权

（2）双因素理论。这一理论是美国心理学家赫茨伯格于 1959 年提出来的，他认为影响职工工作积极性的因素可分为两类：保健因素和激励因素。

所谓保健因素，就是那些得不到就会造成职工不满的因素，这类因素的改善能够解除职工的不满，但不能使职工感到满意并激发起职工的积极性。它们主要是指公司政策、行为管理和监督方式、工作条件、人际关系、地位、安全和生活条件等，一般与工作环境和工作条件有关。

所谓激励因素，就是那些得到就会使职工感到满意的因素，唯有这类因素的改善才能让职工感到满意，给职工以较高的激励，调动其积极性，从而提高劳动生产效率。它们主要是指工作富有成就感、工作成绩能得到认可、工作本身具有挑战性、负有较大的责任、在职业上能得到发展等，一般与工作内容和工作本身有关（见表 1-2）。

要善于区分管理实践中存在的这两类因素，对于保健因素（如工作条件、福利等）要给予基本的满足，以消除下级的不满；要学会正确识别与挑选激励因素，善于抓住激励因素，进行有针对性的激励。例如，调整工作的分工、加强宣传工作、增加工作的挑战性、实行工作丰富化等来增强员工对工作的兴趣，千方百计地使员工满意自己的工作，从而收到有效激励的效果。

但是，在不同国家、不同地区，不同时期、不同阶层、不同组织甚至是不同个人，最敏感的激励因素是各不相同的，有时差别还很大。因此，必须在分析上述因素的基础上，灵活地加以确定。

表 1-2　保健因素与激励因素

保健因素（举例）	激励因素（举例）
监督	工作本身
地位	赏识
安全	进步
工作环境	成长的可能性
政策与行动	责任
人际关系	成就

2. 过程型激励理论

过程型激励理论着重研究人们选择其所要进行的行为的过程，即研究人们的行为是怎样产生的，是怎样向一定方向发展的，如何能使这个行为保持下去，以及怎样结束行为的发展过程。它主要包括弗鲁姆的期望理论和亚当斯的公平理论。

（1）期望理论。弗鲁姆（Victor H. Vroom）认为，人们采取某项行动的动力或激励力取决于人们对行动结果的价值评价和预期达成该结果的可能性估计。用公式可以表示为：

$$M = V \times E$$

其中：M——激励力，是直接推动或使人们采取某一行动的内驱力。它是指调动一个人的积极性，激发出人的潜力的强度；

V——目标效价，指达成目标后对于满足个人需要的价值的大小，它反映个人对某一成果或奖酬的重视与渴望程度；

E——期望值，指根据以往的经验进行的主观判断，达成目标并能导致某种结果的概率，是个人对某一行为导致特定成果的可能性或概率的估计与判断。

显然，只有当人们对某一行动成果的目标效价和期望值同时处于较高水平时，才有可能产生强大的激励力。

弗鲁姆的期望理论辩证地提出了在进行激励时要处理好三方面的关系，这些也是调动人们工作积极性的三个条件。

①努力与绩效的关系。人们总是希望通过一定的努力达到预期的目标，如果个人主观认为达到目标的概率很高，就会有信心，并激发出很强的工作动力；反之，如果个人认为目标太高，通过努力也不会有很好绩效时，就失

去了内在的动力,导致工作态度消极。

②绩效与奖励的关系。人总是希望取得成绩后能够得到奖励,当然这个奖励也是综合的,既包括物质上的,也包括精神上的。如果个人认为取得绩效后能得到合理的奖励,就可能产生工作热情,否则就可能没有积极性。

③奖励与满足个人需要的关系。人总是希望自己所获得的奖励能满足自己某方面的需要。然而由于人们在年龄、性别、资历、社会地位和经济条件等方面都存在差异,他们对各种需要要求得到满足的程度就不同。因此,对于不同的人,采用同一种奖励办法能满足的需要程度不同,能激发出的工作动力也就不同。

对期望理论的应用主要体现在激励方面,这启示管理者不要泛泛地采用一般的激励措施,而应当采用多数组织成员认为效价最大的激励措施,而且在设置某一激励目标时应尽可能加大其效价的综合值,加大组织期望行为与非期望行为之间的效价差值。在激励过程中,还要适当控制期望概率和实际概率,加强期望心理的疏导。期望概率过大,容易产生挫折;期望概率过小,又会减弱激励力量。实际概率应使大多数人受益,最好实际概率大于平均的个人期望概率,并与效价相适应。

(2) 公平理论。公平理论又称社会比较理论,它是美国行为科学家亚当斯 (J. S. Adams) 提出来的一种激励理论。该理论侧重于研究工资报酬分配的合理性、公平性及其对职工工作积极性的影响。

公平理论的基本观点是:当一个人做出了成绩并取得了报酬以后,他不仅关心自己所得报酬的绝对量,而且关心自己所得报酬的相对量。因此,他要进行种种比较来确定自己所获报酬是否合理,比较的结果将直接影响今后工作的积极性。

①横向比较。即他要将自己获得的"报酬"(包括金钱、工作安排以及获得的赏识等)与自己的"投入"(包括受教育程度、所作努力、用于工作的时间、精力和其他无形损耗等)的比值与组织内其他人作社会比较,只有相等时他才认为公平,如下式所示:

$$OP/IP = OC/IC$$

其中,OP 表示自己对所获报酬的感觉;OC 表示自己对他人所获报酬的感觉;IP 表示自己对个人所作投入的感觉;IC 表示自己对他人所作投入的感觉。

但是,在现实中,还可能出现以下两种情况:

第一,前者小于后者时,他可能要求增加自己的收入或减少自己今后的努力程度,以便使左方增大,趋于相等;他也可能要求组织减少比较对象的收入或让其今后增大努力程度,以便使右方减少,趋于相等。此外,他还可能另外找人作为比较对象,以便达到心理上的平衡。

第二,前者大于后者时,他可能会在开始时积极主动地多做些工作,但是,久而久之他会重新估计自己的工作情况,终于觉得他确实应当得到那么高的待遇,于是他工作的情况便又会回到过去的水平了。

②纵向比较。即把自己目前投入的努力与目前所获得报酬的比值,同自己过去投入的努力与过去所获报酬的比值进行比较。只有相等时,他才认为公平。用公式表示:

$$OP/IP = OH/IH$$

其中,OP 表示自己对所获报酬的感觉;IP 表示自己对个人所作投入的感觉;OH 表示自己对过去所获报酬的感觉;IH 表示自己对个人过去投入的感觉。当出现这种情况时,人不会因此产生不公平的感觉,但也不会感觉自己多拿了报酬从而主动多做些工作。当上式为不等式时,人也会有不公平的感觉,这可能导致工作积极性下降。调查和实验的结果表明,不公平感的产生绝大多数是由于经过比较认为自己目前的报酬过低而产生的;但在少数情况下也会由于经过比较认为自己的报酬过高而产生。

公平理论表明:首先,要认识到影响激励效果的不仅有报酬的绝对值,还有报酬的相对值。其次,激励时应力求公平,使等式在客观上成立,尽管有主观判断的误差,也不致造成严重的不公平感。最后,在激励过程中应注意对被激励者公平心理的引导,使他树立正确的公平观,一是要认识到绝对的公平是不存在的,二是不要盲目攀比,三是不要按酬付劳,按酬付劳是在公平问题上造成恶性循环的主要杀手。例如,为了避免职工产生不公平的感觉,企业往往采取各种手段,在企业中造成一种公平合理的气氛,使职工产生一种主观上的公平感。如有的企业采用保密工资的办法,使职工相互不了解彼此的收支情况,以免职工相互比较而产生不公平感。

3. 行为改造型激励理论

行为改造型激励理论主要研究如何改造和修正人的行为。主要理论有:斯金纳的强化理论、凯利的归因理论等。下面重点介绍强化理论。

美国心理学家、行为科学家斯金纳认为人或动物为了达到某种目的,会采取一定的行为作用于环境。当这种行为的后果对人有利时,这种行为就会在以后重复出现；当这种行为的后果对人不利时，这种行为就减弱或消失。人们可以用这种正强化或负强化的办法来影响行为的后果，从而修正行为，这就是强化理论，也叫作操作条件反射理论。

所谓强化，从最基本的形式来讲，指的是对一种行为的肯定或否定的后果（报酬或惩罚），它至少在一定程度上会决定这种行为在今后是否会重复发生。根据强化的性质和目的可把强化分为正强化和负强化。在管理上，正强化就是鼓励那些组织上需要的行为，从而加强这种行为；负强化就是限制那些与组织不相容的行为，从而削弱这种行为。正强化的方法包括奖金、对成绩的认可、表扬、改善工作条件和人际关系、提升、安排担任挑战性的工作、给予学习和成长的机会等；负强化的方法包括批评、处分、降级等，有时不给予奖励或少给奖励也是一种负强化。

在管理实践中应用强化理论，应注意以下问题：

①要依照强化对象的不同采用不同的强化措施。人们的年龄、性别、职业、学历、经历不同，需要就不同，强化方式也应不一样。如有的人更重视物质奖励，有的人更重视精神奖励，应区分情况，采用不同的强化措施。

②及时反馈。一个人在实施了某种行为以后，如果没有及时反馈，领导者没有注意到这种行为，这种行为重复发生的可能性就会减小以至消失。所以，必须利用及时反馈作为一种强化手段。

③在运用强化手段时，应以正强化为主；同时，必要时也要对坏的行为进行惩罚，做到奖惩结合。

(四) 激励的方式与手段

在管理实践中，常用的激励手段主要有三类：物质激励、精神激励和情感激励。

1. 物质激励

物质激励即通过物质刺激的手段，鼓励组织成员工作。它的主要表现形式有正激励，如发放工资、奖金、津贴、福利等，也有负激励，如罚款等。

使用物质激励手段时应注意以下几方面：

第一，物质激励应与相应制度结合起来。制度是目标实现的保障。因此，物质激励效应的实现也需要依靠相应的制度来保障。例如，物质奖惩标准在事前就应制定好并公之于众且形成制度稳定下来，而不能靠事后的"一种冲动"，想起来则奖一下，想不起来就作罢，那样达不到激励的目的的。

第二，物质激励必须公平、公正，但要注意防止"平均主义"。美国心理学家亚当斯的公平理论告诉管理者必须对所有职工一视同仁，按统一标准奖罚，不偏不倚，否则将会产生负面效应。此外，必须反对"平均主义"。平均分配奖励等于无效激励。

第三，企业要通过物质奖励，调动职工积极性，应把奖金与工薪分开发放。如果把奖金与工薪一起发，容易使员工把工作应得的和额外奖励混为一谈，职工不一定会有受奖励的喜悦。

2. 精神激励

与物质激励相比，精神激励是在较高层次上调动职工的工作积极性的手段，其激励深度大，维持时间也较长，精神激励的方法有许多，这里着重讲述以下几种。

(1) 目标激励。企业目标是企业凝聚力的核心，它体现了职工工作的意义，能够在理想和信念的层次上激励全体职工。实施目标激励，首先企业应将自己的长远目标、中期目标和近期目标进行宣传，使职工更加了解企业，了解自己在目标的实现过程中应起到的作用。其次，应注意把组织目标和个人目标结合起来，宣传两者的一致性，使大家了解到只有在完成企业目标的过程中，才能实现个人的目标。个人事业的发展、待遇的改善与企业事业的发展、效益的提高息息相关。这样，职工就会对企业产生强烈的感情和责任心，平时用不着别人监督就能自觉地把工作搞好，并自觉地关心企业的利益和发展前途。

(2) 工作激励。自我实现人假设，它是指人们力求最大限度地将自己的潜能发挥出来，只有在工作中充分表现自己的才能，才会感到最大的满足。依据这种假设，为了更好地发挥职工的工作积极性，管理者要较多地考虑如何才能使工作本身变成更具有内在意义和更高的挑战，给职工一种自我实现感。因此，工作本身也具有激励力量。

(3) 参与激励。现代人力资源管理的实践经验和研究表明，现代社会员工都有参与管理的要求和愿望，创造和提供一切机会让职工参与管理是调动他们积极性的有效方法。通过参与，职工会形成对企业的归属感、认同感，可以进一步满足职工自尊和自我实现的需要。

(4) 荣誉激励。荣誉是社会或组织对个体或群体的崇高评价，是满足人们自尊需要，激发人们奋力进取的重要手段。荣誉激励成本低廉，但效果很好。美国IBM公司有一个"百分之百俱乐部"，当公司员工完成他的年度任务，他就被批准为"百分之百俱乐部"成员，他和他的家人会被邀请参加隆重的集会。结果，公司的雇员都将获得"百分之百俱乐部"会员资格作为第一目标，以获取那份光荣。这一激励措施有效地利用了员工的荣誉需求，取得了良好的激励效果。

（5）赏识激励。赏识是任何物质奖励都无法比拟的。赏识激励是激励的最高层次，是领导激励优势的集中体现。社会心理学原理表明，社会的群体成员都有一种希望能得到领导的承认和赏识的心理。赏识激励能较好地满足这种精神需要。

3. 情感激励

情感，是人们情绪和感情的反映。情感激励既不是以物质利益为诱导，也不是以精神理想为刺激，而是指领导者与被领导者之间的以感情联系为手段的激励方式。领导者和被领导者的人际关系既有规章制度和社会规范的成分，更有情感成分。人的情感具有两重性：积极的情感可以提高人的活力；消极的情感可以削弱人的活力。一般来说，下属工作热情的高低，同领导者与下属的交流多少成正比。古人云，"士为知己者死""感人心者，莫过于情"。情感激励就是加强与职工的感情沟通，尊重职工，使职工始终保持良好的情绪以激发职工的工作热情。人们都知道，在心境良好的状态下工作思路开阔、思维敏捷、解决问题迅速。因此，情绪具有一种动机激发功能。创造良好的工作环境，加强管理者与职工之间以及职工相互之间的沟通与协调，是情感激励的有效方式。

第三节　管理理论

现代管理学形成于西方，所以后来很多学者将其分为四个阶段：古典管理理论阶段（20世纪初到20世纪30年代）、人际关系学说阶段（20世纪30年代到20世纪60年代）、现代管理理论阶段（20世纪60年代到20世纪80年代，主要指管理理论丛林阶段）和现代管理理论的最新发展阶段（20世纪80年代至今）。而我国在几千年的文明发展中也创造和积累了大量具有中国智慧的管理思想，现分别阐述如下。

一、管理理论的发展

(一) 管理学形成之前的管理思想

在各大文明发祥地,人们在早期的管理实践中总结出了深刻而丰富的管理思想。如西方的宗教经典《圣经》中涉及制定法令、建立等级、分权与授权、管理宽度等管理思想。在公元前 370 年,古希腊学者瑟诺芬提出朴素的劳动分工思想。意大利早期政治哲学家马基雅维利在《君主论》一书中,提出了君主的权力来源于群众、维持组织的凝聚力、领导者的生存意志力和领导技术四大管理原则。这些指导思想对现代管理有着深远的影响。

(二) 西方近代管理思想

14~15 世纪,欧洲各国已产生了资本主义的萌芽。随着原始积累的加紧进行,英、法等国先后爆发了资产阶级革命,建立了资本主义国家。资本主义经历了简单协作、工场手工业和机器大生产三个阶段。工业革命使得物质资源和人力资源的大规模的结合成为必要,也由此引起了一系列为实现这种结合而必须解决的管理问题,从而把管理提到了一个前所未有的高度。亚当·斯密在 1776 年出版的《国富论》一书中认为:第一,分工可以大大减少由一种工作转到另一种工作而损耗的时间;第二,工人经过专业技术分工的训练,对业务上的某一种工作日益熟练;第三,机器的发明简化了劳动过程,使一个人能够做许多人的工作。英国的空想社会主义者罗伯特·欧文首次提出了关心人的管理思想,并将这种思想在他与人合办的企业中进行了全面实验,试图在企业内建立起一种全新的人际关系,他被誉为人事管理的先驱者。巴贝奇更全面、更细致地分析了劳动分工能提高生产效率的原因,他特别强调劳资协作,为了调动劳动者的工作积极性,提出了一种工资加利润的分享制度。

(三) 古典管理理论

工业革命与生产规模的扩大是推动管理知识体系产生与发展的重要物质条件与历史背景。直到泰罗、法约尔和韦伯等人先后提出了科学管理和早期的管理理论,才发展成了管理知识体系,并逐步为广大组织所采用。

1. **泰罗的科学管理理论**

科学管理的创始人是美国的泰罗(F. W. Taylor,1856—1915),他毕生致力于科学管理的实践与研究，其代表著作是《科学管理原理》。其基本内容是：①管理的根本是提高劳动生产效率。②必须挑选一流的工人。对那些不适合所从事工作的工人，应加以培训，使之适合工作需要，或把他们重新安排到其他适宜的工作岗位上去。③必须实现操作方法和工具的标准化。④实行有差别的计件工资制。按照工人是否完成其定额而采取高低不同的工资率。⑤设置计划层，实行职能工长制。⑥对组织机构的管理控制实行例外原则。总经理应避免处理工作中的细小问题，只处理"例外"情况和问题。⑦通过在工人与雇主之间开展一场"心理革命"，改变劳资对立的关系，建立互相协作的关系，共同为提高劳动生产率而努力。

2. 法约尔的一般管理理论

法约尔致力于普及自己的管理理论。一般管理理论的基本内容有：①经营和管理是两个不同的概念。经营是指引导或指导一个组织趋向目标，它由六项活动组成：技术活动、商业活动、财务活动、安全活动、会计活动和管理活动。但对不同层次和不同组织的人员来说，这些能力的相对重要性不同。②提出管理的五项职能，即计划、组织、指挥、协调与控制。③重视管理教育和管理理论。④提出了管理中具有普遍意义的14项原则，分别是分工、权力责任、纪律、统一指挥、统一领导、个人利益服从整体利益、员工报酬、集权化、组织等级、秩序、公平、员工的稳定、创造性和集体精神。

3. 韦伯的官僚制组织理论

韦伯是古典管理理论在德国的代表，代表著作是《社会组织和经济组织理论》，书中提出了"官僚制组织"理论，韦伯由此被后人誉为"组织理论之父"。他的理论的基本内容有以下两点。①揭示了组织与权威的关系，并划分了权威的类型。权威有三种：传统的权威；超凡权威；合理—合法的权威，它以对法律确立的职位权力的服从为基础。只有建立在合理—合法权威基础上的组织，才是更好的理想的组织，韦伯称这种组织为官僚制组织。②归纳了官僚制组织的基本特征：实现劳动分工，明确规定每一成员的权力与责任；各种职位按权力等级严密组织起来，形成指挥体系；通过正式而严格的考核或在培训中取得的技术资格来挑选组织的所有成员；实行任命制，只有个别职位才实行选举制；管理人员都必须是专职的，并有固定薪金保证；职务活动被认为是私人事务以外的事情，受规则和制度制约。

总之，古典管理理论阶段的管理思想的核心是建立在"经济人"假设基础上，认为人是经济动物，人是为了自己的经济利益而工作的，只有通过严厉的惩罚和严格的规章制度才能刺激人去努力工作。

(四) 人际关系学说

20世纪30年代在资本主义世界范围内爆发了周期性的大规模经济危机，工人阶级组织起来对资本家的压迫进行反抗和斗争，单纯运用古典管理理论及其方法已不能有效地发挥作用，就在此时，梅奥参与并进行的"霍桑试验"促进了人际关系学说的产生，为提高劳动生产率开辟了新的途径。

梅奥在西方电器公司设立在芝加哥霍桑地区的工厂进行了长达8年的试验，管理学历史上称为"霍桑试验"。根据霍桑试验结论形成了人际关系学说的主要思想，梅奥等人后来写了一系列著作阐述其观点，主要有：①企业职工都是"社会人"，即人不是孤立存在的，而是属于某一集体并受这一集体影响制约的"社会人"，他们有社会和心理方面的需求，并期望得到满足。②劳动生产效率主要取决于职工的工作态度及其人际关系状况。③企业中存在着非正式组织。即企业职工在共同劳动过程中，由于共同爱好、情感、价值观念以及其他原因而自发形成的群体。

人际关系学说的继续发展，就是现在的行为科学理论。行为科学是指运用心理学、社会学等理论和方法，从人的工作动机、情绪，行为与工作、工作环境之间的关系出发，探索劳动生产率影响因素的科学。从其产生和发展来看，行为科学可分为早期与后期两大阶段。其中，早期行为科学又称人际关系学说。1949年在美国芝加哥召开的一次跨学科的世界性会议上，正式将人际关系学说定义为行为科学。

(五) 现代管理理论

现代管理理论的形成始于第二次世界大战之后。生产力的发展，导致企业生产过程的自动化、连续化以及生产社会化程度的空前提高，在这样的社会背景下，涌现出了一大批全新的管理思想与理论。美国管理学家孔茨首先注意到了这种学派林立的状况。他在1961年写的《管理理论的丛林》一文中，归纳了各种学派理论上的差异。现代管理理论阶段的主要学派的代表人物与观点见表1-3所示。

表 1-3　现代管理理论阶段的主要学派的代表人物与观点

学派名称	代表人物及其代表或突出贡献	管理学派的理论观点
管理过程学派	孔茨（Harold Koontz）、奥唐奈（Cyril O'Donnel）:《管理学》	①管理是由相互联系的职能所构成的一种程序；②管理的职能与程序是有共性的；③对管理职能的分析可归纳出管理原则，它们可指导实践。
经验主义学派	德鲁克:《管理的实践》、《管理：任务、责任、实践》；戴尔（Ernest Dale）:《伟大的组织者》等	①管理的理论知识解决不了现实问题，充其量是过去的经验；②管理科学应建立在目前成功或失败的企业管理经验之上，对它们进行调查、概括、抽象，提供建议。
行为科学学派	马斯洛：需要层次论；赫茨伯格：双因素理论；麦格雷戈（Douglas McGregor）：人性假设；布莱克（Robert Blake）：领导方格理论	①管理的根本在于人，要探索人的行为规律，关于用人、关于激励人；②强调个人目标与组织目标的一致性，调动积极性要考虑人的需求；③企业中要恢复人的尊严，实行民主参与管理，启发职工的创新、自主精神；④改进工作设计。
系统管理学派	卡斯特（F. E. Kast）、约翰逊（Richard Johnson）、罗森茨韦克（James Rosenzweig）:《系统理论与管理》	①企业是一个人造的开放系统，由多个职能子系统构成，并与环境保持协调；②企业组织是一个完整的系统；③管理靠系统结构实现。
决策理论学派	西蒙（Herber Simon）:《管理决策新科学》等；马奇（J. G. March）	①管理的关键在于决策；②决策是一个复杂过程；③决策分程序化决策与非程序化决策；④决策的满意行为准则；⑤管理是设计决策系统。
权变理论学派	卢桑斯（F. Luthans）:《管理导论：一种权变学》；伍德沃德（Joan Woodward）:《工业组织：理论和实践》；劳伦斯（Paul Lawrence）；洛希（Jay Lorsch）：企业分类研究法	①组织和成员的行为是复杂的、变化的，因此管理不可能存在着一种普遍适用的"最好的"管理方法，它完全依环境、自身的变化而变化；②管理的规律性与方法应建立在调查、分类基础上。
管理科学学派	伯法（E. S. Buffa）:《现代生产管理》；布莱克特（Blackett）；丹齐克（G. Dantaig）；丘奇曼（Churchman）等	①尽量减少决策中的个人艺术成分，尽量以数量方法客观描述；②决策依据尽量准确；③尽量使用数量方法与计算机。

20 世纪六七十年代后随着社会进步和管理学科的不断发展，现代管理理论又有了新发展。

1. 战略管理理论

安索夫（Ansoff）的《公司战略》（1965）一书的问世，开创了战略规划的先河。到 1976 年，安索夫的《从战略规划到战略管理》一书出版，标志着现代战略管理理论体系的形成。安索夫认为战略是"企业高层管理者为保证企业的持续生存和发展，通过对企业外部环境与内部条件的分析，对企业全部经营活动所进行的根本性和长远性的规划与指导"。他认为，战略管理与以往经营管理的不同之处在于战略管理注重的是动态管理，是决策与实施并重的管理。

美国哈佛大学商学院教授波特（M.E.Porter）于 1980 年在其著作《竞争战略》中提出，分析技术有助于企业对产业环境进行总体分析、预测产业未来的变化、认识竞争对手及自身地位，并根据具体业务类型将这种分析转化为一种竞争的战略。他还提出了对产业结构和竞争对手进行分析的一般模型，即五种竞争力（新进入者的威胁、替代品的威胁、买方议价能力、供方议价能力和现有竞争对手）分析模型；企业构建竞争优势的三种基本战略，即成本领先战略、产品差异化战略、市场专一化战略。同时，他认为企业的生产是一系列创造价值的许多活动构成的集合统一体，即企业的价值链。价值链能为顾客创造价值，同时能为企业创造利润。

2. 企业再造理论

1993 年，原美国麻省理工学院教授迈克尔·海默（M.Hammer）博士与詹姆斯·昌佩（J.Champy）合著了《再造企业：管理革命的宣言书》一书，正式提出企业再造理论。1995 年，昌佩又出版了《再造管理》。海默与昌佩提出应在新的企业运行空间条件下，改造原来的工作流程，以使企业更适应未来的生存发展空间。企业再造的思潮迅速在美国兴起，并快速传到日本、欧洲乃至全世界。企业再造理论认为为适应新的世界竞争环境，企业必须抛弃已成惯例的运营模式和工作方法，以工作流程为中心，重新设计企业的经营、管理及运营方式。

3. "学习型组织"理论

"学习型组织"理论是美国麻省理工学院教授彼得·圣吉在其著作《第五项修炼》中提出来的。彼得·圣吉认为，传统的组织设计是用来管理以机器为基础的技术；而新型的组织却是以知识为基础的，即组织设计是用来处理思想和信息的。这一理论的提出，受到了世界管理学界的高度重视。彼得·圣吉提出，"学习型组织"的形成必须建立在组织成员五项修炼的基础上。这五项修炼是：第一，强调组织成员应能不断认识自己、认识外界的变化，不断给予自己新的奋斗目标、超越自我；第二，要求组织成员要改变传统的认识问题的方式和方法，要用新的眼光看世界。第三，建立共同愿景目标，共同愿景是指一个组织所形成的共有目标、共同价值观和使命感；第四，倡导其成员要经常运用"尝试汇淡"和"讨论"两种不同的团体交流方式进行团队学习；第五，锻炼系统思考能力。

4."知识管理"理论

管理大师德鲁克在 20 世纪 60 年代就感知和预言知识经济时代的来临，并提出 21 世纪最大的管理挑战是如何提高知识工人的劳动生产率。在信息时代中知识已经成为最主要的财富来源，而知识工作者是最有生命力的资产，组织和个人最重要的任务是对知识进行管理。"知识管理"（Knowledge Management，KM）是网络新经济时代的新兴管理思潮与方法，知识管理可定义为：在组织中构建一个人文与技术兼备的知识体系，让组织中的信息与知识，通过获得、创造、分享、整合、记录、存取和更新等过程，达到知识不断创新的最终目的，并回馈到知识系统内，个人与组织的知识得以永不间断地积累。❶

二、中国传统思想中的管理思维

（一）诸子百家的管理思想

诸子指的是中国先秦时期管子、老子、孔子、庄子、墨子、孟子、荀子等学术思想的代表人物；百家指的是儒家、道家、墨家、法家等学术流派的代表家。诸子百家是后世对先秦学术思想人物和派别的总称。几经周折以孔子、孟子为代表的儒家思想在宋朝时期全面上位，同时，程度不同地影响到与中国相邻的国家。诸子百家中有代表性流派的管理思想如下：

1. 儒家思想

儒家的代表人物有孔子、孟子、荀子，儒家是战国时期重要的学派之一，它以春秋时孔子为师，以六艺为法，崇尚"礼乐"和"仁义"，提倡"忠恕"和不偏不倚的"中庸"之道，主张"德治"和"仁政"，是重视道德伦理教育和人的自身修养的一个学术派别。儒家强调教育的功能，认为重教化、轻

---

❶ 王冰，张静，等. 管理学：理论与实践 [M]. 北京：电子工业出版社，2011：37-38.

刑罚是国家安定、人民富裕幸福的必由之路。儒家思想强调：仁、义、礼、智、信、恕、忠、孝、悌。"仁"为孔子思想体系的理论核心，它是孔子社会政治、伦理道德的最高理想和标准，也反映了他的哲学观点，对后世影响亦甚深远。它强调运用礼治德化和政令刑罚相辅而行，可以预防犯上作乱于事前，引导人们不敢想和不会想犯上作乱的事，人心自然就归服了。也就是用德化来进一步充实和加强礼治，而仁就是所谓德化的具体内容。❶"仁以处人，有序和谐"是孔子思想的原发点，是儒家思想之核心。

2. 道家思想

道家的代表人物有老子、庄子、列子。这一学派以春秋末年老子关于"道"的学说作为理论基础，以"道"说明宇宙万物的本质、本源、构成和变化；认为天道无为，万物自然化生，否认上帝鬼神主宰一切，主张道法自然、顺其自然，提倡清静无为、以柔克刚。统治者在表面上应该少一点欲望，少一点作为，对人民听其自然，这样做统治才能巩固。❷政治理想是"小国寡民""无为而治"。

3. 墨家思想

墨家的代表人物是墨子，这一学派以"兼相爱，交相利"作为学说的基础：兼，视人如己；兼爱，即爱人如己。"天下兼相爱"，就可达到"交相利"的目的。政治上主张尚贤、尚同和非攻；经济上主张强本节用；思想上提出尊天事鬼。同时，又提出"非命"的主张，强调靠自身的强力从事。墨子一再强调要"兴天下之利，除天下之害"，并把它作为衡量"仁人"的标准和奋斗的目标，他强调判断仁与不仁，不在于言和服，而在于行。只有那些"兴天下之利，除天下之害"者才是"名仁""知仁"而"行仁"的名副其实的"仁人"，其重视行并以行来检验人的各种言论是否合乎实际。❸

4. 法家思想

法家的代表人物有韩非、李斯、商鞅，主要作品是《韩非子》。法家是战国时期的重要学派之一，因主张以法治国，"不别亲疏，不殊贵贱，一断于法"，故被称为法家。韩非综合了商鞅的"法"、慎到的"势"和申不害的"术"，以及法家思想学说之大成。韩非的"法"就是由统治阶级制定并宣布

---

❶ 郑红峰. 中国哲学史 [M]. 北京：北京燕山出版社，2011：9.
❷ 郑红峰. 中国哲学史 [M]. 北京：北京燕山出版社，2011：16.
❸ 姜国柱. 中国思想通史：先秦卷 [M]. 武汉：武汉大学出版社，2011：137-147.

为全社会所有人所必须遵守，不得违反的统一标准；"术"就是君主驾驭群臣进行统治的权术，君主"用人有术"才能控制群臣，巩固自己的统治；"势"就是权势，掌握国家政权才能有效地进行统治。君主只有掌握了"法""术""势"相结合的统治方术，把权力集中到自己一人手中，把全国统一起来，才能治理好国家。❶ 这一学派，经济上主张废井田，重农抑商、奖励耕战；政治上主张废分封，设郡县，君主专制，仗势用术，以严刑峻法进行统治；思想和教育方面，则主张禁断诸子百家学说，以法为教，以吏为师。其学说为君主专制的大一统王朝的建立提供了理论根据和行动方略。

5. 兵家思想

兵家思想的重点在于指导战争，在不得不运用武力达到目的时，怎么样去使用武力。创始人是孙武，他认为，进行战争要取得胜利，需要政治、天时、地利诸方面的条件，这就是"一曰道，二曰天，三曰地，四曰将，五曰法"的"五事"。其中居首的"道"正是政治条件，即善于领导战争的人，修明政治，确保法制就能够掌握胜败的决定权，此外还要具备天时地利和选择智勇双全的人担任将领及完善各种军事管理制度，才能在战争中取胜。❷ 这虽然是讲的战争哲学，但对于商战和企业管理也有重要的启示。

(二) 程朱理学及陆王心学

程朱理学亦称程朱道学，是宋明理学的主要派别之一，也是理学各派中对后世影响最大的学派之一。其由北宋河南人"二程"（程颢、程颐）兄弟开始创立，到南宋朱熹集为大成。理学的根本特点就是将儒家的社会、民族及伦理道德和个人生命信仰理念，构成更加完整的概念化、系统化的哲学及信仰体系，并使其逻辑化、心性化、抽象化和真理化。

其基本观点包括：①理一元论的唯心主义体系，认为理或天理是自然万物和人类社会的根本法则；②理一分殊，认为万事万物各有一理，此为分殊。物、人各自之理都源于天理，此为理一；③存天理、灭人欲，天理构成人的本质，在人间体现为伦理道德"三纲五常"。"人欲"是超出维持人之生命的欲求和违背礼仪规范的行为，与天理相对立。宋代理学家特别讲求的"理"，认为"理"是用来约束君主与士大夫的。程朱理学在南宋后期开始为统治阶级所接受和推崇，经元到明清正式成为国家的统治思想。

---

❶ 姜国柱. 中国思想通史：先秦卷 [M]. 武汉：武汉大学出版社, 2011：385-386.
❷ 郑红峰. 中国哲学史 [M]. 北京：北京燕山出版社, 2011：27.

宋元明清时期，历代统治者多将二程和朱熹的理学思想扶为官方统治思想，程朱理学也因此成为人们日常言行的是非标准和识理践履的主要内容。在南宋以后600多年的历史进程中，程朱理学在促进人们的理论思维、教育人们知书识礼、陶冶人们的情操、维护社会稳定、推动历史进步等方面，发挥了积极的作用。同时，它对中国封建社会后期的历史和文化发展也有巨大的负面影响。

宋代哲学家陆九渊提出"心即理也"，以及"宇宙即是吾心，吾心即是宇宙"的思想，断言天理、人理、物理只在吾心之中。人同此心，心同此理。古往今来，概莫能外。明代王阳明在陆九渊的思想上，提出了"心即理也，心外无理，心外无物，心外无事"的理念。所谓"心即理"，王阳明认为"心的本体就是天理"，天理就是人们所苦苦追求的圣人之道，就是宇宙间最高的"天道"。正所谓"心即道，道即天。知心则知道、知天"。"心即理也"，可以说是阳明心学的逻辑起点。王阳明的心学还提出"知行合一""致良知"观点，"知行工夫，本不可离"，知道的理一定要与现实发生联系才有意义。知行不能分家，只知道不行动，其实还是不知道。求得内心之理，然后去行动、去体悟，也就算是致良知了。通俗地说就是他认为"天理"就在每一个人的心中，要求人们"知行合一"，通过提高自己内心的修养和道德水准，去除自己的私欲与杂念，从而达到社会的和谐运行，即所谓的"致良知"；教化人们，应将道德伦理融入自己的日常行为中去，以良知代替私欲，就可以破除"心中贼"。

宋明儒学从理学到心学的发展，体现了文化思想的继承与发展关系。心学的提出，表明了儒家思想有客观唯心向主观唯心的转变。儒学的发展也反映出儒学在不断吸取其他思想的有益成分，以适应社会发展的需要。

（三）现代新儒学思想

"新儒学"，即新儒家的学说，它是与马克思主义派、自由主义西化派并称的中国现代三大思潮，是中国现代文化保守主义的主要思想代表。新儒家的学说在一定意义上是一种文化哲学，强调中国传统文化的一本性和优越性，认为从尧、舜、禹、汤、文、武、周公、孔、孟到程、朱、陆、王之间，有着一脉相承的"道统"，中国文化的最高理想是儒家人文主义，它是道德精神和宗教精神的统一。儒家的心性之学是中国传统文化的本原和核心，只有在对中国传统文化认同的基础上，才谈得上对西方文化的吸纳和会通。

20世纪70年代中期以来，旅居美国的华人学者用新儒家（学）指称新文化运动后旨在复兴精神性的儒家或儒学的思潮、流派与学者。为区别于宋明理学，后来人们一般以当代新儒学（家）指代后者。

1. 现当代新儒学的发展阶段

现当代新儒学思潮形成于五四运动前后，东西方文化问题论战和"科学与人生观"论战期间，这也可以视为这一思潮发展的第一阶段。第二阶段思潮发生在抗战时期及抗战胜利后的中国大陆。第三阶段思潮发生在20世纪50年代至70年代的中国台湾和香港地区。第四阶段思潮发生在20世纪70年代至90年代的海外，改革开放后又由一些华人学者引入中国大陆。第一阶段思潮可以简称为"五四"前后的新儒学，第二阶段思潮可以简称为抗战时期的新儒学，第三阶段思潮可以简称为港台新儒学，第四阶段思潮可以简称为海外新儒学。其代表人物，第一阶段有梁漱溟、熊十力、马一浮、张君劢等；第二阶段有冯友兰、贺麟、钱穆、方东美等；第三阶段有唐君毅、牟宗三、徐复观等；第四阶段有杜维明、成中英、刘述先等。

2. 新儒学思想的理论要点

（1）继承了宋明理学的本体论，认为中国传统哲学是"天人合德"的宇宙本体论，它把天地生生之德与人性内在地统一起来，形成了内外合用的政治思想、诚明能合的人生修养、知行合体的社会实践哲学。这种哲学避免了西方哲学中那种本体与现象、主体与客体、人与自然的对立，达到了所谓"体用不二"的高度。新儒家也吸取了西方哲学中的一部分内容以充实自己的理论，如柏格森的"生命哲学"、新实在论的逻辑原则、康德的"自由意志"、黑格尔的"精神现象学"等。

（2）强调本体论与方法论的统一。他们的所谓方法首先是体验本体的方法，其次才是认识现象的方法，而其基本原则就是以直觉为体，以理智为用，力图既把握本体，又不忽视现象。

（3）在其本体论和方法论的指导下，新儒家把世界区分为"本体世界"与"物理世界"，或"价值世界"与"事实世界"。前者是真善美和道德形而上学的根据及人生价值之所在，哲学的任务就是用实践理性的直觉体验去把握"本体世界"或"价值世界"，而科学只能用理智分析的方法去认识物理世界的事实。哲学追求人生价值、运用价值理性，科学追求物理变化、运用工具理性。中国哲学主要是价值哲学、人生哲学，但忽略对物理的认识，没有形成精密的逻辑。西方哲学主要是认识哲学、逻辑哲学，所以自然科学发达，但没有真正达到对人生价值的认识。

（4）中国哲学"内圣强，外王弱"，在现代条件下，"外王"就是科学与民主，因此必须由"内圣"之学开出科学与民主的"新外王"。具体方法就是通过所谓的"良知自我坎陷"（指的即是圣人在达到自我完满之后，出于大悲悯心，其良知必然入世俗，而拯救芸芸众生，即儒家所谓"兼济天下"），由"德性主体"转出"知性主体"和"政治主体"，从道德开出科学与民主。

（5）从儒家文化背景出发也可以进入资本主义。所谓的"儒家资本主义"就是以儒家思想为指导来实现资本主义的模式，它既不同于西欧、北美的现代化道路，也不同于东欧、苏联的现代化道路。"儒家资本主义"的模式，在近几十年的东亚国家和地区已经初步取得成效，如日本、韩国、新加坡及我国台湾和香港等就是例证。

（6）中国传统文化不仅要现代化，而且可以世界化。西方已经进入"后现代化"阶段，出现科技成果与人文价值严重不平衡的危机，人们在享受发达科技的同时，明显地感到人的价值意义的失落。中国儒家思想的世界化有助于解决"后工业文明"所面临的许多问题。儒家思想在继先秦至隋唐的第一期发展和宋明的第二期发展后，完全有可能进入"第三期发展"，"儒学的第三期发展"将可能是具有世界性意义的。

3. 新儒学思想的理论贡献

当代新儒学思潮反思现代性，反思唯科学主义，重视人类与中华民族的人文精神与价值理性，跳出传统文化与现代化的二元对立，重新思考东亚、中华精神文明与现代化、现代性的关系问题，批评把现代化等同于西方化的看法；揭示儒学价值与现代全球伦理、环境伦理、生命伦理的内在关联，强调儒学与现代民主具有一致性，发掘儒学的"内在超越"意涵，论证安身立命的"为己之学"具有超越意义。当代新儒学致力于发掘中华传统文化的价值之源，阐述道德理想主义，肯定道德主体性，这对于纠正当代社会中存在的西方中心论以及拜金主义、享乐主义是有积极意义的。

第二章 东西方领导理论

自20世纪30年代以来,西方组织行为学家、心理学家从不同角度,对领导问题进行了大量研究。不同的政治学家、领袖们对领导有着自己独到的认识,东方的传统思想对领导也有自己的见解,无论是西方还是东方,对领导理论进行的探讨和研究从来就没有停止过,从历史眼光科学地评价这些领导理论,对我国领导科学的发展不无积极意义。

第一节 西方领导理论概述

西方组织行为学家、心理学家从不同角度对领导问题进行了大量研究,这些研究经历了几十年的演进直到后来领导权变理论诞生,并发展成为当今西方领导理论的主流。

一、领导方式

领导方式指领导者与被领导者之间发生影响和作用的方式。按照不同的标准可对领导类型进行不同的划分。

(一)按权力控制程度划分

按权力控制程度划分,可分为集权型领导、分权型领导和均权型领导。

集权型领导:工作任务、方针、政策及方法都由领导者决定,然后布置给下属执行。

分权型领导:领导者只决定目标、政策、任务的方向,对下属在完成任务各个阶段上的日常活动不加干预。领导者只问效果，不问过程与细节。

均权型领导：领导者与工作人员的职责权限明确划分。工作人员在职权范围内有自主权。这种领导方式主张分工负责、分层负责，以提高工作效率，更好地达成目标。

（二）按领导重心所向划分

按领导重心所向划分，可以分为"以事为中心"的领导、"以人为中心"的领导、"人事并重式"的领导。

"以事为中心"的领导者，以工作为中心，强调工作效率，以最经济的手段取得最大的工作成果，以工作的数量与质量及达成目标的程度作为评价成绩的指标。

"以人为中心"的领导者认为，只有下属是愉快的、愿意工作的，才会产生最高的效率、最好的效果。因此，领导者尊重下属的人格，不滥施惩罚，注重积极的鼓励和奖赏，注意发挥下属的主动性和积极性，注意改善工作环境，注意给予下属合理的物质待遇，从而保持其身心健康和精神愉快。

"人事并重式"的领导者认为，既要重视人，也要重视工作，两者不可偏废。既要充分发挥主观能动性，也要改善工作的客观条件，使下属既有饱满的工作热情，又有主动负责的精神。领导者对工作要求严格，必须按时保质保量地完成工作计划，创造出最佳成果。

（三）按领导者的态度划分

按领导者的态度划分，可分为体谅型领导、严厉型领导。

体谅型领导对下属十分体谅，关心其生活困难，注意建立互相依赖、互相支持的友好关系，注意赞赏下属的工作成绩，提高其工作水平。

严厉型领导对下属要求十分严厉，重组织、轻个人，要求下属牺牲个人利益服从组织利益，明确每个人的责任，执行严格的纪律，重视监督和考核。

（四）按决策权力大小划分

按决策权力大小划分，可分为专断型领导、民主型领导、自由型领导。

专断型领导把决策权集于一人手中，这种领导方式可以说是权威式的，以行政权威推行工作，下属无权参与，没有自主权，完全处于被动的地位；重视行政手段，严格规章制度，缺乏灵活弹性。由于决策错误或客观条件变化，贯彻执行发生困难时，不查明原因，多归罪下级。对下级奖惩缺乏客观标准，只是按领导者的好恶决定。

民主型领导是一种权力集中在集体，重大决策和政策均由集体成员参与讨论决定、共同执行的领导方式。领导者同下属互相尊重，彼此信任。领导者通过交谈、会议等方式同下属交流思想，商讨决策，注意按职授权，注重使下属能自主发挥应有的才能。奖惩有客观标准，不以个人好恶行事。

自由型领导是一种自由放任、各行其是、各自为政的一种领导方式。这种领导方式是指领导者对工作关心不多，任其自然，所以，又称放任型领导方式。领导者有意分散领导权，给下属以极大的自由度。

二、领导理论

研究有关领导问题的理论可以归结为领导特性理论、领导行为理论、领导权变理论和其他领导理论。

（一）领导特性理论

特性理论是最古老的领导理论。管理学家长期对领导者特性进行研究。他们关注领导者的个人性格，并试图确定能够造就伟大管理者的共同特性。这实质上是对管理者素质进行的早期研究。

管理学家的研究主要集中在三个方面：第一，身体特征，如领导者的身高、体重、体格健壮程度、容貌和仪表等；第二，个性特征，如领导者的魅力、自信心和心理素质等；第三，才智特征，如领导者的判断力、语言表达才能和聪慧程度等。

尽管一些杰出的领导者的特性差异很大，很难确定几条完全统一的公认特性，但到20世纪90年代，特性理论研究者还是提出了一些反映有效领导者特性的个性特点：

第一，努力进取。成功的领导者必须具有对成功的强烈欲望，勇于进取，奋斗不息。

第二，领导动机。有强烈的权力欲望，在领导他人取得成功的过程中得到满足并自我激励。

第三，正直。领导者必须胸怀正义，言行一致，诚实可信。

第四，自信。面对挑战与困境，领导者都能充满自信，并对下属有坚定的信心。

第五，业务知识。高水平的领导者必须有很高的业务素质。

第六，感知别人的需要与目标，并具备善于有针对性地调整自己领导方式的能力。

（二）领导行为理论

领导行为理论认为，领导者最重要的方面不是领导者个人的性格特征，而是领导者实际在做什么。主要的理论有：坦南鲍姆和施密特的领导行为连续体理论，利克特的四种管理模式，美国俄亥俄州立大学研究人员的领导行为四分图理论，布莱克和穆顿的管理方格理论，PM 型领导行为理论（P、M 分别是 Performance-Directed 与 Maintenance-Directed 的首写字母，代表两种典型的领导方式）等。下面主要介绍领导行为连续体理论和管理方格理论。

1. 领导行为连续体理论

该理论是由坦南鲍姆和施密特提出的。这一理论认为，领导方式是一个连续变量，从"独裁式"的领导方式到极度民主化的"放任式"领导方式之间存在多种领导方式，不能抽象地讲某一种领导方式好，而另一种不好。好与不好只是相对而言，具体要取决于各种客观的因素。这一理论在"独裁式"的领导方式到极度民主化的"放任式"领导方式之间列举了七种有代表性的模式。分别是：

经理作出决定并宣布；

经理说服下级接受决定；

经理提出计划，但征求意见；

经理提出初步的决策方案，同下级交换意见；

经理提出问题，征求意见，然后作出决定；

经理规定界限，请小组作决定；

经理允许下级在上级规定的界限内行使职权。

对于上述这些模式，不能简单抽象地认为哪一种模式好或不好，而应根据具体情况来选用。

2. 管理方格理论

该理论是由布莱克和穆顿提出的。这一理论采用两种因素的不同组合来表示领导者的行为。这两种因素分别是对生产的关心程度和对人的关心程度。将这两种因素用二维坐标来表示，横坐标表示对生产的关心程度，纵坐标表示对人的关心程度，作图后就形成了管理方格图。这张方格图有 81 种领导方式，其中最具代表性的有五种。具体如图2-1所示。

（1）1.1型，放任式领导，这种领导方式对生产和人的关心程度都很小，领导仅仅扮演一个"信使"的角色，即把上级的信息单纯地传达给下级。

（2）9.1型，任务式领导，这种领导方式对生产和工作的完成情况很关心，但是很少重视下属的心理、情绪和发展状况。

（3）1.9型，关系式领导，这种领导方式只注重去创造一种良好的人际关系环境，让组织中的每一个人都感到轻松、友好和快乐，很少去关心其工作和任务的完成情况及存在的问题。

（4）5.5型，中庸式领导，这种领导方式对人和生产都有中等程度的关心，其目的是维持正常的生产效率和人际关系。

（5）9.9型，集体式领导，这种领导方式无论对于人员还是生产都表现出最大可能的献身精神，通过协调、综合等活动来提高生产和组织士气。布莱克和穆顿认为，只有这种领导才是真正的"集体的管理者"，他们能够把企业的生产需要同个人的需要紧密地结合起来。

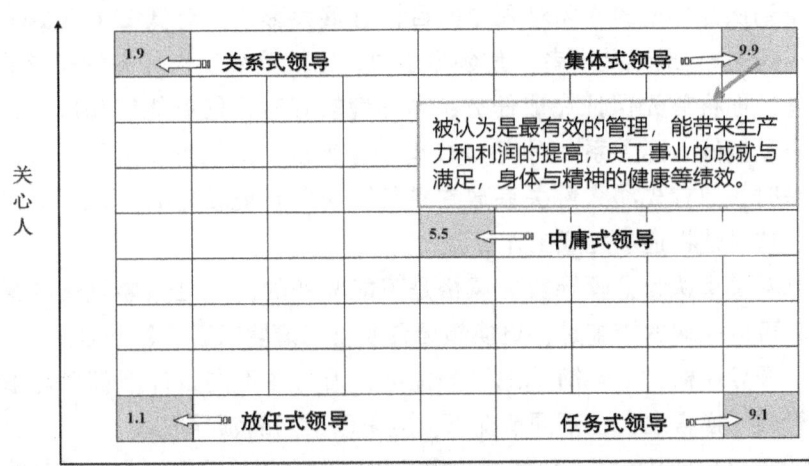

图2-1　管理方格图

(三) 领导权变理论

领导权变理论又称领导情境理论，是在特性理论与行为理论的基础上发展起来的，反映了现代管理理论发展的重要趋势。该理论认为，世界上不存在一种普遍适用、唯一正确的领导方式，只有结合具体环境，采取因时、因地、因事、因人制宜的领导方式，才是有效的领导方式。较有影响力的权变领导理论主要有：菲德勒的随机制宜领导理论、罗伯特·豪斯的路径—目标理论、阿吉利斯的不成熟—成熟理论、科曼的领导生命周期理论、赫塞和布兰查德的情境领导理论。下面主要介绍菲德勒的随机制宜领导理论。

菲德勒的随机制宜领导理论认为各种领导方式都可能在一定环境内有效，这种环境是多种外部与内部因素综合作用的结果。

菲德勒将权变理论具体化为三个方面，即职位权力、任务结构和上下级关系。①所谓职位权力是指领导者所处的职位具有的权力的大小，或者说领导的法定权、强制权、奖励权的大小。权力越大，群体成员遵从指导的程度越高，领导的环境也就越好；反之，则越差。②任务结构是指任务的明确程度和部下对这些任务的负责程度。如果这些任务越明确，而且部下责任心越强，则领导环境越好；反之，则越差。③上下级关系是指下属乐于追随的程度。如果下级对上级越尊重，并且乐于追随，则上下级关系越好，领导环境也越好；反之，则越差。

菲德勒认为环境的好坏对领导的目标有重大影响。对低 LPC（least-preferred co-worker，最难共事者）型领导来说，比较重视工作任务的完成。如果环境很差，他将首先保证完成任务；当环境较好时，任务能够完成，这时他的目标将是搞好人际关系。对高 LPC 型领导来说，比较重视人际关系。如果环境较差时，他首先将人际关系放在首位；如果环境较好时，人际关系也比较融洽，这时他将追求完成工作任务。

菲德勒模型认为，领导者的风格是不能改变的，一旦领导风格与情境发生冲突，可以采取的措施是：更换领导者或改变情境以适应领导者。

某一领导风格，不能简单地区分优劣，因为在不同条件下都可能取得好的领导绩效。换言之，在不同情况下，应采取不同的领导方式。

20 世纪 70 年代初，一种新型的领导权变理论颇受重视，这就是加拿大多伦多大学教授豪斯（R. J. House）的路径—目标理论（Path-goal Theories）。该理论把伊万斯（W. G. Evans）的研究加以延伸，又把期望理论与俄亥俄州立大学的领导行为二因素理论（关心人和抓组织）相结合。该理论的基本前提是：某些领导行为之所以有效，乃是因为在该情境之中，这种行为有助于下属人员达成和工作有关的目标。豪斯等人认为，领导是一种激励部下的过程。领导方式只有适用于不同的部下和环境时，才是有效的。该理论的核心是要求领导者用抓组织、关心生产的办法帮助职工扫清达到目标的通路，用体贴精神关心人，满足人的需要；帮助职工通向自己预定的目标。因此，豪斯提出了四种领导方式：指令型的、支持型的、参与型的、成就取向型的。而这四种领导方式必须根据部下的不同情况分别选择，选择时主要考虑两个方面的因素，即部下的人格特性和环境因素。人格特性包括能力、需求等。环境因素包括任务的性质、组织的权力系统和工作群体等。

与菲德勒理论不同，路径—目标理论认为这四种领导方式可由同一领导者在不同情况下使用，这就比菲德勒的二维领导模式更进了一步。但路径—目标理论关于高效率的领导行为的预言，并未完全得到一致性结果。这可能是由于领导行为的测定方式和工作结构的测量尺度不完善所致。因此和其他权变理论一样，"路径—目标"理论也是了解有效领导行为的主要方向之一，但是必须更进一步研究，以提高本理论的有效性。

总之，领导权变理论是当代西方领导理论一个非常重要的组成部分。它把领导行为与情境因素结合起来考察领导方式，主张根据具体的情况来确定最佳领导方式的思想，颇受人们重视。

（四）其他的领导理论

20 世纪初，德国社会学家韦伯（Max Weber）提出"charisma"，即"魅力"这一概念，意指领导者对下属有一种天然的吸引力、感染力和影响力。但从 20 世纪 70 年代后期开始，一些学者对这一概念作了重新解释和定义，进行了深入的研究，充实了新的内容。豪斯于 1977 年指出，魅力型领导者有三种个人特征，即高度自信、支配他人的倾向和对自己的信念坚定不移。随后，本尼斯（W. Bennis）在研究了 90 名美国最有成就的领导者之后，发现魅力型领导者有四种共同的能力：有远大目标和理想；明确地对下级讲清这种目标和理想，并使之认同；对理想的贯彻始终和执着追求；知道自己的力量并善于利用这种力量。

魅力型领导理论从 20 世纪 80 年代起，日益受到研究者的重视。魅力型领导是指那些通过个人能力的力量对追随者产生深刻而非凡影响倾向的个体。魅力型领导理论认为，一位具有领导魅力的领导者比没有魅力的领导者更能影响下属的行为。研究表明，有领袖魅力的领导与下属的高绩效和高满意度之间有着显著的相关性。大多数学者认为个体可以经过培训而展现领袖魅力的行为，并因而获得"领袖魅力领导者"所应该得到的效益。

交易型领导理论的基本假设是领导与下属间的关系是以一系列的交换和

隐含的契约为基础的。该领导理论指出当下属完成特定的任务后，便给予承诺的奖赏，整个过程就像领导者与追随者之间的一项交易活动。

变革型领导是指领导向员工灌输思想和道德价值观，并激励员工。在这个过程中，领导除了引导下属完成各项工作外，常以领导者的个人魅力，通过对下属的激励和关怀改变员工的工作态度、信念和价值观，使他们为了组织的利益而超越自身利益，从而对工作更投入。

诚信领导理论认为，诚信领导是指把领导者的积极心理能力与高度发展的组织情境结合起来发挥作用的过程。诚信领导过程对领导者和下属的自我意识及自我控制行为具有正面的影响，并将激励和促进积极的个人成长和自我发展。

柔性领导理论认为，领导活动是领导者与被领导者在思想与动机上的互动过程，组织和社会的发展是由领导者与被领导者共同推动的，而不是主要由领导者推动的。因此，现代领导者要善于通过沟通、协调、激励等方法，依靠其非权力影响力实现下属内心的服从和认同，实现平等、理解、尊重基础上的心灵感召和互动。

隐性领导理论认为，隐性领导是相对于传统的外显领导而提出的一种新的领导方式，它以下属为中心，以领导行为的内隐为根本，领导者主要通过设计和改变环境及条件，提供引导、支持和服务等手段来对下属施加无形的领导力，它强调领导的软性和柔性控制，让下属在不知不觉中接受领导。隐性领导的作用就是要使领导者相对于下属如同空气，让下属看不见摸不着，感觉不到其存在而又一刻也不能离开，从而达到"无为而治"的领导境界。隐性化的领导主要有以下六种形式：

（1）情境领导的妙用。行政领导者不是直接领导被领导者，而是通过设计情境、改变情境、参与情境等方式来间接地影响被领导者。被领导者受领导情境的影响，而领导情境又是领导者所主动设计、主动改变的，所以被领导者最终还是受领导者的影响，只是自己没有明显地感受到而已。

（2）制度领导的作用。行政领导者通过法律和制度来制约、规范被领导者的行为，这是一种常见的隐性领导的形式。被领导者自觉地遵守规章制度，自觉地在法律许可的范围内活动，他们没有感觉到领导者的行政干预，但实际上他们的行为却符合领导者的意志。

（3）组织领导的作用。行政领导者通过建立组织、合并组织和撤销组织等形式来影响被领导者的态度，改变被领导者的行为，这也是很有用的隐性领导形式。比如，原来高耸的金字塔式的组织结构有利于显性领导的实现，而如今扁平化的网络组织结构则更有利于隐性领导的实现。

（4）文化领导的作用。借助行政文化、组织文化来影响人、教育人是一种效果极佳的隐性领导的形式。

（5）领导艺术作用。领导者通过"服务"影响被领导者；通过"辅导""伴奏"影响被领导者，通过领导艺术影响被领导者，从而达到隐性领导的作用。比如，通过领导沟通的艺术，领导者主动认同被领导者，被领导者就不知不觉地认同了自己的领导者。通过沟通达到认同，是一种典型的隐性领导。

（6）领导者人格的作用。领导者的个性、品德、形象、魅力、能力、资历等人格因素能够对被领导者产生积极的作用。尤其是被领导者一旦认同了领导者的人格，就极容易认同领导者的观点和思路，认同领导者的方式和行为。

关于自我领导理论，莱德认为任何人都是自己的主导者，所有的变化都属于自我改变，只有个人才有权选择确定新的方向，所有的重新组合主要针对自己的个人目标、价值、想象力和勇气。

群际领导理论认为，群际领导是为了促进群际关系和谐，对两个或两个以上的下属群体实施影响，让各下属群体共同合作为完成组织既定目标而努力的过程。群际领导有两个特征：第一，被领导者是多个群体；第二，领导目的是减少群际冲突，实现群际合作。

共享型领导理论认为，共享领导是将领导权在团队中进行分享、建立在责任承担基础上的一种领导模式，该模式体现为团队各成员间相互鼓励、尊重、倾听，分享自身的知识和工作成果，并影响最终的决策。在西方，其概念起源可以追溯到 20 世纪 80 年代倡导的共同管理学说，皮尔斯和康吉（Pearce and Conger, 2003）认为共享领导是团队成员之间产生相互的、动态的影响过程，领导职责广泛分布于团队成员之间，而不是集中于某个领导手中，其目标是团队成员彼此引导，实现团队成就或达成组织目标。柔普（Ropo）（2005）发现可以从两个角度实现共享领导：一是将领导者的工作职责与下属进行分享；二是将共享领导视为一个分享过程，分享经验、知识、赞扬和信任等，在分享过程中所有成员都可以参与决策。❶

包容型领导（Inclusive Leadership）的概念最早出现在教育学领域，由"包容型教育"引申而来，指教育学者能够欣然接受并包容所有学习者的多元

---

❶ 接园，孙晓敏，费蕾诗. 共享领导的研究回顾与展望［J］. 软科学，2016，30（6）：79-82.

性与差异性的教育方式，以消除教育中由于种族、宗教、社会地位、性别、能力等方面差异而造成的社会排斥。经过多年的研究与发展，2010年，卡尔梅利（Carmeli）等人指出包容型领导的本质为"关系型领导"，是特殊形式的关系型领导，并提出包容型领导与下属的工作互动过程具备3个特点，即开放性、可用性和易得性（Openness, Availability and Accessibility），强调在员工与领导者的双方关系中，员工感知到的领导者的投入比领导者的作为更重要。Holland认为，管理者成为包容型领导有一个过程，在这一过程中领导者与下属之间进行双向互动，包容即"和人一起做事，而非为人做事"。对于包容型领导来说，双方在"4R"的基础上实现共赢。"4R"即认同（Recognation）、尊重（Respect）、责任（Responsibility）和回应（Respond）。尼希（Nishii）和迈尔（Mayer）在2009年的研究中支持"领导者和追随者相互间的互动过程"的定义，并认为在该互动过程中，双方分享权力，共同实现任务目标。❶

服务型领导（servantleadership），是由美国学者罗伯特·格林里夫在《领导即服务》（1977）一文中提出的。格林里夫认为领导源于服务，即领导者首先是一个仆人或一个服务者，在主观上具有为别人服务的主动愿望，领导者满足下属的需求，才能取得下属的信任。

第二节　中华传统思想中的领导策略

一、中国古代思想家阐述的领导策略

中华文明是世界上最古老的文明之一，也是世界上持续时间最长的文明。中华文明源远流长，中华民族具有五千多年连续不断的文明历史，创造了博大精深的中华文化，为人类文明进步作出了不可磨灭的贡献。其中中国古代思想家理论中蕴含的领导策略值得我们研究。

（一）孔子的"礼治德化"与"政令刑罚"相结合领导理论

孔子主张"克己复礼"，所谓"礼"即"周礼"，就是西周奴隶主统治者

---

❶ 朱瑜，钱姝婷. 包容型领导研究前沿探析与未来展望［J］. 外国经济与管理，2014（2）：55-64.

制定的，维护奴隶制的一整套经济、政治制度和道德规范、礼节仪式等。其中心内容是以奴隶主贵族的血缘关系为纽带的奴隶制等级制度、分封制和世袭制，孔子认为这套制度是完美的，他将恢复和巩固周礼的统治秩序叫作"仁"，他要求人约束自己的行为使其符合周礼的规范，周礼是建立在宗法制度"亲亲"的基础上的，所以他非常重视孝、悌，强调培养人们具有孝悌的品德是最基本的。他在《论语·为政》中提出"道之以政，齐之以刑，民免而无耻；道之以德，齐之以礼，有耻且格"，就是说用"礼治德化"与"政令刑罚"相辅而行，用政令和刑罚进行统治，就可以预防犯上作乱于事前，引导人们不敢想和不会想犯上作乱的事，人心自然就归服了。这就是用德化来进一步充实和加强礼治，而"仁"就是所谓德化的具体内容。他还主张在维持周礼"亲亲"的基础上，在一定程度内实行"贤贤"作为补充，提出来"举贤才"思想。❶

在处事方式上，孔子提出中庸思想，他认为孤立单一的因素不能构成完善的事物，只有多种因素，特别是对立因素的统一和谐才能形成完美的事物。他推崇尧的"允执其中"的教导，认为"过犹不及"即过头和不及同样不好，恰到好处才是中庸。达到这种恰当的方法是"和而不同"，保持矛盾对立面的和谐叫作"和"；取消矛盾对立面的差异叫作"同"。他说："中庸之为德也，其至矣乎，民鲜久矣。"❷

(二) 老子的"小国寡民"与"无为而治"治国领导理论

"道家"创始人老子提倡统治者要"无为而治"，统治者在表面上应该少一点欲望，少一点作为，对人民听其自然，这样才能巩固统治。在自然无为的状态下，事物就能按照自身的规律顺利发展，人身、社会亦是如此。如果人为干预事物的发展进程，按照某种主观愿望去干预或改变事物的自然状态，其结果只会是揠苗助长，自取其败。即其所谓："是以圣人居无为之事，行不言之教，万物作而弗始也。为而弗志也，成功而弗居也。大唯弗居，是以弗去。"但是，无为而治的"无为"也绝不是一无所为，而是不妄为，不随意而为，不违道而为。相反，对于那种符合道德的事情，则必须以有为为之。《老子》一书中总结了一套统治术，如"将欲夺之，必固与之"，"古之善为道者，非以明民，将以愚之"。在老子看来最理想的社会是"小国寡民"，是风

---

❶ 郑红峰. 中国哲学史 [M]. 北京：北京燕山出版社，2011：9.
❷ 同上：11.

淳太平之世，生活安定，不动干戈。

(三) 孙子的军事领导理论

《孙子兵法》是世界上现存的最早的军事著作，是中国古典军事文化遗产中的璀璨瑰宝，在世界军事史上具有重要地位。作为兵家经典，其思想在管理和领导领域也被广泛应用。其主张指导战争必须从全面的观点出发，反对形而上学的片面性，提出"知彼知己，胜乃不殆；知天知地，胜乃可全"，认为要做到出奇制胜就必须对决定战争胜负的五件事，即道、天、地、将、法五个方面，对敌我双方作详尽的了解和分析，主张从一件事物的内在矛盾中分析事物的性质和发展，争取矛盾的转化。认识到每一件事物都存在矛盾，研究战争的发展规律时能从对立的范畴出发，从治乱、主客、强弱、众寡、分合、攻守、进退、奇正、虚实、动静等出发，分析这些矛盾的性质和相互转化的条件，建立一套战略战术理论。强调利用矛盾相互转化的特点指导战争，主张充分发挥指挥者的主动灵活性，根据敌军态势的变化随时变更战略战术以出奇制胜，这对领导者有极大的启发意义。

(四) 墨子的治国"兼爱"理论

墨子从小生产者利益出发把"兴天下之利，除天下之害"作为衡量一切思想和行为的价值标准。他提倡的"兼相爱"是以"交相利"作为基础的，只有"有力者疾以助人，有财者勉以分人，有道者劝以教人"才能真正实现兼爱的原则。墨子将其"兼爱"称为仁、义，他所谓的仁义注重效果，以利人作为具体内容。他又提出"尚贤"作为实施兼爱思想的组织保证，在用人上提出"虽在农与工肆之人，有能则举之"，就是说有才能的人即使出身或原来的地位是贫贱的工农，也应该安排在重要的岗位上，没有才能的人即使是统治者的亲戚或贵族也不应任用，这样就可以形成"官无常贵，而民无终贱，有能则举之，无能则下之"的局面。在此基础上他又提出"尚同"，认为最高统治者也应由贤者担当，在这种情况下，就要"尚同而不下比"，即要根据最高统治者所制定的共同标准，反映情况、统一是非、整饬纲纪、惩罚淫暴。

(五) 孟子的"仁政"理论

孟子把孔子的仁学思想发展成一种仁政学说，主张统治者要关爱自己的百姓，要施行仁政，行"王道""以德行仁"，他认为"行仁政而王，莫之能御也","民为贵,社稷次之,君为轻"。"仁政"学说是对孔子"仁学"思想的继承和发展,把孔子的"爱人"扩充发展成包括思想、政治、经济、文化等各个方面的施政纲领。其在政治上提倡"以民为本",主张采取"以德服人"的方法,这样统治者要把仁义放在第一位,从思想意识上使臣民们都自愿地为之效力。

孟子还提出独特的内向修养理论,他认为人生来就有一种最基本的共同天赋本性即"性善"或"不忍人之心",既然人人都有善良的天性,那么就没必要向外用功,只要守住本心就能成为有道德的人。学习的目的就是要找回人们放弃或丢掉的"本心",基于此上至君王下至庶民才能有"仁"的可能性,才可能真正实施仁政。除"恻隐之心"以外,孟子还说人人生来就有的天赋本性还有"羞恶之心""恭敬之心""是非之心",这四种"心"是其天赋道德观念和论证人性本善的根据。人最基本的四种道德品质——仁、义、礼、智,都是从这四种天赋的"心"发端的,"恻隐之心,仁也;羞恶之心,义也;恭敬之心,礼也;是非之心,智也"。孟子得出结论说:"仁义礼智,非由外铄我也,我固有之也,弗思耳矣。"人要达到这些道德标准就要常常主观反省,"反求诸己而已"。

(六) 韩非子的治国领导理论

韩非子从人人都是为了"利"的观点出发,反对用仁义等说教来治国,主张通过"严刑""重罚"来治国。统治者要治理好臣民,只需掌握赏、罚两种权力,"法者,宪令著于官府,刑罚必于民心,赏存乎慎法,而罚加乎奸令者也","法"是统治者公布的统一法令及制度,公布后要让民众知道,遵守之就赏,违反之则罚;他说"术者,因任而授官,循名而责实,操杀生之柄,课群臣之能者也","术"就是统治者任免、考察、生杀官吏的权术;"势"就是统治者占据的地位和掌握的权力。❶韩非子认真地总结了此前法家的想法,形成了一套以君王的统治为出发点,以"法"为本,"法""术""势"相辅相成的严整的政治理论体系。

总而言之,"势"对内对外牢牢把握政权,永远大权在握,命令一出,无所不从,扩展政权,拓土开疆。"术"是用人之道,既要知人善任,发现人才,委以重任,又不至于大权旁落。"法"则是治人治世之道,以法制人,以法令约束百姓和官员的行为,有法可依,有法必遵。三者俱全者,可成为一

---

❶ 郑红峰. 中国哲学史 [M]. 北京:北京燕山出版社,2011:72.

代明君圣主。

（七）董仲舒的治国理论

董仲舒认为要巩固封建一统的专制统治，就必须"尊君"，建立起君主权威，"唯天子受命于天，天下受命于天子"。他在给汉武帝的《举贤良对策》中提出统一思想的重要性，要求"罢黜百家，独尊儒术"，把以孔子为代表的儒家思想定为封建社会的统治思想。他根据儒家的伦理思想提出"三纲""五常"学说，儒家思想讲君君、臣臣、父父、子子，讲仁、义、忠、信等，董仲舒在此基础上提出"王道之三纲"，即"君为臣纲""父为子纲""夫为妻纲"，"五常"即仁、义、礼、智、信。"三纲"的主从关系是不可改变的，"五常"是调整这种关系的基本原则。董仲舒还用"天意"来解释社会伦理道德，在"三纲"之上加上"天"，用来证明"三纲""五常"的合理性和永恒性，为封建社会的君权、族权、夫权、神权这束缚人民的四大绳索提供了理论依据。❶

二、中国古代的谋略术

（一）君主的驾驭术

在我国封建社会时期，一个国家的最高权力掌控者要有着超常的智慧驾驭群臣和掌控社稷。君主驾驭术指的就是皇帝的用人之术和对大臣们的平衡之术，只有把这些都掌握好了，才可能做到国泰民安，长治久安。

韩非子曾说："术者，藏于胸中，以偶众端而潜御群臣者也。故法莫如显，而术不欲见。"❷御臣之术，即必须使自己有神秘感，深藏不露，让臣下无从猜测自己的真实想法。决策之术，即在听取臣下的意见之前，不要做任何倾向性的暗示，以求得臣下真实的想法，兼听独断，牢牢掌握决策权。

（二）《鬼谷子》的权谋思想

鬼谷子是战国时期的传奇人物，是谋略家、纵横家的鼻祖，兵法集大成者，精通百家学问，因隐居在云梦山鬼谷，故自称鬼谷先生。常入山静修，深谙自然之规律，天道之奥妙。其主要作品有《鬼谷子》，该书博大精深，充

---

❶ 郑红峰. 中国哲学史 [M]. 北京：北京燕山出版社，2011：89.
❷ 高华平. 韩非子鉴赏辞典 [M]. 文通版，上海：上海辞书出版社，2017：268.

溢着权谋策略的智慧，饱含着言谈辩论的技巧，蕴含着中国古代文化的一个划时代的思想凝聚。

在《鬼谷子》十四篇中，提出了很多领导智慧，如在"捭阖第一"中提出"是故圣人一守司其门户，审察其所先后，度权量能，校其伎巧短长"，❶即要依察事物之不同特性予以区别对待，凡谋事先反复考虑而后以定谋。在"反应第二"中阐述三个要点：一要了解对手的底细，控制住对手，掌握对手的动向；二要从多方面搜集对手的信息来刺探虚实、分辨真伪，比如对手的动静、言行、正反面等；三在未清楚对手意图前要用圆略（周旋）来诱惑对手，待对手意图明朗后方实施方略（打击）。在"内揵第三"中论君臣相处之道。应用在处事方面可意解为谋事前必先要处理妥善内部之事，攘外必先安内。在"抵巇第四"中提出要制敌于先微，从发觉敌人的动机起便要采取抵御措施。在"飞箝第五"中提出洞察人性，洞悉人心；人之本性皆为利，以利诱之，以谋钳制之。在"揣篇第七"中提出谋事须先权衡利害，要分清情势优劣，可为之或不可为之。情势优则为，情势劣则不为。在"摩篇第八"中提出谋事过程要讲究策略，谋事策略是不受儒家的仁义道德所束缚的，所以谋事过程是摆不上台面公开明示于人的，待事成后公开明示结果即可。谋事必有成败，暗中谋事，事败隐之，事成明之，利于树立个人威信。在"权篇第九"中提出量人而言，量才而用。对不同的人要有不同的言谈；在用人方面，将人才用在相应的岗位上，不同才能的人适合的岗位也不同。在"谋篇第十"中提出，制敌：欲除之异己即先纵之，放纵异己犯错，抓住异己的错误见机除之；用人：欲重用之人才必须能控制得住，不能控制住的或信任不过的人莫委以重任；施谋要因人而异：愚者蒙之，怯者吓之，贪者诱之；等等。在"决篇第十一"中提出，用人之法：有能者皆可用，君子与小人、良臣与酷吏并用。何也？因谋事不论手段，手段有善有恶，而贤人有德，恶事不屑为之。治人之术：治良善者施予德化，治奸恶者施予谋术。在"符言第十二"中提出作为统治者要明察秋毫，不可闭塞。奖赏要守信用，刑罚要公正严明。

三、对中国古代领导策略的评价

春秋时期是我国由奴隶制向封建制转变的时期，在与社会的经济、政治大变革相适应的同时，思想领域也发生了变化，古代思想文化发展达到了空

---

❶ 房立中. 名家讲解鬼谷子 [M]. 长春：长春出版社，2011：2.

前繁荣。

在春秋战国时期,各种思想学术流派的成就与同期古希腊文明交相辉映。以孔子、老子、墨子为代表的三大哲学体系,形成诸子百家争鸣的繁荣局面。几经周折以孔子、孟子为代表的儒家思想在宋朝时期全面上位,同时程度不同地影响到与中国相邻的国家。诸子百家的许多思想给后代留下了深刻的启示,诸子各家的基本宗旨大都是为国君提供政治方略和领导方法,如儒家主张的以德化民,道家主张的无为而治,法家主张的信赏必罚,墨家主张兼爱尚同等,在今天依然闪烁光芒。

儒家创始人孔子因继承三代中原文化正统,在诸子百家中脱颖而出,因此儒家学说不仅在诸子百家中地位显著,而且还成为传统文化的主流、核心内容,对中华民族精神形成产生了无与伦比的影响。儒家主张礼治,强调传统的伦常关系,尤注重人与人之间的伦理关系等。这些对新时代的领导者有重要启迪意义。孔子提倡的"仁",有助于提高管理者和被管理者的素质,发挥人的积极主观能动性及创造性,更有助于协调人与人之间的关系,处理好各种矛盾和冲突,使组织中的每个人发挥仁爱精神,处处为他人着想,构建和谐社会。孔子注重的整体性和协调性,有助于组织中的成员树立集体主义精神,增强组织的凝聚力;他强调中庸思维,反对片面性,这对于培养领导者形成辩证的思维方式和树立全面分析问题及处理矛盾的思维有重大意义。

中国古代封建社会持续时间长,专制皇权制度也发展得很成熟,皇帝治国的策略和手段也很发达。所谓"帝王权术"作为古代皇帝治国方略的一部分也很盛行,这些过去皇帝控制大臣的战略和手段现在在某些官场仍有市场,对此我们要坚决摒弃,因为它不符合我们现在的社会主义核心价值观。当然,以孔子儒家思想为代表的中国古代思想理论既有积极的一面,也有消极的一面,具有二重性,我们要辩证对待。

第三节 无产阶级革命领袖的领导观

一、马克思恩格斯关于领导的论述

正如列宁所说的那样:"对于俄国社会党人来说,尤其需要独立地探讨马克思的理论,因为它所提供的只是总的指导原理,而这些原理的应用具体地说，在英国不同于法国，在法国不同于德国，在德国又不同于俄国。"❶ 我国是社会主义国家，我们研究领导问题就要吃透马克思恩格斯有关领导的论述。

(一) 马克思恩格斯关于共产党领导宗旨的论述

1848年，马克思、恩格斯所著的《共产党宣言》正式发表。这一为共产主义者同盟起草的、关于共产主义的首个纲领性文献，完整、系统、严密地阐述了马克思主义的主要思想，是共产主义信仰者和广大进步人士的行动指南，堪称历史进步的伟大旗帜。

《共产党宣言》为共产党制定了一个完整的纲领：无产阶级争得民主，成为统治阶级；消灭私有制，实现公有制，发展生产力；最终消灭阶级，实现人的全面发展，建立共产主义社会。中国共产党是《共产党宣言》精神的忠实传人，自20世纪初，《共产党宣言》激励着一代代共产党人为共产主义奋斗终生。为此中国共产党开辟新民主主义革命道路、社会主义革命道路、社会主义建设道路、中国特色社会主义道路，在新的历史条件下坚持和发展中国特色社会主义，更要坚持共产党领导宗旨。

(二) 马克思恩格斯有关权力、权威的论述

权力概念一直是现代政治学的核心概念，马克思和恩格斯在探讨国家问题及社会管理问题时也不时地涉及权力及权威概念，他们的一系列论述足以构成一种独特的权力理论，在今天仍然有重要影响。❷ 马克思和恩格斯在《德意志意识形态》一书中批判考察了近代政治思想，"如果像霍布斯等人那样，承认权力是法的基础，那么法、法律等，只不过是其他关系（它们是国家权力的基础）的一种征兆，一种表现"。❸ 也就是说，在社会中占统治地位的个人除了必须以国家的形式组织自己的力量外，他们还必须给予他们自己的这些特定关系所决定的要求以国家意志即法律的一般表现形式。这就比较具体地揭示了权力的基础及权力与国家、法律的关系。

恩格斯在1872年撰写的《论权威》一文中，集中讨论了权威产生的社会条件及其一般要素和它在不同社会条件下的表现形式。他说，"这里所说的权

---

❶ 列宁. 列宁选集：第1卷 [M]. 北京：人民出版社，1995：274-275.
❷ 瞿铁鹏. 马克思主义社会理论 [M]. 上海：上海人民出版社，2017：154.
❸ 马克思. 马克思恩格斯全集：第3卷 [M]. 北京：人民出版社，1960：377.

威,是指把别人的意志强加于我们;另一方面,权威又是以服从为前提的",❶就是说任何社会的有组织的行动都需要有一定的权威,不管是在阶级社会还是无产阶级的社会,权威是社会有组织的行动必不可少的要素。社会化大生产更是造就了一种客观上不可违背的劳动秩序,最初需要一定的权威和一定的个人意志的服从,放弃自治。恩格斯区别了两种权威,一种是政治权威,另一种是社会管理的权威,未来的社会革命要消灭的是政治国家和政治权威,社会职能将失去其政治的性质,变成维护社会利益的简单的管理职能。

马克思认为,在阶级社会中,生产资料的占有者阶级同时具有对权力的控制和支配。在他看来,资本主义生产的指挥在内容上是二重的,这是由于它所指挥的生产过程本身是二重的,一方面它是形成一个产品的社会劳动过程;另一方面它又是资本价值增值过程——它在形式上的确是专制的。一方面它是社会的共同劳动过程的性质生出的指挥功能;另一方面是由这种过程的资本主义性质和对抗性质生出的指挥功能,这是两种不同的功能。前者是任何大规模的社会劳动中都必需的,而后者是社会共同劳动的资本主义性质所特有的。

(三) 马克思有关官僚政治的论述

马克思在《黑格尔法哲学批判》一书中集中讨论了官僚制度的实质,揭示了官僚制度的各种弊端。官僚机构是一定的社会利益集团的代表,在官僚政治的表现形式中,它的等级制是知识的等级制。权威是它的知识的原则,而崇拜权威则是它的政治方式,在官僚界内部,对权威的服从变成了盲目服从。马克思提出铲除官僚政治的条件:"只有普遍利益在实际上而不只是在思想上、在抽象概念中成为特殊利益,才能铲除官僚政治;而这又只有在特殊利益在实际上成为普遍利益时才有可能。"❷ 只有在特殊利益真正地变成一切人的利益之时,施政权力才可能属于人民。

(四) 马克思"以人为本"的权利观论述

马克思强调了需要作为个人和社会的生存活动基础这一事实的重要作用,认为它是社会主体积极性的动力。他说:"人们奋斗所争取的一切,都同他们的利益有关。"权利与人类追求的自由、平等、正义等价值追求紧密相关。他

---

❶ 恩格斯. 马克思恩格斯全集:第2卷 [M]. 北京:人民出版社,1972:551.
❷ 马克思. 马克思恩格斯全集:第1卷 [M]. 北京:人民出版社,1956:303.

指出必须要将无产阶级作为真正权利的主体，把广大劳动者的权利从资本家的"物"或者"创造财富的力"中解放出来。他彻底否定了资产阶级把金钱、财富和物质利益作为衡量一切、看待一切的尺度的"唯利是图"的观点，否定了资产阶级的"金钱拜物教"，强调为了保障人权，实现劳动者的基本权利，必须纠正人与物之间被异化了的关系，改变物对人的统治与支配，使人成为物的真正的主人。"那时，人将重新掌握自己。"[1] 在这样的人道主义权利观面前，人性首先被尊重、被保障，真正的理性制度就是以实现人的这样的权利而设计。

二、列宁关于领导的论述

列宁作为伟大的无产阶级革命家，领导了十月革命和建立了第一个社会主义国家，他继承和发展了马克思主义关于人民群众是历史的创造者的观点，发展了人民当家作主的思想；继承了马克思主义一切从实际出发的理论，发展了一切在于实践的思想；继承了马克思关于人的全面自由发展观点，提出帝国主义论；等等。

（一）列宁关于自由、民主与平等、公正的论述

列宁认为政治自由涉及人们在政治领域中的自由问题，是人类自由的特殊形式，他倡导人民当家作主，由人民来管理人民自由的事务，真正体现广大人民群众的利益等方面。他强调无产阶级政党的任务就是维护工人阶级的利益，代表整个工人运动的利益，不能把工人当作资产阶级的仆从，而要当作国家的主人。执政党要将代表无产阶级和工人阶级利益作为工作的出发点和立足点，要从口头上承认工人阶级是国家的主人，要从行动上体现国家主人的根本利益。

列宁非常重视平等原则在社会主义制度中的实现，他提出社会成员不受宗教信仰和民族的影响，都有"普遍的、直接的选举权"，都有"宗教信仰自由"，并且"所有民族一律平等"。其平等思想主要集中体现在政治平等、民族平等、男女平等等方面，意在公民不分职务、性别、民族、宗教信仰，都应具有平等的社会政治地位，享有平等的社会政治权利。

列宁强调国家公务实行公开原则，使人民群众有知情权、参与权；强调群体规则和社会体制必须有利于大多数人合理需要的满足。他相信人民群众

---

[1] 马克思. 马克思恩格斯全集：第1卷 [M]. 北京：人民出版社，1956：664.

是历史的创造者,始终站在人民的立场上,为广大人民群众解困谋福。❶

列宁认为社会主义民主政治要切实反映和真正实现人民群众的根本利益,让人民群众自己管理自己的国家,切实行使国家主人的各项权利,体现人民性。在苏维埃第三次代表大会上,明确了劳动人民在经济、政治和社会生活方面的基本权利。在他的领导下,苏维埃全体人民群众真正平等地、普遍地参与处理一切国家事务,参与解决"消灭资本主义的一切复杂问题"。❷

(二)列宁关于领导的论述

列宁说要消灭贫穷,解决社会成员生存、生活问题的关键是社会制度问题,社会主义制度是正确的。无产阶级政党应实现时代性和人民性的统一,应代表和实现最广大人民群众的根本利益,苏维埃政权是从资本主义向共产主义过渡的伦理选择,它能保证人民群众广泛参与国家管理和各项事业。列宁早就对领导者的政治站位提出了要求,他曾说:"我们并不苛求马克思或马克思主义者知道走向社会主义的道路上的一切具体情况。这是痴想。我们只知道这条路的方向,我们只知道引导走这条路的是什么样的阶级力量;至于在实践中具体如何走,那只能在千百万人开始行动以后由千百万人的经验来表明。"❸ 他认为坚持走社会主义道路的政治站位对领导者很重要,他还说:"我们走自己的路,我们始终是先进阶级的政党,这个阶级决不会向群众提出任何一个暧昧不明的口号,它决不会直接或间接卷入资产阶级的任何一件肮脏勾当,它在任何情况下,不管斗争的结局如何,都能捍卫革命的利益。"❹

对于领导者的素质要求,他认为无产阶级要想战胜资产阶级,就必须造就比资产阶级政治家更优秀的无产阶级政治家,执政者必须在人民群众中享有崇高的威望。列宁指出全党必须系统地、循序渐进地、坚定不移地培养称职的干部,对每个候选人的全部活动应了如指掌,熟悉他们的个人特点及优缺点,只有这样才能将其安排在合适的位置上。党的干部要光明磊落,和平待人,善于让步,开诚布公;要按良心办事,严守规章制度;善于处理公共利益与私人利益的关系,廉洁奉公,办事公道;要有人民性,当自己是普通

---

❶ 苏玲. 列宁政治伦理思想研究 [M]. 北京:东方出版社,2015:111.
❷ 列宁. 列宁全集:第28卷 [M]. 北京:人民出版社,1956:111.
❸ 列宁. 列宁专题文集:论社会主义 [M]. 北京:人民出版社,2009:399.
❹ 列宁. 列宁全集:第13卷 [M]. 北京:人民出版社,1987:210.

公民，是人民的公仆，不可高高在上、目中无"民"；要有能力，造福人民和国家；要少唱政治高调，多注意些极其平凡但是生动的、来自生活并经过检验的共产主义建设方面的事情。列宁说："徒有虚名的党员，就是白给，我们也不要。世界上只有我们这样的执政党，即工人阶级的党，才不追求党员数量的增加，而注意党员质量的提高和清洗'混进党里来的人'。"❶

对于作为被领导者的人民群众，列宁认为他们是社会主义伟大事业的实践主体，是创造历史的最深厚最基本的力量源泉，必须要发扬和依靠广大人民群众的主动性、积极性和独创精神来建设社会主义。列宁说："群众生气勃勃的创造力正是新的社会生活的基本因素。……社会主义不是按上面的命令创立的，它和官场中的官僚机械主义根本不能相容；生气勃勃的创造性的社会主义是由人民群众自己创立的。"❷"只有相信人民的人，只有投入生气勃勃的人民创造力泉源中去的人，才能获得胜利并保持政权。"❸

关于领导环境方面，列宁提出了社会主义道德建设的目标。一个社会的道德建设的根本目的就是要全面提升全体社会成员的道德意识、道德素质和道德修为，形成良好的社会道德风尚。他认为，在社会主义社会不仅要在经济方面为共产主义准备条件，而且要在思想道德方面批判吸收整个人类的全部文化遗产，造就一代共产主义新人，提高社会成员的道德品质和共产主义道德觉悟，建立新型的社会关系和社会主义、共产主义新型文明，为最终实现共产主义准备精神条件。他主张用"人人为我，我为人人"的新道德代替"人人为自己，上帝为大家"的旧道德，个人利益要服从集体利益，局部利益要服从整体利益；在共产主义道德品质培养中要赋予其民主、和谐、人本和团结等规范要求，提升其素养和能力，使其成为有纪律、能吃苦、有坚强意志的劳动者；要通过社会实践磨炼个人品质，通过推行共产主义义务劳动形成共产主义劳动态度；等等。

三、毛泽东关于领导的论述

毛泽东思想是中国共产党的宝贵精神财富，它是以毛泽东为主要代表的中国共产党人，根据马克思列宁主义的基本原理，把中国长期革命实践中的一系列独创性经验作了理论概括而形成的适合中国情况的科学的指导

---

❶ 列宁. 列宁全集：第37卷 [M]. 北京：人民出版社，1986：215.
❷ 列宁. 列宁全集：第33卷 [M]. 北京：人民出版社，1985：52-53.
❸ 列宁. 列宁全集：第33卷 [M]. 北京：人民出版社，1985：57.

思想；是马克思列宁主义普遍原理和中国革命与建设具体实践相结合的产物。毛泽东思想的活的灵魂，是贯穿于各个组成部分的立场、观点和方法，是实事求是、群众路线、独立自主。

（一）毛泽东关于领导目标的论述

毛泽东在吸收马克思主义理论精髓的基础上多次指出，中国革命的首要问题是政权问题，他说："十月革命一声炮响，给中国送来了马列主义。十月革命帮助了全世界的也帮助了中国的先进分子，用无产阶级的宇宙观作为观察国家命运的工具，重新考虑自己的问题。走俄国人的路——这就是结论。"❶ 也就是说，中国革命要走社会主义道路，武装夺取政权，建立人民民主国家。我们的一切领导行为要符合此宗旨。

（二）毛泽东关于领导体制的论述

中国共产党的领导体制是党实施领导活动的组织结构、运行规则和运行机制的总称。毛泽东深刻认识到只有建设一个坚强的马克思主义政党，才能取得革命的胜利，建设好伟大的国家。他在1939年10月为中共中央机关刊物《共产党人》撰写发刊词时，提出党的建设是一项"伟大工程"的思想："建设一个全国范围的、广大群众性的、思想上政治上组织上完全巩固的布尔什维克化的中国共产党。"❷ 1927年9月29日至10月3日，毛泽东在江西省永新县三湾村领导了举世闻名的"三湾改编"，保证了党对军队的绝对领导，奠定了政治建军的基础，确立了"支部建在连上""官兵平等"等一整套崭新的治军方略。这次改编从政治上、组织上保证了党对军队的绝对领导，是我党建设新型人民军队最早的一次成功探索和实践，标志着毛泽东建设人民军队思想的开始形成。1929年12月28日至29日在福建省上杭县古田村召开的红军第四军第九次党的代表大会上，为纠正党内和军队中出现的极端民主化、非组织化等错误倾向，毛泽东首次提出"使党员的思想和党内的生活都政治化、科学化"的思想，为党的建设指明了正确方向。1938年，毛泽东在党的六届六中全会上提出了党管干部的原则，要"使党成为一个伟大的群众性的党""干部就是决定的因素"，没有许多德才兼备的党员干部，就不能完成其担负的历史任务。为此，党的六届六中全会指出，实行"任人唯贤"的

---

❶ 毛泽东. 毛泽东选集：第4卷 [M]. 北京：人民出版社，1991.
❷ 毛泽东. 毛泽东选集：第2卷 [M]. 北京：人民出版社，1991：613-614.

干部路线，善于识别、使用和爱护干部。同时，要发挥共产党员的先锋模范作用。1945年4月毛泽东在党的七大报告中首次对民主集中制内涵作了完整科学的表述："民主集中制是民主的，又是集中的，就是说在民主基础上的集中，在集中指导下的民主。"❶

（三）毛泽东关于领导文化的论述

领导文化是领导者群体或个体在领导实践中形成的关于领导活动的过程、本质、规律、规范、价值及方式方法等各方面内容的综合反映形式，是领导者开展领导活动和从事领导行为的内驱力和精神导向。❷

毛泽东认为思想政治工作是我党的优势，从思想上建党是我党的特色。最早明确称"政治工作是红军的生命线"，是在1932年7月21日《中共中央给中区中央局及苏区闽赣两省委信》中。后来毛泽东在《工作方法六十条》中强调思想和政治"是统帅，是灵魂"。瓦窑堡会议标志着毛泽东关于思想上建党理论的形成，提出了思想上建党的方针、原则和基本方法。1942年的延安整风运动不仅确立了实事求是的思想路线，而且还创造了通过整风解决党内思想矛盾的新形式，提出"团结—批评—团结"的原则和"惩前毖后、治病救人"的方针。❸毛泽东还提出实事求是的思想路线，指出："实事"就是客观存在着的一切事物，"是"就是客观事物的内部联系，即规律性，"求"就是我们去研究事物的发展规律，找出周围事物的内部联系，作为我们工作的向导。毛泽东还解释说：学习马克思主义要"有的放矢"，"的"就是中国革命，"矢"就是马克思列宁主义。中国共产党人之所以要找"矢"，就是为了要射中国革命这个"的"。这种态度就是"实事求是"的态度。毛泽东其他有关领导文化的论述还有全心全意为人民服务、延安精神、纪律是执行任务的保证、与贪污腐化作斗争等。

（四）毛泽东关于领导方法的论述

领导要善于调查研究。毛泽东是我党调查研究工作的努力践行者和极力倡导者，是注重并善于调查研究的楷模。早在井冈山斗争时期和瑞金苏区时期，为了探索中国革命的道路，他进行了大量的调研工作，形成了完整系统

---

❶ 毛泽东. 毛泽东选集：第2卷[M]. 北京：人民出版社，1991：1057.
❷ 杨宪福. 毛泽东领导理论与实践[M]. 济南：山东大学出版社，2017：62.
❸ 杨宪福. 毛泽东领导理论与实践[M]. 济南：山东大学出版社，2017：63-65.

的调查研究思想和方法。1930年他在《反对本本主义》中提出"没有调查，就没有发言权"的著名论断，总结出了"走马观花"、典型调查、会议调查、蹲点调查、试点方法五种调查方法。

领导要坚持走群众路线。群众路线是我党的根本政治路线和组织路线，毛泽东指出，"全心全意地为人民服务，一刻也不脱离群众；一切从人民的利益出发，而不是从个人或小集团的利益出发；向人民负责和向党的领导机关负责的一致性，这是我们的出发点"，"共产党人的一切言论行动，必须以合乎最广大人民群众的最大利益，为最广大人民群众所拥护为最高标准"。❶ 群众路线的内涵就是一切为了群众、一切依靠群众、从群众中来到群众中去，要充分尊重群众，真心发展群众。

领导要善于通过理论创新来解决实际问题。毛泽东具有非凡的开拓创新精神，在马克思主义理论的指导下，他根据中国国情突破苏俄中心城市武装起义经验束缚，创造性地提出农村包围城市武装夺取政权的革命道路，在战争实践中还创造了"敌进我退，敌驻我扰，敌疲我打，敌退我追"的游击战争"十六字诀"。抗日战争时期，他提出"新民主主义论"，对革命的对象、任务、动力、性质、前途和中国共产党的历史任务进行阐述，为中国革命指明了方向。在社会主义改造时期，他创造性地实现了马克思和列宁曾经设想过的对资产阶级的和平赎买等。

"解剖麻雀"和"弹钢琴"的工作方法。"解剖麻雀"是一种重要的领导方法，具体是指通过深入研究具体典型，从中找出事物的规律。共性寓于个性之中，"麻雀虽小，五脏俱全"，解剖几只麻雀，可以从中得到对所有麻雀共同本质的认识。弹钢琴要十个指头都动，学会"弹钢琴"就是要做好统筹兼顾，做到两点论与重点论的统一，把中心工作与一般工作结合起来。

关于领导决策方面，毛泽东认为决策是领导干部的首要职责，1938年，在党的六届六中全会上，他指出："领导者的责任，归纳起来主要地是出主意、用干部两件事。一切计划、决议、命令、指示等等，都属于'出主意'一类。"❷ 出主意、做决策要坚持从人民利益出发，一切为了人民；要实事求是，一切从实际出发；其核心是制定方针政策，要快速果断；要充分发扬民主，经过集体讨论；还要积极发动群众并取得其理解和支持。要全局在胸有预见性，多谋善断且留有余地；审时度势，乘势而上；考虑到最坏的情况。

---

❶ 毛泽东.毛泽东选集：第3卷［M］.2版.北京：人民出版社，1991.
❷ 毛泽东.毛泽东选集：第2卷［M］.北京：人民出版社，1991：527.

要准确把握工作中的坚持原则性与灵活性相统一原则。就是要把政策的精神和实际情况相结合，既要创造性地实施政策，又要正确地把握政策的界限。在工作中，原则性应该是核心，是灵魂；灵活性是方法，是手段，是形式。我们应当先讲原则性，再讲灵活性，要在灵活性中贯彻原则性，体现原则性；应当是大原则、小灵活，内原则、外灵活；在原则性与灵活性相冲突时，要毫不动摇地选择原则性。讲原则，才能做到内心有方圆，处事不凌乱；讲灵活，才能游刃有余，得心应手。把灵活性与原则性结合起来，做到既讲原则又在贯彻原则的前提下讲究灵活性。

第三章 领导胜任力及其测评

领导是组织的领头羊，是整个任务完成的核心。领导干部的核心胜任能力是中国特色社会主义取得成功的重要物质基础和政治基础，也是我们党执政兴国的重要支柱和依靠力量。美国的哈罗德·孔茨把领导力看作是一种对人们的影响力，是一种获得追随者并使之甘心为实现组织目标而努力奋斗的能力。相对于领导力定义和内涵方面的研究，如今更多的学者关注的是如何在具体的情境下，提升组织中的某种领导力，进而对组织绩效的提升和组织目标的实现提供指导。

第一节 胜任力

"胜任力"这个概念最早由哈佛大学教授戴维·麦克利兰（David McClelland）于1973年正式提出，是指能将某一工作中有卓越成就者与普通者区分开来的个人的深层次特征，它可以是动机、特质、自我形象、态度或价值观、某领域知识、认知或行为技能等任何可以被可靠测量或计数的并且能显著区分优秀与一般绩效的个体特征。但有的学者从更广泛的角度定义胜任力，认为胜任力包括职业、行为和战略综合三个维度。职业维度是指处理具体的、日常任务的技能；行为维度是指处理非具体的、任意的任务的技能；战略综合维度是指结合组织情境的管理技能。

一、什么是胜任力

1973年，麦克利兰博士在《美国心理学家》杂志上发表一篇文章：《测试能力而不是智力》（Testing for Competency Rather Than Intelligence），文章指出：传统的智力和能力倾向测验不能预测职业成功或生活中的其他重要成就，而他强调回归现实，从第一手材料入手，直接发掘那些能真正影响工作绩效的个人条件和行为特征，他把这种直接影响工作业绩的个人条件和行为特征称为胜任力。确定胜任力的过程需要遵循两条基本原则：①能否显著地区分工作业绩，是判断一项胜任力的唯一标准。②判断一项胜任力是否能区分工作业绩必须以客观数据为依据。

二、素质冰山模型

20世纪70年代以前，全世界大部分组织在选拔人才时都高度关注"智力因素"，直到美国著名心理学家麦克利兰引入胜任力模型。他认为胜任特征是能将工作表现优异者和表现平平者区分开来的个人潜在的、深层次的特征，包括动机、特质、自我形象、态度和价值观。他把这些因素称为素质（competency），并最早把胜任特征模型比喻成冰山模型。

后来美国学者斯潘塞等在著作《工作素质：高绩效模型》中指出，胜任力素质是在某一工作或情境中，产生高效率或高绩效的深层次、潜在的特质，是可将绩效优劣者区分开来的标签，应该是能通过一些外在指标加以测量和评价的。他对麦克利兰"冰山模型"的水面下部分进行了改进，认为冰山以下部分是动机、特质和自我概念。"动机"指在一个特定领域的自然而持续的想法和偏好；"特质"指一个人的身心特征，以及对情境与信息的持续反应；"自我概念"指一个人的态度、价值观以及自我印象。

素质的"冰山模型"将个体素质划分为海平面的冰山以上部分和深藏海平面下的冰山以下部分。

其中，"冰山以上部分"包括基本知识、基本技能，是外在表现，是容易了解与测量的部分，相对而言也比较容易通过培训来改变和发展。

而"冰山以下部分"包括社会角色、自我形象、特质和动机，是人内在的、难以测量的部分。它们不太容易通过外界的影响而得到改变，但却对人员的行为与表现起着关键性的作用。

（1）知识，指对某一职业领域有用的信息，这些信息涉及岗位作业的流程，以及解决问题的方式方法等。

（2）技能，是通过训练而获得的顺利完成某种工作任务的动作方式，包括动作技能和心智技能。动作技能指人的躯体所实现的一系列动作，如操作机械设备；心智技能指在人的头脑中所实现的一系列认识活动，如利用某种知识原理解决实际问题。

（3）社会角色，指一个人在他人面前想表现出的形象。

（4）自我概念，指自己对自己的认识或知觉。例如自信，即个人相信自己能够有效地处理问题。

（5）特质，即人格特质，指一个人表现出来的稳定而独特的行为方式或倾向。

（6）动机，指引起和维持个体的活动，并使活动朝向某一目标的内部动力。它将驱动、引导和决定一个人的外在行动。

其中第（1）、（2）项，我们把这部分素质定义为显性素质，可以依据个人工作行为及工作结果分析进行评价。水面以上部分的素质是胜任工作和产生工作绩效的基本保证。

第（3）、（4）、（5）、（6）项往往很难度量和准确表述，我们把这部分素质定义为潜在素质，包括个人的态度、自我形象、社会动机、内在驱动力、品质、价值观、个性等，这些个人潜在素质，深藏于心，不易被别人发现和比较，同时又是左右个人行为和影响个人工作绩效主要的内在原因。

素质模型会对员工的个人绩效和企业的成功产生关键影响，在企业的员工招聘选拔、培训、绩效管理、职业发展等方面应用广泛。以员工招聘为例，如在招聘人才时，不能仅局限于对技能和知识的考察，而应从应聘者的求职动机、个人品质、价值观、自我认知等方面进行综合考虑。

三、胜任力的特征

一个组织可以利用胜任力来识别其领导团队的行为是否可以带领整个组织达到预定的发展目标。

（一）胜任力是可以衡量的

胜任力对于预定目标的影响是可以衡量的，组织可以利用胜任力的可衡量性来评价其领导者目前在胜任力方面存在的差距以及未来需要改进的方向和程度。

（二）胜任力是可以通过后天培养的

管理学巨擘彼得·杜拉克也曾说过，这个世界上的确存在一些天生就具备高强领导素质的人，但是这样的情况只是少数，而且这些人也无法被直接称为领导者,因为每个领导者都是在经历了一定的学习过程,凝聚了深厚的领导力之后才获得成功的。能否成为一个强有力的领导者受许多方面影响,比如家庭教育、学校教育、具有挑战性和培养机制的工作以及个人带有目的性的练习等。领导力是需要先天的人格特质,但是也能通过后天环境影响以及训练,去不断提高某些特质,使自己具备领导力;领导力的实现也需要一定机会,如果在工作中获得一次团队领导的机会,就要好好把握,去锻炼自己的领导能力。

(三)胜任力的标准具体情况下是可以有差异的

按胜任力适应范围可将其分为专业技术胜任力、可迁移胜任力和通用胜任力三种类别。①专业技术胜任力,指某个特定角色和工作所需要的胜任力,是对员工为完成职责在专业技能方面的要求。例如,软件开发人员的专业胜任力,是指其在计算机语言和软件工程方面的胜任力。②可迁移胜任力,是指企业内多个角色都需要的技巧和能力,但重要性程度和精通程度有所差异。例如,影响力、成就导向等。③通用胜任力,是指适用于公司全体员工的胜任力,它是公司企业价值观、文化及业务需求的表现,是公司内对员工行为的要求,体现公司公认的行为方式。需要强调的是,与胜任力相关的恰当行为取决于企业文化。企业文化是指组织员工所共享的、关于什么是正确的或错误的行为方式的那些不言而喻的信念。胜任力的表现方式与企业独特的文化联系在一起,企业文化是组织价值观的具体体现,而价值观是管理决策的潜在基础。从实际意义上讲,"正确的"还是"错误的"行为在不同的企业文化中是有差异的。对于同样的工作,一个工作的胜任力模型不一定适合所有的公司文化,差异不在于胜任力的陈述或定义等方面,而在于胜任力如何在不同的组织文化、价值观或战略背景中成功地被表现出来。

(四)胜任力是可以变化的

随着组织管理水平的提高,胜任力模型中的每个胜任力都在改变。胜任力的变化程度,将随人们的年龄、阶段、职涯层级以及环境等不同而有所不同。

四、胜任力模型的运用

从上述分析可见,适用于组织全体员工的胜任力,它是组织价值观、组织文化及其业务需求的表现,是组织内对员工行为的要求,体现了组织公认的行为方式。一个组织可以利用胜任力来识别员工的行为并实现组织的发展目标。胜任力模型的运用如下:

(一) 建立基于胜任力的职务分析

职务分析的内容是要全面了解各类工作职务的特征、工作的程序和方法。它是人力资源管理的一项基础性工作,为招聘选拔、培训发展、绩效考核和薪酬管理等人力资源管理职能的有效实施提供必要的依据。

基于胜任力的职务分析是以胜任力为基本框架,通过对优秀员工的关键特征和组织环境与组织变量的分析,来确定岗位胜任要求和组织的核心胜任力,是一种人员导向的职务分析方法。通过这种方法确定的职务要求,一方面能够满足组织当前对岗位的要求,另一方面也适应组织发展的需要。随着组织寻求在人力资源上获得竞争优势以实现可持续发展,基于胜任力的职务分析越来越倾向于未来导向和战略导向。

基于胜任力的职务分析的一般程序应该包含以下五个步骤。

第一步,确定分析岗位的绩效标准。可以采用指标分析和专家小组讨论的办法,提炼出鉴别工作优秀的员工与工作一般的员工的标准。这些指标应该有硬指标,如利润率、销售额等;还必须有一些软指标,如行为特征、态度、服务对象的评价等。

第二步,选取分析样本。根据第一步确定的绩效标准,选择适量的表现优秀的样本和表现一般的样本,并因此作为对比样本。

第三步,获得样本有关胜任力特征的数据资料。这有许多方式,但一般以行为事件访谈法为主。行为事件访谈法是一种开放式的行为回顾式调查技术,一般采用问卷和面谈相结合的方式。首先,要求被访谈者简单描述其职位和责任,以及他们为该工作职务做了哪些准备,他们是如何被挑选来担任这些职位的。其次,要求被访谈者列出他们在工作中的关键事件,包括成功事件,不成功事件或负面事件,并且让被访者详尽地描述整个事件的起因、过程、结果、时间、相关人物、涉及的范围以及影响层面,同时要求被访者描述自己当时的想法或感想。通过这样的访谈获得关于过去事件的全面报道,然后通过独立的主题分析,对绩效优秀者和绩效一般者的思想和行为进行整理归纳,整合各自的结果以形成区分优秀者和一般者的关键行为。

第四步，确认工作任务特征和胜任力的要求。对上述数据资料进行分析评价，找出两组样本的共性和差异特征，并根据存在区别的胜任力特征构建胜任力模型。

第五步，验证模型。可以选择另外两组样本重复进行第三步的效度检验，基于胜任力的工作分析可以为工作设计彻底避免刚性化和封闭化，提高工作分析的适应能力，真正地做到人员职位组织匹配。

(二) 建立基于胜任力的人员选拔

基于胜任力的员工选拔，依据的是该工作岗位的优异绩效以及能取得此优异绩效的人所具备的胜任力特征和行为。根据岗位胜任力模型，对员工的价值观，以及在过去所表现出来的能力高低进行判断，并与岗位胜任力标准对照，预测应聘者在该应聘岗位的未来表现，从而做出相应的选用决策。这样做的根据是，处于胜任力特征结构表层的知识和技能相对易于改进和发展，通过培训就可以获得。而处于胜任力特征结构底层的核心动机和人格特质则难于评估和改进，所以它是最具有选拔经济价值的。位于胜任力特征结构中部的社会角色和自我概念决定了人的态度和价值观，对其改进和发展虽然需要一定的时间，具有一定的困难，但还是可以通过培训或曾经有过的成功经历来改善。这样不仅为组织成功选聘人才，同时也为有效降低人员流失率做好了铺垫。

(三) 建立基于胜任力的激励机制

基于胜任力分析而设计的激励机制要求组织与员工之间的关系是以劳动契约和心灵契约为双重纽带的战略合作伙伴关系，从而使员工与组织共同成长和发展，形成组织与员工双赢的局面。这包括建立合理、公正的绩效管理体系，建立与知识型员工的需求相配合的价值管理体系两大方面内容。

(四) 建立基于胜任力的培训机制

培训是人力资源开发的核心，准确把握培训需求，是实现高质量、高效率培训的前提。而"什么地方需要培训""员工需要哪些培训"等问题是首先需要解决的，即培训内容是培训需求分析的关键。员工胜任力模型的构建过程不但可以评定各层次各类员工现有的能力水平和素质现状，而且这些信息是量化的，有可比性，这种差距就是培训的内容和目标所在。发现员工的能力素质短板后,对症下药,有针对性地设计培训内容和培训课程,是很重要的。

(五)建立基于胜任力的评估机制

对目标的完成、绩效的提高和能力的评估,可以帮助员工完成目标、完善自我,以及了解自身在组织中的事业发展机会。对能力的评估通常包括:员工的业务能力和素质优劣势,员工的潜在能力和发展趋势怎样?员工需要什么样的能力和经验才能满足岗位所明确的条件?要采取何种培训才能弥补员工经验和能力的不足?通过对员工的能力素质进行评估,以充分了解员工的能力状态,分析妨碍员工获得更好绩效的能力障碍,以及员工的事业目标和他们的愿望,根据这些信息,员工制定出绩效和能力发展目标及行动步骤,从而在工作中不断改变自身的行为,取得个人和组织期望的绩效成果。

(六)建立以能力为基础的薪酬体系

随着经济知识化、信息化,以及组织结构弹性化和扁平化,工作小组或团队成为组织结构的基本单位。同一个工作团队的员工彼此之间没有很清晰的职责划分,大家共同协作,共同对团队绩效负责。"无边界工作""无边界组织"成为组织追求的目标,工作说明书由原来细致地规范岗位任务和职责,转变为只规定岗位的工作性质、任务以及任职者的能力。相应地,薪酬体系也经历了以职位为基础到以个人能力为基础的变化。同样,针对具有不同能力结构的公司员工可以设计不同的薪酬结构,从而可以更为精准地实现对员工的激励。

第二节 领导胜任力模型构建

分析领导胜任力有助于发现领导需要具备的与组织战略目标和岗位要求相匹配的胜任力特征,同时也有助于对领导者进行客观有效的评价。

一、胜任素质的识别与优化

胜任素质模型自其诞生之日起就被应用到管理的各个方面,实践证明,运用胜任素质模型可以提高组织的人力资源质量，提升组织竞争力，从而推进组织发展战略目标的实现。

（一）胜任素质识别

识别人员的能力素质或岗位胜任特征可简化地从以下三个层面进行。

1. 知识

知识层面既包括人员从事某一职业领域工作所必须具备的专业信息，如财务管理、人力资源管理、市场营销等学科的专业知识，也包括人员在某一组织中工作所必须掌握的相关信息，如组织知识、产品知识和客户信息等。

2. 技能/能力

技能是指掌握和运用某项专业知识完成具体工作的技术或能力，如计算机操作技能、财务分析能力等。

能力是指人员天生具备或在外部环境影响下不易改变的特质，如人际协调能力、问题分析能力、市场拓展能力、判断推理能力等。

3. 职业素养

职业素养是指人员从事具体工作所应具备的思想道德、意识及行为习惯，如主动性、责任心、成就欲、忠诚度、诚信意识、团队意识等。

（二）胜任素质优化

人员所具备的素质不同，从事的工作不同，所处的组织环境不同，都会影响其工作绩效的发挥。如何优化组织人员的能力素质，使其表现出最佳工作绩效，可从以下三个方面或从素质集合中考虑。

1. 员工的胜任素质

员工的胜任素质是指员工个体所具备的所有综合能力素质。员工所具备的能力素质有很多，其中总有某项或某些素质使其适合或善于从事某项工作。个体的胜任素质集合决定了其适合从事什么工作以及能够达到怎样的绩效标准。

2. 岗位的胜任特征

组织中具体的岗位对任职者有不同的胜任特征要求，不同的岗位需要具有不同能力素质的员工来担任。岗位的胜任特征集合决定了其适合什么样的人员来担任。

3. 组织的环境特征

组织文化及经营环境对组织选择不同能力素质的人员有很大影响。组织的环境特征决定了组织对具有不同素质倾向的人员作出取舍。

员工的胜任素质、岗位的胜任特征、组织的环境特征三个集合的交集决定了员工的最佳工作绩效。人力资源管理者要尽可能提高三者的契合度，使三者的交集最大，如此才能保证员工作出卓越绩效。

二、建立胜任能力素质模型可选用的方法

胜任能力模型的建立需要依据测评对象、测评目的进行选择，表 3-1 描述了五种常用的建立胜任能力素质模型的方法。

表 3-1 建立胜任能力素质模型的方法

方法名称	操作说明	适应范围
行为事件访谈法 （Behavioral Event Interview，BEI）	1. 让访谈者描述最成功和最不成功的三件事，详细陈述事件发生的背景、过程、结果、经验和教训； 2. 对访谈内容进行分析，确定访谈者所表现出来的胜任特征。	通过与访谈对象的深入访谈，挖掘出影响目标岗位绩效的行为，找出目标岗位的核心素质。
工作要素法 （Job Element Method，JEM）	1. 提出工作要素。专家组确定与工作适应的若干个性化的要素，并对它们进行描述、界定以及评估（这些要素包括知识、技能、能力、工作习惯和个性特点）； 2. 利用工作要素表对工作要素及其子要素进行评估。	这些条件应该满足三个条件： 1. 任职者必须具备的条件； 2. 能区分出优秀员工的条件； 3. 绩效差的员工缺乏的条件。
职能工作分析法 （Function Job Analysis，FJA）	1. 针对工作的每项任务要求，分析完整意义上的工作者在完成这一项任务的过程中应当承担的职能； 2. 了解岗位的通用技能、特定工作技能和适应环境能力等相关技能。	1. 了解工作者做了什么； 2. 了解工作者需要做什么； 3. 工作者的交际能力； 4. 工作者的身体状况、智力因素； 5. 工作参与比例和程度情况；

续表

方法名称	操作说明	适应范围
职务分析问卷法 （Position Analysis Questionnaire，PAQ）	1. 通过标准化、结构化的问卷形式来收集工作信息； 2. 与众不同的工作行为、工作条件和职位特征； 3. 包含信息输入、脑力劳动、工作输出、与其他人的关系、工作环境和其他工作特征六类要素。	从普通的工作行为角度来描述工作是如何完成的；花费较少，所需时间也较少；适用于公关部门职位。
关键事件法 （Critical Incidents Technique，CIT）	认定员工与职务有关的行为，选择最重要、最关键的部分来评定其结果。	用于绩效评估、培训和工作任务设计中。

三、领导胜任素质模型的建立步骤

（一）明确组织发展战略目标

组织的发展战略目标是建立胜任素质模型总的指导方针，人力资源管理者应首先分析影响组织战略目标实现的关键因素，研究组织面临的竞争挑战，然后提炼出组织领导者应具有的胜任素质，从而构建符合组织文化及环境的胜任素质模型。

（二）确定目标岗位

组织战略规划的实施往往与组织中的关键岗位密切相关，因此在建立胜任素质模型时应首先选择那些对组织战略目标的实现起关键作用的核心领导岗位作为目标岗位，然后分析目标岗位要求领导者所应具备的胜任力特征，从而构建符合岗位特征的胜任素质模型。

（三）界定目标岗位绩优标准

组织完善的绩效考核体系是界定绩优标准的基础。通过对目标岗位的各项构成要素进行全面评估，区分领导者在目标岗位绩效优秀、绩效一般和绩效较差的行为表现，从而界定绩优标准，再将界定好的绩优标准分解细化到各项具体任务中，从而识别任职者产生优秀绩效的行为特征。

(四) 选取样本组

根据目标岗位的胜任特征，在从事该岗位工作的领导者中随机抽取绩效优秀领导者（3~6名）和绩效一般领导者（2~4名）作为样本组。

(五) 收集、整理数据信息

收集、整理数据信息是构建胜任素质模型的核心工作，一般通过行为事件访谈法、专家数据库、问卷调查法等方法来获取样本组有关胜任力特征的数据资料，并将获得的信息与资料进行整理和归类。

(六) 定义岗位胜任素质

根据归纳整理的目标岗位数据资料，对实际工作中领导者的关键行为、特征、思想和感受有显著影响的行为过程或片断进行重点分析，发掘绩优领导者与绩效一般领导者在处理类似事件时的反应及行为表现之间的差异，识别导致关键行为及其结果具有显著区分性的能力素质，并对识别出的胜任素质作出规范定义。

对胜任素质确定方法的介绍和说明详见表3-2。

表3-2　胜任素质的确定方法

主要方法	操作要点
专家数据库	1. 查找已有的胜任素质模型； 2. 找出专家意见，识别出重要的胜任素质。
问卷调查法	1. 列出一系列行为，并加以描述； 2. 采用问卷的形式，让被调查人填写哪些行为是高绩效领导者应该具有的素质。
个人访谈法	1. 与处于关键管理岗位的领导者进行面谈； 2. 提问中主要了解成功的行为，进而归纳出高绩效的行为。
小组座谈法	1. 组织同一层级的人员组成小组，开头脑风暴会议； 2. 每一位小组成员列出高绩效者应具有的素质特征； 3. 对小组成员提供的特征样例进行分析，进而提炼出高绩效的特征。

续表

主要方法	操作要点
行为事件访谈法	1. 选定两组样本，一组是绩效高的，一组是绩效普通的； 2. 分别与两组人访谈，引导其描述在本岗位最成功的事件或不满意的事件； 3. 了解被访谈人描述的事件发生的背景、最终的结果和被访谈人在其中的主要行为、吸取的教训； 4. 分别比较两组人员反映的行为特征，区别它们之间的差异，即为胜任素质； 5. 根据访谈对象描述的各行为素质发生的频率，以及绩效与影响绩效的素质因素，提取胜任力素质，并赋予各要素指标权重，形成胜任能力素质模型。

（七）划分胜任素质等级

定义了目标岗位胜任素质的所有项目后，应对各个素质项目进行等级划分，并对不同的素质等级作出行为描述，初步建立胜任素质模型。

核心胜任力是指热爱本职工作，能将个人的职业生涯发展与企业的利益紧密结合在一起，为客户提供尽善尽美的服务。其素质要素为爱岗敬业，其素质要素类别为核心素质。

表 3-3 是对核心胜任力的级别及行为表现的等级划分举例。

表 3-3　核心胜任力的级别及行为表现举例

级别	行为表现
1	自觉遵守企业的各项规章制度，成为遵守纪律的模范。
2	能准确理解本岗位的工作要求，认真履行工作职责。
3	认同企业的文化，能对企业始终保持高度的忠诚。
4	对于上级交代的工作任务，不给自己找借口，敢于承担责任。
5	当组织需要和个人需要发生冲突时，能把组织需要摆在第一位。
6	对工作始终保持高度的热情，能把工作任务当作自己的事业去完成。

（八）构建胜任素质模型

结合组织发展战略、经营环境及目标岗位的实际情况，将初步建立的胜任素质模型与组织、岗位、领导者三者进行匹配与平衡，构建并不断完善胜任素质模型。

四、领导胜任素质模型构建的流程

构建胜任素质模型的流程如图 3-1 所示。

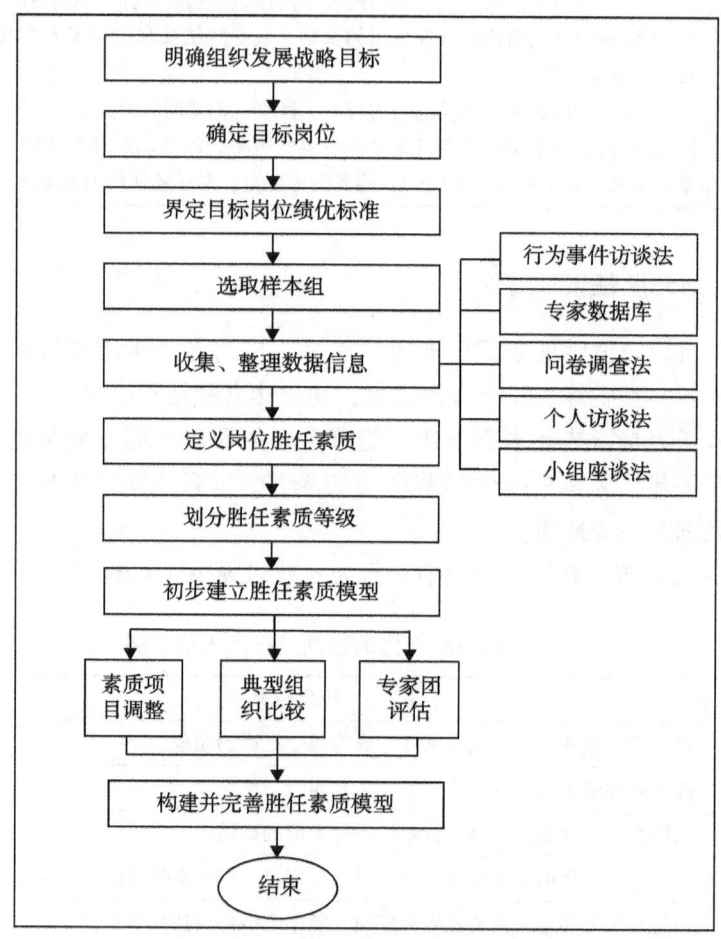

图 3-1 构建胜任素质模型的流程

五、领导胜任素质模型的应用

（一）工作分析

工作分析是组织实施领导招聘的基础，如果仅对岗位的组成要素，如岗位性质、特征、职责权限、劳动条件和环境进行分析，很难识别岗位的胜任特征要求。基于胜任素质模型进行的工作分析，侧重研究岗位要求的与优秀绩效表现相关联的特征及行为，结合胜任特征及其行为表现来定义岗位的任职资格要求，使其具有更强的绩效预测性，从而为招聘与录用提供参考。

(二) 录用决策

组织招聘之难在于识别应聘人员的潜在素质，即如何根据应聘人员以往的工作表现预测其未来的工作绩效。以应聘人员的知识、技能及经验背景等外在特征为依据作出录用决策，缺乏对应聘人员未来绩效的科学判断与预测，会给企业带来很大风险。

基于员工胜任素质模型的招聘与甄选，旨在从应聘人员过去经历中的行为表现发掘其潜在素质（能力素质是深层次特质，不易改变），分析其与应聘岗位胜任能力的契合度，并预测其未来工作绩效，从而作出录用决策。

(三) 进行培训需求分析

组织实施培训是为了帮助培训对象弥补自身不足，提高岗位胜任力，从而使其达到岗位要求。培训的首要环节是科学、合理地分析培训对象的培训需求。只有结合培训对象和岗位的实际培训需求才能制定出有针对性的培训规划。

基于胜任素质模型的培训系统不仅能够发现培训对象的不足，有针对性地培养领导者的核心技能，开发领导者的潜在素质，激发并强化领导者的优势与潜能，也能够为组织储备具备核心能力素质的领导人才。

(四) 绩效考核体系的建立

绩效考核工作的关键环节是建立绩效考核指标，并设定相应的绩效标准。其中，考核指标是指关系到考核对象工作产出的关键项目；绩效标准是对考核对象在考核指标项目上的行为表现应达到的目标或程度的描述。

胜任素质模型区分了绩效优秀和绩效一般考核对象的行为表现差异，为设定绩效考核指标、标准及目标提供进一步佐证和支持。以胜任素质模型为基础的绩效考核体系能够对履行岗位职责和执行岗位任务所取得的成果进行客观的绩效评价，真实地反映领导者的综合能力素质。

胜任素质模型能够用于招聘、培训、薪酬和绩效考核工作中，具体如图3-2所示。

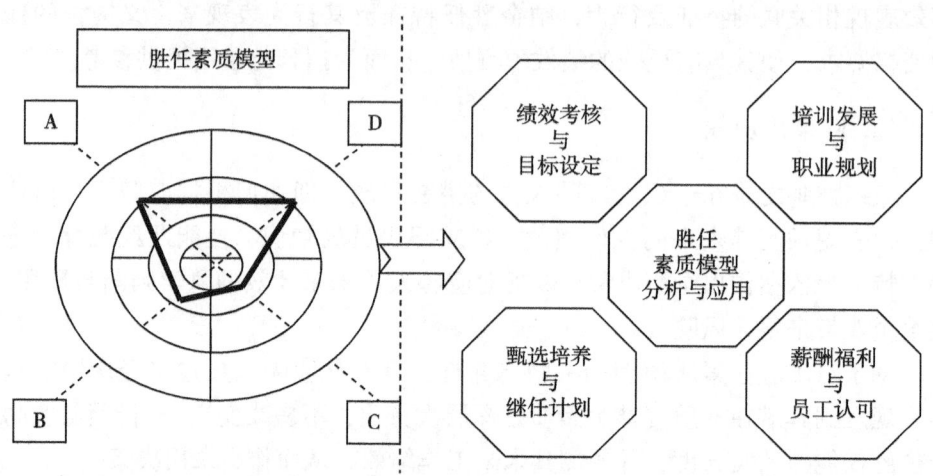

图 3-2 胜任素质模型的应用

六、领导胜任素质模型的层次差异

领导者胜任素质模型主要用于区别优秀的领导者和普通的领导者，领导者又可以分为高层领导者、中层领导者和基层领导者，三者间的胜任素质的区别具体如图 3-3 所示。

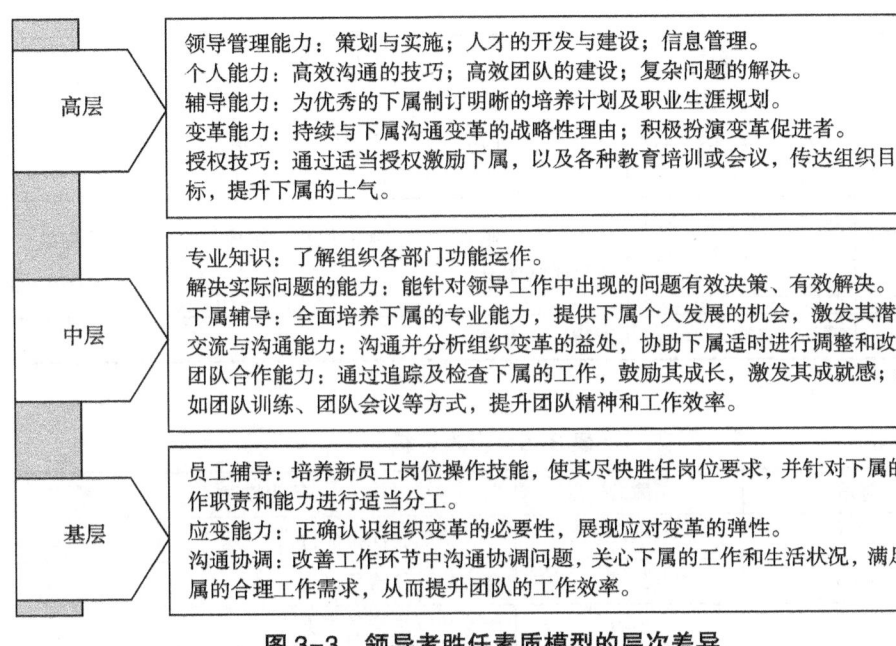

图 3-3 领导者胜任素质模型的层次差异

七、领导胜任素质模型构建

领导胜任素质模型是领导个体为完成某项工作、达成某一绩效目标所应具备的一系列不同素质要素的组合。下面是领导胜任素质模型的例子（见表 3-4 和表 3-5）。

表 3-4 领导干部胜任力要素

素质要素	要素描述	评价维度
德	个人素质、性格特质、思想品质、职业道德	政治表现、全局（组织）观念（全局至上）、联系群众（以人为本）、工作责任心、诚实守信、组织认同（倡导文化）、追求卓越、自信心、经验分享、爱岗敬业。
能	能力特点、工作能力、管理能力、领导水平	战略分析能力、制度构建能力、创新能力、团队整合能力、公关能力、沟通协调能力、分析判断能力、感召力或影响力、知人善用、领导统率能力、语言表达能力、执行力、资源整合能力、变革管理能力、冲突管理能力、危机处理能力、决策能力。

续表

素质要素	要素描述	评价维度
勤	精神状态、努力程度、工作表现、工作方式	学习发展、前瞻意识、进取心、工作积极性、成就导向。
绩	科学发展、工作成效、决策效果、任职贡献	计划制订、业务支持、制度优化、指导与监督、注重绩效、注重团队建设。
廉	廉洁、自律	廉洁、自律。

表3-5 行为等级

等级	赋分	行为描述
A-1	0	不合格的胜任特征行为
A+0	5~7	合格的胜任特征行为
A+1	8~9	优秀的胜任特征行为
A+2	10	卓越的胜任特征行为

(一) 德的素质

1. 政治表现

定义：对党忠诚，热爱人民，坚持组织原则，解放思想，实事求是，坚持马列主义、毛泽东思想、邓小平理论、习近平新时代中国特色社会主义思想。

政治立场：自觉与党中央保持高度一致，拥护党的路线、方针、政策。在政治上不信谣不传谣，立场坚定；当自身利益与党的利益及国家的利益发生冲突的时候，能舍小顾大。对领导正确的决定拥护与支持，对领导不正确的决定敢于反对，通过自身理论知识的积累，分辨是非，坚持正确的观点。

组织原则：具有高尚坦荡的胸怀，既敢于在党组织内发表不同意见，阐明自己的意见和观点，同时，敢于开展批评与自我批评。特别是对一些不良社会现象，敢于直言，坚持对的，改正错的。处处与人为善，真诚待人待事，能正确地对待组织，正确地对待同志，正确地对待自己。

思想态度：解放思想，与时俱进，时刻以习近平新时代中国特色社会主义思想为指引，坚持正确的思想路线，见表3-6。

表 3-6 政治表现的行为等级评量表

等级	行为描述
A-1	个人利益与党的利益发生冲突时,没有鲜明的舍己为公的态度。不敢指出领导不正确的决定,分辨是非能力较差,权力欲强,思想保守,不以身作则。
A+0	有一定的组织原则性,对党忠诚,重大问题上立场明确,对自己要求严格,解放思想,与时俱进。
A+1	政治立场坚定,对党忠诚,拥护党的方针、政策,组织原则性较强,敢于阐明自己的意见和观点,解放思想,实事求是。善于开展批评与自我批评,对自己的不足能加以改善。
A+2	思想素质高,政治觉悟强,旗帜鲜明地拥护党的方针、政策。在重大原则问题上态度鲜明,不信谣不传谣,在党的理论出现偏差的时候能够大胆指出,在党和国家的利益遭到侵害的时候敢于去斗争。具有坚定的组织原则,实事求是,与时俱进。身体力行地践行习近平新时代中国特色社会主义重要思想。

2. 全局观念

定义：从组织整体和长期的角度进行决策和开展工作,保证组织健康发展。

认清局势：深刻理解组织的战略目标,组织中局部利益与整体利益、长期利益和短期利益的关系,以及其他各关键因素在实现组织战略中的作用。

尊重规则：有较强的法律制度意识,尊重组织运作中的各种规则,不会为局部小利而轻易打破规则和已建立的平衡与秩序。

团结协作：倡导部门间相互支援,默契配合,共同完成组织战略目标。

甘于奉献：明确局部与整体的关系,在决策的时候能够通盘考虑问题。以组织发展大局为重,在必要的时候能够勇于牺牲局部的暂时利益,为组织战略的实现和长远发展的大局让路,见表 3-7。

表 3-7 全局观念的行为等级评量表

等级	行为描述
A-1	工作思路混乱,分不清轻重缓急,不能按组织的规章制度办事,对组织的战略目标理解不够准确,只为自己和所在部门的利益考虑。
A+0	工作思路清晰,重点不够突出,比较能够按照组织规章制度办事,对于组织的战略目标理解比较准确,并以此为基础安排工作,能将组织看成一个整体。

续表

等级	行为描述
A+1	工作思路清晰，重点突出，严格按照组织制度办事，对组织战略目标有准确的理解，并以此为出发点，安排好各项工作。将组织看成一个整体，在决策时能够通盘考虑，在顾全大局、勇于奉献上起带头表率作用。
A+2	恪守组织制度，对组织的战略目标理解非常清晰，并有详细的实施步骤。倡导团队精诚合作，为组织无私奉献自己。

3. 联系群众

定义：尊重人性，追求员工、客户、自我与组织的共同发展。

共赢理念：尊重人性，视员工和客户为平等主体，以为员工与客户创造并提升价值为己任，倡导共赢。

个性化：对由阶层、教育、职业和价值观等造成的个体差异，持理解和包容的客观态度，尊重并容许差异及个性化表现的存在。

管理及服务人性化：能够在制定和实施管理以及为客户提供服务的过程中，充分考虑员工和客户的需要及心理感受，让员工和客户体验到来自组织的尊重、关注和认可，见表3-8。

表3-8 联系群众的行为等级评量表

等级	行为描述
A-1	功利地对待员工与客户，不尊重员工，经常把自己的想法强加于员工，过于教条化，不懂得变通，管理任何员工都是同一个模式。
A+0	能够尊重人性，将员工视为不同的个体来对待，在工作中求同存异，倡导共赢。在制定和实施各项措施时，能够从员工的角度考虑问题，充分考虑到员工的需要及心理感受，努力让员工体验到来自组织的尊重、关怀与认可。
A+1	视员工为共同发展的资源与伙伴，包容并尊重差异，从细微处着眼，周到关怀，努力提升工作的满意度。尊重每个人不同的风格，把合适的人放在合适的岗位上，并能为员工提供适合自身发展的机会和空间。密切关注员工感受，通过各种途径了解和掌握员工的思想动态，重视员工满意度的提升。关注员工的绩效和行为，深入关注员工内心的世界，经常与员工座谈和沟通。
A+2	倡导共赢理念，为员工与客户创造价值，提倡人本管理原则，针对每个人提出不同的管理方式，以人性化的标准进行组织优化，深入到员工内心世界，经常与员工座谈和沟通。

4. 工作责任心

定义:认识到自己的工作在组织中的重要性,把实现组织的目标当成是自己的目标。

工作认知:对工作内容、工作权利和职责有清晰而深刻的认识,了解自己所从事的工作对实现组织目标的重要性。

成就感:从工作中寻求自身的价值,完成工作能给自己带来巨大的满足和优越感。

乐于奉献:不计较,甚至牺牲个人利益和局部利益,兢兢业业,任劳任怨地工作。

热爱工作:把工作当成是自己的事业来做,愿意把组织作为自己发展的舞台,见表3-9。

表3-9 工作责任心的行为等级评量表

等级	行为描述
A-1	对自己的工作不满意,对工作不够投入,对工作认识不够,不知道其重要性,更无法从工作中获得满足。
A+0	对自己的工作有比较充分的认识,对工作比较投入比较有热情,能从工作中获得较大的满足,任劳任怨,能为实现组织的目标而牺牲自我的利益。
A+1	能够与组织共患难,在组织需要的时候愿意作出牺牲,热爱自己的工作,能倾情投入。懂得自己工作对整个组织运作的重要性,尽心尽力。能够不拘泥于工作本身,心怀全局,工作中一丝不苟,有始有终,经常对工作中的问题进行思考并提出建议。
A+2	强烈的主人翁意识,充分认识到自己工作的重要性,对工作近乎狂热,全身心地投入在工作中并获得极大的满足和成就感,愿意为组织奉献自己。

5. 诚实守信

定义:随时随地以诚信开展工作,遵守组织制度规定和社会道德规范,对工作具有较强的责任心。

正直:拥有积极向上的人生观和价值观,具有健康的心态,能对社会现象进行公正、公平的评价。

尊重他人:不分级别、文化等其他差异,对他人保持尊重与真诚。

遵守规范:遵守组织制度规定,不超越制度规定的权限,不因个人情绪或其他的想法而影响组织利益。

社会公德：遵守法律法规和社会公德，注意个人形象，见表3-10。

表3-10　诚实守信的行为等级评量表

等级	行为描述
A-1	为人不够正直，待人不够真诚，不懂得尊重他人，不遵守规范与社会公德。
A+0	为人比较正直，有健康良好的心态。对他人比较尊重与真诚，严格遵守组织的制度，不因个人情绪而影响到组织利益，有较好的社会公德。
A+1	能够做到诚实守信，言行一致，能够与人为善，谦逊有礼，尊重员工。虚心向同行学习，能够以认真负责的态度对待各项工作，从而赢得大家的信任，为人正直，有是非观念和社会公德意识。
A+2	随时随地以诚信开展各项工作，拥有积极向上的人生观与价值观，对人非常真诚，遵守组织制度规定和社会道德规范，对工作有很强的责任心。

6. 组织认同

定义：被组织本身所吸引而聚集在组织周围，而不是被组织成员之间的个人特征的相似、相互依赖或交换而形成的人际关系所吸引。

价值认同：认同组织的核心价值理念，并在对客户、对同事等的工作行为中自觉地实践这些价值理念。

文化接纳：能够主动积极地了解组织文化，接受组织文化的熏陶，并在工作所及的范围内传播、丰富和创造组织文化。

组织承诺：对组织对工作有较大的感情投入，有与组织休戚与共的主人翁意识。

团队融合：能够通过积极的沟通、支持性态度及勤奋负责的工作作风融入团队，赢得团队成员的信任，建立起彼此配合的团队默契，见表3-11。

表3-11　组织认同的行为等级评量表

等级	行为描述
A-1	对于组织的价值观和组织文化认同度低，无法获得内在的共鸣，只关注自己的得失，并不在意组织未来的发展，使命感不强烈。
A+0	比较认同组织的价值观和组织文化，能获得内心的共鸣，工作中有较好的自主性，有主人翁意识。对组织的未来有信心，能够较好地融入团队，有较强的使命感。

续表

等级	行为描述
A+1	对组织的价值观和组织文化高度认同,为自己成为组织的一员而感到骄傲。对待组织对待工作有主人翁精神,对组织的未来充满信心,能迅速融入团队之中,能快速地开展工作。组织荣誉感强,积极地参加组织的活动,争得荣誉,有非常强烈的使命感。
A+2	有非常强烈的归属感与使命感,是组织价值观与组织文化的倡导者,对于组织有强烈的感情,团队间的配合非常默契。

7. 追求卓越

定义:不满足于现状,对成功有强烈的渴求,总是设定较高的工作目标,要求自己克服困难完成具有挑战性的任务。

自我愿景:有着高于社会一般水平的自我要求,通过将自身的优势、能力,以及所能使用的资源发挥到极致以达到不平凡。

内激励:成功体验主要来源于挑战自我极限,并由非常优异的工作结果带来快感,不依赖于外界力量控制自己的命运。

行动性:对要完成的任务高注意力地投入,千方百计寻求解决方法并立即行动追求达到该领域顶尖水平。

挑战目标性:不满足于已经达到的水平,敢于不断挑战自己的能力极限,完成更高的有挑战性难度的目标。

高标准:追求对人对事的尽善尽美,不断进取,不断超越,永不停息,孜孜不倦追求完美的境界,并努力驱动自己和他人为做得更优秀而不断拼搏,见表3-12。

表 3-12 行为等级评量表

等级	行为描述
A-1	自我追求优秀意识不强烈,相信事情的结果更多地受运气和外部因素影响,而非来源于较高的自我效能感。缺乏精益求精和追求尽善尽美的内驱力,满足于基本水平任务的完成,不愿意用高标准严要求不断砥砺自己。
A+0	有较强的自我超越意识,愿意克服困难迎接挑战,有追求优异的使命感。对自己有较高的成功预期,对取得更优异的工作成果有强烈的渴望。

续表

等级	行为描述
A+1	始终秉持"没有最好只有更好"的理念,把创造非凡的成就作为工作的奋斗目标。喜欢迎难而上,不断在克服困难完成任务中达到卓越。在工作上精益求精,属于完美型人格。不满意现状,总希望把事情做得更尽善尽美。
A+2	崇尚一流,追求工作结果的完美无瑕,在不断执着追求更优秀中获得无与伦比的快乐,对完美标准近乎偏执。对自己及下属要求极高,追求卓越。

8. 自信心

定义:一种有能力,或采取某种有效手段完成某项任务,解决某个问题的信念。

优势认定:对自己的优势和劣势有正确的认识,并对自己的实力优势有正确的估计和积极的肯定。

信念:相信自己有能力实现既定的目标,特别是在问题难度加大时表现出对自己决定或判断的认可。

敢于挑战:主动地接受挑战,将自己置于挑战性极强的环境中。

坚持不懈:即使在受到阻挠、诽谤等困难境地时也不改变目标,直到实现预期的目标,见表3-13。

表3-13 自信的行为等级评量表

等级	行为描述
A-1	对自己信心不足,总是觉得自己没有能力单独完成一项任务。对他人依赖性比较强,遇到挑战不敢面对,遇到困难与挫折总是消极逃避。
A+0	有一点自信,相信自己,有比较明确的定位。遇到挑战能积极面对,遇到困难也能够以积极的心态去寻找解决办法。
A+1	有自知之明,对于自己有准确的定位,不妄自尊大,也不妄自菲薄。敢于迎难而上,不断挑战自我,具有坚强的毅力,不轻言放弃。
A+2	有超强的自信,甚至有点自负,不惧怕任何困难,认为自己能够战胜一切,强烈的个人主义、英雄主义。

9. 经验分享

定义:拥有开放的心态,勇于尝试并乐于与人分享。

信息获取:保持对新信息的掌握和了解,能够利用多种途径收集和获取信息。

开放的知识结构：知识结构呈现网络化，留有很多出口，使得新信息可以快速融入已有的知识结构当中。知识、技能和观念更新迅速，在强烈的好奇心和探究欲下乐于了解和接受新事物。

勇于尝试：喜欢以开创性的方式探索提升工作效率的方法，勇于实践，有一定的冒险精神和承受失败挫折的能力。

乐于分享：乐于向他人学习，也乐于将自己的心得体会以及经验与教训与他人共享，相信彼此分享能带来创新的火花，见表3-14。

表3-14　经验分享的行为等级评量表

等级	行为描述
A-1	不愿意与他人一起交流，探讨工作经验与心得，知识结构较单一。
A+0	比较愿意与他人交流，分享结果和实践过程。比较愿意接受新知识，思路比较开阔，努力使用各方面途径获得新鲜信息。
A+1	善于与他人一起进行钻研探讨，分享结果与实践过程。勇于接受新知识，工作思路开阔，不怕失败，勇于尝试，利用多种途径采纳新鲜信息，并使之很快融入自己的工作，把自己的经验与大家分享。
A+2	非常乐意与他人一起分享自己的经验心得，甚至毫无保留。极其渴望获得新鲜信息，知识面非常广，知识结构多样化。

10. 爱岗敬业

定义：热爱自己的职业，有良好的职业道德和强烈的职业使命感。工作兢兢业业，任劳任怨，为了自己的职业而乐于奉献。

组织接纳：理解和认同组织文化与价值理念，为自己身为组织一员而感到骄傲。

开放的知识结构：知识结构呈现网络化，留有很多出口，使得新信息可以快速融入已有的知识结构当中；对自己在组织中所扮演的角色与承担的职责有清晰的认识和强烈的使命感，能够积极地将个人的目标和工作职责有机结合起来。

追求精益求精：不论大事还是日常的琐碎小事，都试图做得更好，力求精益求精。

乐于奉献：能够在关系到组织和团队整体利益的时刻，为了保证整体目标的实现，不计较甚至牺牲个人的利益，兢兢业业，任劳任怨，见表3-15。

表3-15 爱岗敬业的行为等级评量表

等级	行为描述
A-1	不愿意理解和认同组织文化与价值理念，不能胜任本工作岗位要求，本职工作所需要的知识技能欠缺。对自己在组织中所扮演的角色与承担的职责无清晰的认识，难以做好分内工作。不能够考虑到组织和团队整体利益。
A+0	比较愿意理解和认同组织文化与价值理念，能胜任本工作岗位要求，掌握本职工作所需要的知识技能。能够将个人的目标和工作职责有机结合起来，试图做好分内工作。能够考虑到组织和团队整体利益。
A+1	主动理解和认同组织文化与价值理念，为自己身为组织一员而感到骄傲。善于学习和接受新鲜信息、新知识。勇于承担职责，有强烈的使命感，做事情认真，兢兢业业，任劳任怨。
A+2	非常理解和认同组织文化与价值理念，为自己身为组织一员而感到骄傲。极其渴望获得新鲜信息，知识面非常广，知识结构多样化。对自己在组织中所扮演的角色与承担的职责有清晰的认识和强烈的使命感，苛刻要求自己，力求精益求精，不计较甚至牺牲个人的利益，兢兢业业，任劳任怨。

（二）能力素质

1. 战略分析能力

定义：对关系事物全局的、长远的、根本性的重大问题进行谋划（分析、综合、判断、预见和决策）的思维能力。

战略预测：在对战略所涉及的事物或对象现实状况和未来发展趋势的科学把握基础上，对战略目标、战略任务及战略手段的可行性及实施效果进行预测。

形成战略目标：战略目标是实施某一战略要达到的最终结果，是战略的出发点和落脚点。具有形成正确战略目标的能力。

制定战略任务：具有战略目标的分解能力，战略任务是详细的、具体的，战略目标要通过战略任务的完成才能实现。能够把战略任务分解成若干具体的子任务和更细致的任务。

提出战略方针：能够根据战略目标要求确定出指导战略全局的总纲领总原则，规定完成战略任务、实现战略目标的基本途径和手段，明确战略重点和主要战略部署。

制定战略措施：能够提出为了实现战略目标完成战略任务所采用的各种

方式方法、手段。

战略实施的反馈及战略修正：如果战略预测有误，或者事物发生重要的变化，能够根据实际情况（信息反馈）及时修改战略目标和计划等，有时甚至要放弃整个战略，见表 3-16。

表 3-16　战略分析能力的行为等级评量表

等级	行为描述
A-1	不能科学地对战略目标、战略任务及战略手段的可行性及实施效果进行预测，形成战略目标，不能够把战略任务分解成若干具体的子任务和更细致的任务，不能提出正确的战略方针，搞不清楚战略重点和主要战略部署。难以提出为了实现战略目标完成战略任务所采用的各种方式方法、手段，没有战略实施的反馈和战略修正。
A+0	对战略目标、战略任务及战略手段的可行性及实施效果进行预测，形成战略目标，能够把战略任务分解成若干具体的子任务和更细致的任务，提出正确的战略方针，基本能够明确战略重点和主要战略部署。能提出为了实现战略目标完成战略任务所采用的各种方式方法、手段，跟踪战略实施的反馈并进行战略修正。
A+1	比较善于对战略目标、战略任务及战略手段的可行性及实施效果进行预测，具有形成正确战略目标的能力，能够把战略任务分解成若干具体的子任务和更细致的任务，提出正确的战略方针，明确战略重点和主要战略部署。能提出为了实现战略目标完成战略任务所采用的各种方式方法、手段，及时跟踪战略实施的反馈并进行战略修正。
A+2	非常善于对战略目标、战略任务及战略手段的可行性及实施效果进行准确预测，具有形成正确战略目标的能力，非常擅长把战略任务分解成若干具体的子任务和更细致的任务，提出正确的战略方针，明确战略重点和主要战略部署。能提出为了实现战略目标完成战略任务所采用的各种方式方法、手段，能及时跟踪战略实施的反馈并进行战略修正。

2. 制度构建能力

定义：根据组织的战略规划和业务构成，搭建和优化符合企业实际的、系统化的管理与运作制度体系的能力。

制度意识：对组织管理制度的功能、作用机制与结构有全面的认识和深刻的理解，有通过建立规范的制度来提高组织运作效率的意识。

制度知识：对国内外先进企业的管理制度有广泛的了解，具备探究各种管理制度的原理、作用及其优劣的能力。

系统化：在制定和修订制度时，具有能够将各种管理与运作制度进行有机整合，保证制度体系的完整性、系统性和一致性的能力。

坚持原则：有坚持按制度办事的决心和魄力，同时，使制度得到切实贯彻与执行，而不是流于形式。

评估与优化：能够根据执行情况对制度进行客观的评估，对有缺陷或因工作任务的变化而需要改进的制度，及时进行修改或重建，见表3-17。

表3-17 制度构建能力的行为等级评量表

等级	行为描述
A-1	对组织管理制度没有全面的了解，对先进组织的管理制度缺少学习；对于组织各方面不能宏观统一的把握；制度实施中，缺乏反馈。
A+0	对组织管理制度有一定了解，学习过一些先进组织的案例，但理解不够深刻；对于组织各方面有一定的宏观认识，在制度实施过程中，能广泛听取意见，并适时对制度加以改善升级。
A+1	力求建立并不断完善各项规章制度来规范组织运作；制定某项制度时，能考虑到与其他制度的兼容性；对于组织管理各个方面都有宏观的把握，能够使之相互支持与衔接；对于现代组织管理制度有深入的了解，学习过不少优秀组织的案例，以资借鉴；在制度实施过程中，能根据情况对制度进行升级。
A+2	强烈的制度意识，要求建立组织法来规范运作；有数十年的制度建设经验，对于国内外优秀组织的制度模式都非常了解，并且能够结合组织的战略规划与业务流程，搭建和优化符合组织实际的、系统化的管理与运作制度体系。

3. 创新能力

定义：在技术和各种实践活动领域中不断提供具有经济价值、社会价值、生态价值的新思想、新理论、新方法和新发明的能力。

系统性思维能力：运用系统观点，系统认识对象互相联系的各个方面及其结构和功能。思考和处理问题的时候，从整体出发，把着眼点放在全局上，注重整体效益和整体结果，从而充分利用灵活的方法来处理事物。

创造性思维能力：创造性思维是以感知、记忆、思考、联想、理解等能力为基础，以综合性、探索性和求新性为特征的高级心理活动。这种思维方式让人们遇到问题时，能从多角度、多侧面、多层次、多结构去思考，去寻找答案，既不受现有知识的限制，也不受传统方法的束缚。其思维方式是开放性、扩散性的。它解决问题的方法不是单一的，而是在多种方案、多种途径中去探索、选择。创造性思维具有广阔性、深刻性、独特性、批判性、敏捷性和灵活性等特点。

实践能力：是将理论转化为实践，将抽象思想转化为实际成果的能力，是保证个体顺利运用已有知识、技能去解决实际问题所必需具备的那些生理和心理特征，见表3-18。

表3-18 创新能力的行为等级评量表

等级	行为描述
A-1	不能够在思考和处理问题的时候，从整体出发，把着眼点放在全局上，遇到问题时，不能够从多角度、多侧面、多层次、多结构去思考，去寻找答案，缺乏将抽象思想转化为实际成果的能力。
A+0	基本能够在思考和处理问题的时候，从整体出发，把着眼点放在全局上，注重整体效益和整体结果。遇到问题时，能够从多角度、多侧面、多层次、多结构去思考，去寻找答案，大致具备将抽象思想转化为实际成果的能力。
A+1	比较善于在思考和处理问题的时候，从整体出发，把着眼点放在全局上，注重整体效益和整体结果。遇到问题时，能够从多角度、多侧面、多层次、多结构去思考，去寻找答案，既不受现有知识的限制，也不受传统方法的束缚。具备将抽象思想转化为实际成果的能力。
A+2	非常善于在思考和处理问题的时候，从整体出发，把着眼点放在全局上，注重整体效益和整体结果。遇到问题时，善于从多角度、多侧面、多层次、多结构去思考，去寻找答案，既不受现有知识的限制，也不受传统方法的束缚。强有力地将抽象思想转化为实际成果。

4. 团队整合能力

定义：是指协调团队内部关系，优化人员配置，使组织高效率地运转的能力。

慧眼识人能力：能够识别出员工的才干、优劣势和潜能，对其能否出色完成使命有良好的预见力。

优势互补能力：能够根据团队任务的特点、团队能力的定位，在组建团队过程中，依据个体的才干有意识地进行优势互补性搭配，形成团队合力。

建立信任能力：努力在团队中建设相互合作、相互支援和共同发展的团队信任关系。

团队导向能力：以团队整体任务的出色完成作为团队的绩效标准，鼓励利于团队整体的行为，见表3-19。

表3-19 团队整合能力的行为等级评量表

等级	行为描述
A-1	对下属不了解、不关心,不清楚下属的个性、特长、爱好;不愿意将自己的经验传授给下属;团队协作的气氛营造得不够,团队成员目标不明确。
A+0	对下属有一定的了解,会偶尔关怀下属,对某些员工的个性、特长、爱好有所了解;会营造团队协作的气氛,团队具有较强的凝聚力,对于目标也比较清楚。
A+1	帮助下属找准自己的位置,令他们发挥所长;能够有效地识别下属的优势、劣势,对他们的工作表现和风格有一定的预见力;努力营造团队协作的气氛,主张以"开诚布公"的方式解决冲突与矛盾;能够让团队成员明白"团队的成功才是个人的成功"。
A+2	卓越的团队管理能力,绝对的团队领袖,能够激发出团队强大的凝聚力,并发挥出团队最强的战斗力,使得团队能够战胜一切。

5. 公关能力

定义:是指有目的、有计划地为改善或维持某种公共关系状态而进行实践活动的能力。

组织管理能力:具备激励员工积极性、协调各类公众关系、收集信息、制订公关计划与方案、组织实施各类公关活动及大型专题活动,进行有效传播的沟通能力。

语言表达能力:能够根据具体情况综合运用口头语言表达能力、文字语言表达能力、体态语言表达能力来解决问题。

公众交往能力:能正确认识公众,把握交往的技巧、艺术、原则,了解公众的行为特点,学会与各种类型和特点的公众友好交往。

应变能力:根据实际情况,对经常会出现的一些突发事件和难以预料的问题,能够灵活从容地应对,有效地解决问题,见表3-20。

表3-20 公关能力的行为等级评量表

等级	行为描述
A-1	不具备协调各类公众关系、收集信息、制订公关计划与方案、组织实施各类公关活动及大型专题活动,进行有效传播的沟通能力。不能综合运用口头语言表达能力、文字语言表达能力、体态语言表达能力来解决问题。不能恰到好处地与各种类型和特点的公众友好交往。缺乏灵活从容地应对突发事件和难以预料的问题的能力。

续表

等级	行为描述
A+0	能协调各类公众关系、收集信息、制订公关计划与方案、组织实施各类公关活动及大型专题活动。基本能够综合运用口头语言表达能力、文字语言表达能力、体态语言表达能力来解决问题。了解公众的行为特点，能与各种类型和特点的公众友好交往。
A+1	具备较好地激励员工积极性、协调各类公众关系、收集信息、制订公关计划与方案、组织实施各类公关活动及大型专题活动，进行有效传播的沟通能力。能够综合运用口头语言表达能力、文字语言表达能力、体态语言表达能力来解决问题。了解公众的行为特点，能恰到好处地与各种类型和特点的公众友好交往。能灵活从容地应对突发事件和难以预料的问题。
A+2	具备卓越地激励员工积极性、协调各类公众关系、收集信息、制订公关计与方案、组织实施各类公关活动及大型专题活动，进行有效传播沟通能力。能娴熟地综合运用口头语言表达能力、文字语言表达能力、体态语言表达能力来解决问题。精通公众的行为特点，能恰到好处地与各种类型和特点的公众友好交往。能够非常有效地灵活从容地应对突发事件和难以预料的问题。

6. 沟通协调能力

定义：是指在日常工作中妥善处理好与上级、同级、下级等的各种关系，使其减少摩擦，能够调动各方面工作积极性的能力。

积极沟通能力：重视且乐于沟通，愿意与人建立联系。在遇到沟通障碍时，能够以积极心态和不懈的努力对待冲突和矛盾，而不是强权或回避。

换位思考能力：能够打破自我为中心的思维模式；尝试从对方的角度和立场考虑问题，体察对方感受，促进相互理解。

及时反馈能力：重视信息的分享，用心倾听各方意见，并根据实际情况及时作出调整和回应。

机制保证能力：能够有意识地在组织中搭建沟通平台，通过机制建设确保沟通渠道的顺畅，见表3-21。

表3-21　沟通协调能力的行为等级评量表

等级	行为描述
A-1	平时不注重沟通，遇到冲突与矛盾以强权或回避来解决。习惯以自我为中心的思维模式，缺少全方位思考，缺少协调与沟通。

续表

等级	行为描述
A+0	了解沟通的作用，与工作中的各方都有比较好的关系。遇到问题与冲突时愿意体谅与理解别人，能及时回复一部分信息；略懂得聆听的艺术，愿意以制度方式明确沟通职责。
A+1	与工作中的各方保持密切联系与良好关系，能够体谅和理解他人，愿意就具体情况作出调整与妥协，愿意对对方疑问作出及时的回应，确保信息的准确表达，倾向于以制度的形式明确沟通职责；懂得倾听的艺术。
A+2	组织内部的桥梁，有着卓越的协调能力，能与上下级做好沟通，并妥善处理好与他们之间的关系，促进其相互理解，获得他们的支持与配合。

7. 分析判断能力

定义：指人对事物进行剖析、分辨、单独观察和研究的能力。

识别关系能力：将问题系统地组织起来，对事物的各个方面和不同特征进行系统地比较，认识到事物或问题在出现或发生时间上的先后次序等关系。

多重分解能力：对同一问题或情形的不同方面之间的关系进行分析（例如，对可能遇到的阻碍进行预测，并以此为基础制订下一步/几步的详细计划）。能够将问题或事件进行多重因果链接，能够认识到一个事件背后多种可能的原因（多因一果），一个行动可能引起的多种结果（一因多果），或一个事件中各个部分的多重因果关系。

复杂分析能力：能够辨认出一个问题的多个方面，并对每一个方面进行详细说明，标出它们之间的复杂因果关系（多因多果、互为因果、交叉影响的因果关系等）。能够同时运用若干种演绎思维的方法（如因果关系、轻重缓急、时间顺序等），将复杂的问题或事物分解成部分进行分析判断。能够运用不同的分析技巧进行复杂的计划或分析，在理性分析的基础上，对多种系统方案的优劣进行判断和选择（如成功的可能性、成本效益的比较、需求的急迫性和对未来的潜在影响等），见表3-22。

表3-22 分析判断能力的行为等级评量表

等级	行为描述
A-1	只能对事物进行简单分解，列出一个清单，但没有指出各个对象间的内在联系或处理时的优先次序、轻重缓急。将问题简单地分解成一系列的任务或活动，但没有指明每一项的意义，不能由此作出准确判断。

续表

等级	行为描述
A+0	能够根据重要性对任务进行排序，能够把不同情形分类为好的和不好的，并进行黑白分明的选择（支持或反对、接受或拒绝等）。能够认识某种情形下两个方面简单直接的因果关系（单因单果），并由此作出合理判断。
A+1	能够将问题或事件进行多重因果链接，能够认识到一个事件背后多种可能的原因（多因一果），一个行动可能引起的多种结果（一因多果），或一个事件中各个部分的多重因果关系，并由此作出正确判断。
A+2	不只是对问题进行一般的分解，可以看到事物的因果关系。可以辨别事物之间多重的联系，较为深入地分析事物之间的复杂关系。可以分析事物之间多层因果、环环相套的关系，作出自己独到的分析，看到别人看不到的东西，并由此作出精确判断。

8. 感召力或影响力

定义：是指一种不依靠物质刺激或强迫，而全凭人格和信仰的力量去领导和鼓舞员工的能力。

有远大的理想：有远大的理想或愿景、坚定的信念、对未来的梦想等。

有远见：能够看清组织未来的发展方向和路径。

有人格魅力：具备外向、可靠、随和、情绪稳定、自信等特质。

智商高：智力上乘，能力卓著。

充满激情：激情澎湃，愿意和希望迎接挑战，能够带领被领导者实现高远的目标，见表3-23。

表3-23 感召力或影响力的行为等级评量表

等级	行为描述
A-1	在员工中没有很好的口碑，支持的人不多。缺少人格魅力，无法塑造良好的领导者形象，无法获得员工的信赖。
A+0	有一定的人格魅力，能获得不少员工的支持。能够为员工构建一个美好实际的发展蓝图，提倡共同发展、追求卓越，有一个较好的组织领导者形象。
A+1	令人信服，在员工中有良好的口碑，获得大多数人的支持。为员工描绘发展的蓝图，使他们对组织未来的发展充满信心，倡导团结协作、上下一心才有战斗力的思想。在领导过程中突出"人格魅力"，做一个有"人格魅力"的领导者。

续表

等级	行为描述
A+2	组织中的精神领袖,员工都视他为组织的灵魂人物。他所构建的组织发展蓝图,为所有员工所接受,并且吸引员工为之奋斗。很多人都因为崇拜他的个人魅力而来到组织,并将他的很多言论都奉为经典。

9. 知人善用

定义:是善于认识人的品德和才能,并对其进行最合理的使用的能力。

坚持正确的用人原则:用以德为先的原则,以信念坚定、为民服务、勤政务实、敢于担当、清正廉洁的标准来用人。

营造"能者上"的良好氛围:营造良好的选人用人氛围,把政治上靠得住、工作上有本事、作风上过得硬、群众信得过的干部选拔上来。

客观公正认识他人:根据人才对组织及社会作出贡献的大小,对其素质、能力和水平作出公正、公平、公开的评判,并以此把人配置到最合适的位置上去,见表3-24。

表3-24 知人善用的行为等级评量表

等级	行为描述
A-1	不能坚持以德为先的用人原则,不能营造良好的选人用人氛围,不能把政治上靠得住、工作上有本事、作风上过得硬、群众信得过的干部选拔上来。不能根据人才对组织及社会作出贡献的大小,对其素质、能力和水平作出公正、公平、公开的评判,不能以此把人配置到最合适的位置上去。
A+0	大致能坚持以德为先的用人原则,组织的选人用人氛围一般。基本能根据人才对组织及社会作出贡献的大小,对其素质、能力和水平作出公正、公平、公开的评判,并以此把人配置到最合适的位置上去。
A+1	能坚持以德为先的用人原则,组织的选人用人氛围良好。能根据人才对组织及社会作出贡献的大小,对其素质、能力和水平作出公正、公平、公开的评判,并以此把人配置到最合适的位置上去。
A+2	有效地坚持以德为先的用人原则,组织的选人用人氛围优秀。能准确根据人才对组织及社会作出贡献的大小,对其素质、能力和水平作出公正、公平、公开的评判,并以此把人配置到最合适的位置上去。

10. 领导统率能力

定义:是指在团队中扮演"主心骨"的角色,以干练、果断和坚强的形象赢得团队成员的信任,使之愿意在其组织和指挥下完成工作的能力。

赢得信任能力：以良好的工作能力、卓越的业绩以及正直、诚实的品性等赢得下属及周围人的信任和尊重，使得大家愿意追随和服从。

组织能力：能够对工作进行统筹规划，任务、职责与权限的界定明晰合理，各位下属能够各司其职，有条不紊地开展工作。

危机决策能力：能够在面对复杂情况时，迅速分析，果断做出决策，保持团队"阵脚不乱"，使得团队成员迅速获得行动的方向感。

震慑力：在需要时，善于使用权力与规则令人服从和执行，见表3-25。

表3-25 领导统率能力的行为等级评量表

等级	行为描述
A-1	缺乏一定的组织能力与危机管理能力，无法以自己的工作表现与业绩以及人品赢得下属的认可。
A+0	有着比较良好的组织能力，能把企业资源进行一定的统筹利用。有较好的危机管理能力，能临危不乱，下属对其有相当的认可程度。
A+1	让下属觉得自己是组织的"主心骨"，有优秀的组织能力，能统筹好各种资源，并保证物尽其用。有优秀的危机处理能力，能在面临危机时，保证组织的各项工作有条不紊地进行。
A+2	以良好的工作能力、卓越的业绩以及正直的品质赢得所有人的认可和尊重，使得大家愿意在其指挥下完成工作。

11. 语言表达能力

定义：指在口头语言（说话、演讲、作报告）及书面语言中运用字、词、句、段的能力。

口头表达能力：以敏捷的思维、超人的智慧、渊博的知识及一定的文化修养为基础，在口头表达中表达准确，吐字清楚，音量适中，声调有高有低，节奏分明，有轻重缓急，抑扬顿挫且幽默、生动，有较强的吸引听众的能力。

书面表达能力：是根据工作的要求，以书面的形式准确、清晰、简洁地传递与情境相符的信息，以满足读者需求的能力，见表3-26。

表3-26 语言表达能力的行为等级评量表

等级	行为描述
A-1	口头表达中言语不清，语言啰嗦，意思不完整，逻辑性差，使听众理解困难。在书面表达中使用过多的不恰当文字使读者感到困惑，文章结构框架不完整，表达的观点逻辑性不强，文字啰嗦，重点不明确，前后风格不统一。

续表

等级	行为描述
A+0	口头表达有一定的逻辑性，听众能够理解所传递的信息。使用词句略显晦涩，表达方式单一且程式化。语言较流畅，基本能完整清晰地表达自己的观点、想法和意见。书面表达逻辑较清晰，文字通顺，基本能清晰全面地传递信息，有一定的结构框架。重点突出，详略得当。
A+1	口头表达逻辑性强，条理清晰，听众易于理解和接受。能够通过一些语言技巧清晰地表达较为深奥复杂的观点，有较强的说服力和影响力。表达中，借助肢体语言，增强语言表达的感染力。根据不同听众情况和环境采取不同的表达方式和表达策略。书面表达具有较强的逻辑性，核心观点清晰明确，结构完整，无语法和拼写错误。恰当地使用修辞方法，根据不同读者和不同的工作要求采用不同的书面表达方式。
A+2	口头表达逻辑严密，言简意赅，切中要害。表达形式多种多样，不落俗套，具有独特的个人魅力。肢体语言应用自然，恰到好处，具有很强的冲击力和感染力。面对不同场合和听众都能够自如地表达，重视互动，能够灵活地调整表达的策略。书面表达的文档结构具有较强的逻辑性，条理清晰，分析透彻，论证充分。言简意赅，通俗易懂，有很强的说服力和感染力。表达形式多样，有一定的趣味性，针对不同读者能够自如地运用不同的书面表达方式。

12. 执行力

定义：指的是贯彻战略意图，完成预定目标的操作能力。执行力是把组织战略、规划转化成为效益、成果的关键。执行力包含完成任务的意愿，完成任务的能力，完成任务的程度。

有工作意愿（动机）：充分发挥主观能动性与责任心，在接受工作后应尽一切努力与想尽一切办法把工作做好。

注重细节能力：指认真对待工作，将小事做细，而且注重在做事的细节中找到机会，从而使自己的工作结果更为优秀的能力。

敢于负责：对自己失信的行为负责，及时地采取必要的措施弥补由于自己的失信造成受诺主体的损失。

应变力强：对于客观环境和市场形势可能出现的变化，能够提前作出预测，并备有应付各种变化的预案。

工作全身心投入且有韧性：对工作具有高度的热忱，在执行中不斤斤计较，不吝啬付出和奉献，能够在艰苦、不利的情况下，克服外部和自身的困难，坚持完成任务。

团队精神：引导下属发现和认同别人的优点，主动帮助同事，愿为组织或同事付出额外努力,把每位成员的成就感集合在一起凝聚成为战无不胜的战斗力,见表3-27。

表3-27 执行力的行为等级评量表

等级	行为描述
A-1	在没有深入理解工作任务的情况下,盲目执行,做无用功,降低整体工作效率;接到工作任务后,拖拖沓沓,迟迟不开展行动,缺少紧迫感;需要相关方的支持时,不主动与相关方进行沟通,不积极推动相关方开展工作。
A+0	接到任务安排,积极响应,合理分解任务目标,制订详细执行计划,并按照计划有条不紊地开展工作;敏锐识别影响任务进程的关键因素,深入分析,通过多种方式获取支持,逐步推进;面对执行过程中存在的困难,不慌不乱,妥善分析原因,积极寻求继续推进工作的策略。
A+1	工作中讲究效率,不拖拉,不在个别问题上绕圈子,有强烈的时间观念和紧迫感,雷厉风行;快速执行组织决议,不空谈问题,着眼于拿出行之有效的解决方案,并将计划或想法落实为相关方的行动要求;遇到困难时,理性分析,果断决策,敢于施展个人领导魄力来推进工作。
A+2	在接到任务后,自我提高工作完成质量的标准,积极为超越标准制订相应的策略和方案,有计划、有步骤、有策略地获取合作部门更大的支持与协助,从而为目标超出预期的达成创造有利条件,在组织需要时,不怕艰辛和困难的工作环境,积极承担挑战性工作任务。

13. 资源整合能力

定义:指的是对不同来源、不同层次、不同结构、不同内容的资源进行选择、汲取、激活和有机融合,使之具有较强的柔性、条理性、系统性和价值性,并对原有的资源体系进行重构,摒弃无价值的资源,以形成新的核心资源体系的能力。

内部资源与外部资源的整合:识别、选择、汲取有价值的、与组织内部资源相适应的诸如隐性技术知识等外部稀缺资源,并融入这些资源到组织自身资源体系之中;同时,实现外部资源与内部资源之间的衔接融合,激活组织内外资源,从而能够充分发挥内外资源的利用效率和效能。

个体资源与组织资源的整合:对零散的个体资源进行系统化、组织化,使之能够不断地融入组织资源之中,转化为组织资源;同时将组织资源迅速地融入个体资源的载体之中,激发个体资源载体的潜能,提高个体资源的价值。

新资源与传统资源的整合:利用新资源来提高传统资源的使用效率和效

能，又通过对传统资源的合理利用去激活新资源，促进隐性技术知识等新资源的不断涌现，如此循环反复、螺旋上升。

横向资源与纵向资源的整合：横向资源是指某一类资源与其他相关资源的关联程度，纵向资源是指某一类资源的广度和深度方面的资源。通过对它们的整合来建立横向资源与纵向资源的立体架构，见表3-28。

表3-28 资源整合能力的行为等级评量表

等级	行为描述
A-1	在组织的领导活动过程中选择、汲取、配置、激活和融合组织不同类型资源的能力较弱，不能将组织资源的效能充分发挥出来。
A+0	在组织的领导活动过程中具有一定的选择、汲取、配置、激活和融合组织不同类型资源的能力，能将组织资源的效能充分有效地发挥出来，形成一定的竞争优势。
A+1	在组织的领导活动过程中具有优秀的选择、汲取、配置、激活和融合组织不同类型资源的能力，能将组织资源的效能充分有效发挥至较高水平，形成组织核心的竞争优势。
A+2	在组织的领导活动过程中具有卓越的选择、汲取、配置、激活和融合组织不同类型资源的能力，高效地将组织资源的效能充分有效发挥至极致，形成组织超强的竞争优势。

14. 变革管理能力

定义：指当组织成长迟缓，内部不良问题产生，无法因应外部环境的变化时，领导者做出组织变革策略，将内部层级、工作流程以及组织文化进行必要的调整与改善管理，以达到组织顺利转型的能力。

明确组织的使命和核心价值观：通过厘清组织的使命和核心价值观，以在重大变革来临时通过它起到维系组织的作用。

建立开放式的信息沟通系统：保证组织内人员与外部环境之间的信息沟通渠道的畅通，以便在外部环境变化时，组织内相关人员会自动生成部分变革原动力，减少变革的阻力。同时通过这个信息系统起到变革预警机制的作用。

确保多数人的利益：单个变革不可能让每个团体都同时平均受益，更多的情况是让一部分人短期先受益，并通过一系列的变革长期确保多数人的最根本利益，以确保人与人之间及组织与人之间的信任。

塑造变革精神：强化"任何组织如果不时时变革和创新，就不可能维持自己的竞争优势"的理念，树立只有通过自身变革创新的确定性才能应付快速变化的不确定性的员工认知。鼓励在工作中突破传统的思想禁锢和思维定式，大胆变革创新，见表 3-29。

表 3-29 变革管理能力的行为等级评量表

等级	行为描述
A-1	消极应对环境变化，不能灵活根据环境的变化和组织自身情况在制度、管理等方面有一定创新。基本能掌控组织战略前景规划、组织再设计、组织价值流再建、组织工作流程再设计等方面及具体职能部门相关的变革活动。在变革的过程中反应缓慢迟钝，变革的领导与组织能力缺乏。
A+0	积极应对环境变化，能灵活根据环境的变化和组织自身情况在制度、管理等方面有一定创新。基本能掌控组织战略前景规划、组织再设计、组织价值流再建、组织工作流程再设计等方面及具体职能部门相关的变革活动。在变革的过程中能根据环境的变化状况适时地作出相应的反应，变革的领导与组织能力一般。
A+1	积极应对环境变化，能灵活根据环境的变化和组织自身情况在制度、管理等方面有所创新。较好地掌控组织战略前景规划、组织再设计、组织价值流再建、组织工作流程再设计等方面及具体职能部门相关的变革活动。在变革的过程中能根据环境的变化状况适时地作出相应的反应，变革的领导与组织能力优秀，使好的变革措施落到实处。
A+2	以高度积极的态度来应对环境变化，能灵活根据环境的变化和组织自身情况在制度、管理等方面大胆创新。掌控组织战略前景规划、组织再设计、组织价值流再建、组织工作流程再设计等方面及具体职能部门相关的变革活动。在变革的过程中能根据环境的变化状况适时地作出相应的快速反应，变革的领导与组织能力强大，使好的变革措施落到实处。

15. 冲突管理能力

定义：指领导者采取行之有效的相应措施和政策，给消极性质的管理冲突以有效的抑制、消除和排解；对积极性质的管理冲突给予充分展开和有效利用，从而达到调适冲突、推动事业的目的的能力。

缓解冲突的能力：能够审慎地选择要处理的冲突问题，能正确、全面、客观地评估冲突当事人，理性地分析冲突原因和根源，采取切实有效的策略解决冲突。

提升冲突的能力：在必要的时候通过改变组织文化、运用沟通、引进外人或重用吹毛求疵者、重新构建组织等方法激发一定水平的冲突，以利于组织变革。

选择合适的冲突管理策略：力倡良性冲突互动，力戒内耗性冲突互动，确保冲突的性质和质量，使之为巩固组织疆界、实现组织目标服务，见表3-30。

表 3-30　冲突管理能力的行为等级评量表

等级	行为描述
A-1	不能采取合适的冲突管理策略，不能抑制、消除和排解消极性质的管理冲突，不能对积极性质的管理冲突加以有效利用。
A+0	能够采取一定的冲突管理策略，抑制、消除和排解消极性质的管理冲突，对积极性质的管理冲突能够展开和有效利用，能促进组织变革。
A+1	积极采取相应冲突管理策略，有效地抑制、消除和排解消极性质的管理冲突，对积极性质的管理冲突能充分展开和有效利用，较好地促进组织变革。
A+2	迅速采取行之有效的相应冲突管理策略，有效地抑制、消除和排解消极性质的管理冲突，充分展开和有效利用积极性质的管理冲突，极大地促进组织良性变革。

16. 危机处理能力

定义：指领导者在组织中建立起完备的危机紧急处理系统，并懂得如何运用新的技术全方位地有效传播和收集信息，使损失降低至最低限度的能力。

坚持立场和态度：能以正确的立场和态度综合自身情况以及组织的状况，做多角度多层次的客观考量，与组织一致去对抗危机。

当机立断的能力：面对突发的危机局面，在紧要关头能毫不犹豫地作出决断，及时迅速处理这些问题的能力。

控制信息的能力：对正面信息和负面信息的控制能力。正面信息可以向员工透露，但是不宜过多。过多的正面信息，容易让危机交困当中的组织成员过于乐观，影响其对危机的准确认识，使其危机处理能力大打折扣。而负面信息则要选择性地透露，一部分负面信息必须透露，因为员工也具有一定的知情权，对于危机处理的即时情况也要有所了解，但是有的负面信息一定不能透露，否则容易造成组织内部动荡，人心涣散，因为一条信息而葬送了整个组织的努力。

正确判别利益取舍的能力：危机处理过程之中，时常要舍弃一部分利益来保全另一部分利益，能认识到组织利益高于一切，而在组织利益中，组织的核心价值又高于其他。

做好备案的能力：危机继续恶化需要组织采取进一步的措施时，要为应对损失做好一定的资源储备，并做好预案，见表3-31。

表 3-31　危机处理能力的行为等级评量表

等级	行为描述
A-1	面对突发的危机局面惊慌失措而不能作出决断，对正面信息和负面信息的控制能力不强，不能正确判别利益取舍，不能有效应对和化解危机。
A+0	综合自身情况和组织的状况，与组织一致去对抗危机。面对突发的危机局面能毫不犹豫地作出基本正确的决断，对正面信息和负面信息的控制能力一般，能正确判别利益取舍。
A+1	综合自身情况和组织的状况，做多角度多层次的客观考量，与组织一致去对抗危机。面对突发的危机局面能毫不犹豫地作出正确决断，对正面信息和负面信息的控制能力强，能正确判别利益取舍，具备作好备案的能力。
A+2	以正确的立场和态度综合自身情况和组织的状况，做多角度多层次的客观考量，与组织高度一致去对抗危机。面对突发的危机局面，在紧要关头能毫不犹豫地作出正确决断，对正面信息和负面信息的控制能力极强，能正确判别利益取舍，具备做好备案的能力。

17．决策能力

定义：指领导者所具有的参与决策活动、进行方案选择的技能和本领。

提炼能力：能以开放的态度，准确、迅速地提炼出解决问题的各种方案的能力。

准确的预测能力：能根据过去和现在的已知因素，运用已有的知识、经验和科学方法，对未来环境进行预先估计，并对事物未来的发展趋势作出估计和评价。

决断能力：能从众多的决策方案中选取满意方案的能力，以及危机时刻或紧要关头当机立断的能力，见表 3-32。

表 3-32　决策能力的行为等级评量表

等级	行为描述
A-1	难以准确、迅速地提炼出解决问题的各种方案，不能根据过去和现在的已知因素，运用已有的知识、经验和科学方法，对未来环境及事物未来的发展趋势进行预先估计，并从众多的决策方案中选取满意方案并当机立断。
A+0	基本能够准确、迅速地提炼出解决问题的各种方案，能根据过去和现在的已知因素，运用已有的知识、经验和科学方法，对未来环境及事物未来的发展趋势进行预先估计，并从众多的决策方案中选取满意方案并决断。

续表

等级	行为描述
A+1	能够大致准确、迅速地提炼出解决问题的各种方案，能根据过去和现在的已知因素，运用已有的知识、经验和科学方法，对未来环境及事物未来的发展趋势进行比较准确的预先估计，并从众多的决策方案中选取满意方案并当机立断。
A+2	能够完全准确、迅速地提炼出解决问题的各种方案，能根据过去和现在的已知因素，运用已有的知识、经验和科学方法，对未来环境及事物未来的发展趋势进行准确的预先估计，并从众多的决策方案中选取满意方案并当机立断。

（三）勤的素质

1. 学习发展

定义：通过吸取自己或他人经验教训、科研成果等方式，增加学识、提高技能，从而获得有利于未来发展的能力。对新知识、新技能等有强烈的渴求欲望，能够主动地从中提取精粹，融入自身并发扬光大。

学习意识：对新知识、新技能具有强烈的渴求；积极利用多种途径为自己创造学习机会。

经验总结：善于总结成功和失败的经验，以寻找提高自己能力的途径。

缺口分析：善于分析自身的知识和工作要求的差距，并快速采取行动弥补之。

学习过程：善于利用多种途径为自己创造学习机会，不断尝试新的学习方法。

学习目标：能够将个人学习目标与职业生涯规划相结合，并制订相应的学习计划，见表3-33。

表3-33 学习发展的行为等级评量表

等级	行为描述
A-1	很少主动地学习新知识、新技能，对于公司给予的培训以消极的态度面对。不愿意就自己不明白的问题向上司或是下属请教，很少会总结自己的经验。
A+0	能有意识地学习一些新知识、新技能，也能够接受企业给予的培训。愿意就自己不明白的问题向上司请教，经常性地总结一些工作经验，认为不断学习是职业生涯中重要的一环。

续表

等级	行为描述
A+1	对新知识、新技术、新领域保持关注，并乐于尝试新方法。以学习为乐，不耻下问，愿意就自己不了解的问题向下属请教。定期对工作做阶段性的总结，在制订业务发展计划时，考虑业务内容对员工知识技能要求的变化，并考虑相关应对措施。当工作内容发生变化时，积极主动弥补自己缺乏的知识与技术，将工作视为重要的学习过程。
A+2	有强烈的学习心理，对于新技术、新领域保持高度的热情，提倡在发展中不断学习，在学习中不断促进发展。经常性地总结经验，增加学识，提高技能，以获得未来有利的发展。

2. 前瞻意识

定义：是一种超前意识。具体来说，就是在科学把握现实情况的基础上，面向未来、着眼长远，形成对当前及今后一个时期事业发展走向的清晰判断和科学预见，见表3-34。

表3-34 前瞻意识的行为等级评量表

等级	行为描述
A-1	很少主动根据事物的发展特点、方向、趋势进行预测、推理，不能够形成对当前及今后一个时期事业发展走向的清晰判断和科学预见。
A+0	基本能够根据事物的发展特点、方向、趋势进行预测、推理，形成对当前及今后一个时期事业发展走向的判断。
A+1	较为主动地根据事物的发展特点、方向、趋势进行预测、推理，能够形成对当前及今后一个时期事业发展走向的清晰判断和正确预见。
A+2	具有卓越的眼光，能根据事物的发展特点、方向、趋势进行预测、推理，准确形成对当前及今后一个时期事业发展走向的清晰判断和科学预见。

3. 进取心

定义：指不满足于现状，坚持不懈地向新的目标追求的蓬勃向上的心理状态。

好胜心：有强烈的好胜心，不甘落后，勇于向未知领域挑战，以成功的事实去证明自己的能力和才华。

主动学习：有旺盛的求知欲和强烈的好奇心，从而能不断接受新事物，及时学习，更新自己的知识，提高自己的能力。

自我发展：根据组织总的目标，制定个人的发展目标，并为之努力奋斗，见表3-35。

表3-35　进取心的行为等级评量表

等级	行为描述
A-1	没有强烈的好胜心，对事业没有追求；没有强烈的求知欲与好奇心，对新事物的兴趣不高，没有明确的个人目标。
A+0	有较强烈的好胜心，对事业有一定的追求，敢于向未知领域挑战。有比较强烈的求知欲与好奇心，会及时学习更新自己的知识，提高职业素养。有较明确的个人目标，并为之奋斗。
A+1	能够虚心求教，主动从多种渠道吸收信息；能够迅速提高业务素质，并成为骨干。有好胜心，有必胜的信心，主动去学习各方面知识，提高自身素质。对新事物有强烈的好奇心并能很快地吸收新知识、新技能。
A+2	工作中争强好胜，制定高目标，为之奋斗；不断地追求完美。精力旺盛，对待任何事物都有良好的工作面貌，谦虚、主动、积极进取、主动好学。勇于接受挑战，要求自己工作成绩出色，对新事物有强烈的求知欲，并学以致用。

4. 工作积极性

定义：是指对工作任务产生的一种能动的自觉的心理状态，它表现为个体或集体对组织目标明确、执行计划和实现目标过程中克服障碍的意志努力和积极性的情感，见表3-36。

表3-36　工作积极性的行为等级评量表

等级	行为描述
A-1	不能自觉地完成任务，有时需要他人的督促，才会投入地工作，常常不能按时完成工作任务。
A+0	在没有人要求的情况下，有时能主动积极地工作，但有时需要上级督促才能完成工作任务。
A+1	主动承担不属于自己的事情，或主动帮助他人解决工作中的问题，一般不需要上级督促就能够按时完成工作任务。
A+2	提前预见工作中可能发生的问题，并采取技术手段进行预警控制，总是能主动积极地工作，不需要上级督促，还能激发同事的积极性。

5. 成就导向

定义：希望更好地完成工作或达到一个优秀的绩效标准。表现为个人关注后果、效率、标准,并追求改进产品或服务,在组织中力求资源使用最优化。

自我愿景:有符合社会和企业利益的理想抱负,愿意为之实现而不懈努力,并能够承受困难与挫折,甚至牺牲眼前利益。

内激励:成功体验主要来源于做好工作本身所带来的乐趣,而不依赖于外在的荣誉和报酬。

行动性:对工作热情投入,乐于不断采取行动以推动事情进展,对出色完成任务、取得工作成果有强烈的渴望。

挑战性目标:不满足于现状,敢于冒险,毫不畏惧地为自己和组织设定挑战性的目标,不断追求超越自我,开发和调动潜能。

高标准:对人对事有比较严格的要求,愿意使事情更接近完美,并努力驱动自己和他人为了做得更好而继续努力,见表3-37。

表3-37 成就导向的行为等级评量表

等级	行为描述
A-1	自我实现意识不强烈,效用的满足主要来源于外在的荣誉与报酬,而非来源于事业本身。在组织内没有强大的使命感,缺乏内驱力;满足于现状,不愿意冒险,严于待人,宽于律己。
A+0	有较强的自我实现意识,愿意接受挑战,有一定的使命感,对自己有较高的标准,对于出色完成任务取得工作成果有较强烈的渴望。
A+1	始终把搞好经营管理、创造更好的成就作为自己的奋斗目标。渴望成功,喜欢迎接挑战,不断追求卓越。在工作上执着追求,近似工作狂;不满意现状,总是希望把事情做得更好。
A+2	追求事业的巅峰,执着追求事业近乎偏执,对自己及员工要求极高,渴望追求完美。

(四) 绩的素质

1. 计划制订

定义:能够精准地确定任务或者项目的时间长度及困难程度,设定务实且清晰、可度量的任务目标,设置完成任务的先后顺序,预估可能出现的阻力并制订应对突发事件的预案,以保证任务的顺利完成,见表3-38。

表 3-38　计划制订的行为等级评量表

等级	行为描述
A-1	很少能及时确定任务或者项目的时间长度以及困难程度，不能设定务实且清晰、可度量的任务目标，不能设置完成任务的先后顺序，不能预估可能出现的阻力并制订应对突发事件的预案，无法保证任务的顺利完成。
A+0	能确定任务或者项目的时间长度以及困难程度，设定务实且清晰、可度量的任务目标，能设置完成任务的先后顺序，并预估可能出现的阻力并制订应对突发事件的预案，以保证任务的顺利完成。
A+1	较好地确定任务或者项目的时间长度以及困难程度，设定务实且清晰、可度量的任务目标，科学地设置完成任务的先后顺序，准确预估可能出现的阻力并制订应对突发事件的预案，以保证任务的顺利完成。
A+2	精准地确定任务或者项目的时间长度以及困难程度，设定务实且清晰、可度量的任务目标，科学地设置完成任务的先后顺序，准确预估可能出现的阻力并制订应对突发事件的预案，以保证任务的顺利完成。

2. 业务支持

定义：能结合组织实际，研究应对预案，提供业务方法技巧方面的指导、相关技术及后勤支持，努力将本部门建设成为下辖各业务单位强大的技术后盾的能力。

角色定位：通过领导行为及其影响力对所管辖部门进行业务支持。

服务意识：积极引导部门成员树立服务意识，努力提供更积极、更专业、更高效的业务支援，关注下辖相关部门及人员的需求，提升其满意度。

钻研业务：关注业内动态，及时进行观念及技术更新，分析预测各种可能出现的新情况，结合本企业实际，研究应对预案，努力将本部门建设成为下辖各业务单位强大的技术后盾。

指导与培养：提供方法和技巧方面的指导，使业务得以顺利开展。同时重视经验的传授与分享，将推动下辖相关单位业务骨干的培养和人才储备，作为重要的工作任务之一，见表 3-39。

表 3-39　业务支持的行为等级评量表

等级	行为描述
A-1	对业务支持不重视，对于下辖的子公司及其员工缺乏服务意识。对于业内新的动态、新技术更新停留在基础层面，很多新技术没有结合公司自身情况，组织培训目标不明确。对下辖的子公司无法提供业务上和技术上最好的支持。

续表

等级	行为描述
A+0	能初步把握好管理、服务、协作之间的尺度，对业务支持比较重视，对于下辖的子公司有较好的服务意识。努力将公司的战略意图传递给子公司；跟踪前沿，能提供少量的前瞻性技术支持，协助各单位应对挑战。
A+1	明确自己的角色定位，能够把握好管理、服务、协作之间的尺度，能够帮助下辖的各单位领会公司的战略意图，澄清工作重点；能够把为下属部门提供更好的专业支持作为自己和团队的工作目标。跟踪前沿，能够提供一定的前瞻性技术支持，帮助下辖各单位应对新的挑战，通过组织专业培训等，积极帮助地市分公司培养和储备专业技术力量。
A+2	业务方面的专家，具有十年以上的工作经验，能够结合企业实际，研究应对预案，能对下属部门以及子公司提供强大的业务方法技巧方面的指导、相关技术以及后勤支持，使得本部门成为下辖各业务单位的强大技术后盾。

3. 制度优化

定义：指能够分析和洞察组织内部管理制度中的缺口和薄弱环节，并有针对性地通过制度的建设、补充，不断优化企业管理制度体系，提升和强化行政管理效力。

制度意识：对企业管理制度的功能、作用机制和结构有全面的认识和深刻的理解，有通过建立规范的制度来提高组织运作效率的意识。

制度知识：对国内外先进企业的管理制度有广泛的了解，探究各种管理制度的原理、作用及其优劣所在。

组织分析：密切关注企业内外部各种因素对企业运作的影响，及时了解与掌握组织管理运作制度的缺口和不尽如人意的地方。

制度完善：根据执行情况对制度进行客观的评估，对有缺陷或因工作任务的变化而需要改进的制度，及时进行修改、补充或重建，保持行政管理工作正常、高效地开展，见表3-40。

表3-40 制度优化的行为等级评量表

等级	行为描述
A-1	对于企业的制度认识不足，对于国内外先进企业的制度很少了解；对于企业管理运作制度的缺陷不闻不问，没有制度完善的责任感。

续表

等级	行为描述
A+0	对于企业的制度有一定的认识,学习过不少国内外先进企业的制度,能加以借鉴学习。能够通过制订相关制度,规范制度,提高效率,对于公司制度中存在的问题,积极地加以修改与完善。
A+1	能够通过制订相关制度,逐步规范工作与流程的方法,提高工作效率。能够对其他企业的做法加以借鉴学习,能够在工作中留意制度缺陷和漏洞,积极反馈,便于制度的及时完善。在实施某项制度时,能领会制度的主旨,并根据本部门的实际情况,因地制宜地实行。
A+2	敏锐的洞察力、卓越的分析能力,能够分析和洞察组织内部管理制度中的缺口和薄弱环节,并有针对性地通过制度的建设、补充,不断优化企业管理制度体系,提升和强化行政管理效力。

4. 指导与监督

定义:注重工作品质,适时审视工作进展,有效监督执行过程中的关键节点和重点难点,通过指导和监控尽力防范、降低、控制不确定因素的发生发展,以确保工作过程始终指向既定目标要求,见表3-41。

表3-41 指导与监督的行为等级评量表

等级	行为描述
A-1	缺乏质量意识,不遵守工作流程与步骤。安排下属工作后,不管不问,放任自流。对经常出错的环节不敏感,不做重点监控或预防。
A+0	严格遵守工作流程与步骤,通过指导确保工作达到应有的品质要求,对自己和下属工作结果的准确性进行严格把关,不接受不符合质量要求的工作结果。认真检查自己和团队成员工作中可能出错的环节,遇到质量问题或突发事件,马上采取措施进行纠正或补救。
A+1	建立客观、明确的质量标准,准确识别可能影响工作质量的关键环节,进行指导和重点监控,建立并不断完善关键任务控制流程,通过程序性、规范性的控制手段,消除工作中可能出现的质量风险。对关键细节加以额外关注,提高全流程的可控性,努力保证品质的稳定性。
A+2	对整体工作流程进行梳理,根据流程特点设置一系列的质量控制点并进行指导,保证全流程的可控性,系统分析影响工作质量的根本原因,建立质量提升计划,对有助于完善工作质量的关键环节进行重点攻关。对影响工作品质的流程进行论证和优化,不断完善并建立与工作质量相关的管理制度。

5. 注重绩效

定义：以结果作为衡量工作成效的主要依据，重点关注提高绩效、实现目标和产出结果。

设置目标：为自己、下属和组织设定清晰、可衡量的、具有挑战性的工作目标。

跟踪绩效：密切关注目标的实现状况，掌握工作进展。

提升绩效：主动寻找影响绩效的问题和机会，寻求提升绩效的方法。

评价绩效：以可衡量的业绩为主要依据对员工进行绩效评价，见表3-42。

表3-42 注重绩效的行为等级评量表

等级	行为描述
A-1	对业绩漠不关心，固步自封，不愿意积极进取，对下属的评价根据自己的喜好而不是业务好坏。
A+0	对业绩比较关注，努力提高自己的业绩，能为下属制定可衡量的、具有挑战性的工作目标，并加以督导，强调业绩的重要性。
A+1	具有不甘于人后、勇往直前、不断创造佳绩的决心和勇气。督促下属就工作进展及时反馈，明确确定任务的完成时间和标准，能够经常强调工作表现在绩效考核中的重要性。
A+2	以业绩为衡量结果的标准，工作重心始终在提高绩效、实现目标与产出结果上，经常性地主动寻找影响绩效的问题和机会，寻找改进绩效的办法。

6. 注重团队建设

定义：清楚业务发展对人才的需求，科学选才，知人善用，有效激发下属的工作热情，大力培养人才，持续提升团队整体能力，以建立并巩固组织在人力资源方面的竞争优势。

注重团队建设表现为：为提升团队整体能力而合理选人、育人、用人、激励人的意识和行为。

· **基层**：它不仅强调要主动关心下属、培养下属，更倡导采取系统性的团队管理方法，来持续提升团队整体战斗力。

· **中层**：它不仅强调要善于激励下属，不断打造和提升团队的整体工作能力，更倡导有优化团队管理机制的意识，不断完善组织的人才梯队建设工作。

· **高层**：它不仅强调要结合集团战略需要，前瞻性地开展人才规划、储备与培育工作，更倡导要不断地优化组织人才管理机制，以建立和巩固组织在人力资源方面的竞争优势，见表 3-43。

表 3-43 注重团队建设的行为等级评量表

等级	行为描述
A-1	缺乏激励团队成员的意识，不注重与团队成员沟通与互动，团队士气低落，团队工作效率和工作质量低下。忽视团队成员成长的需要，甚至压制下属成长，缺乏有效的辅导培养措施，员工成长速度缓慢。在选用下属时，缺乏科学、公平公正的用人标准，根据自己的主观偏好、私人关系等任用人才。
A+0	经常与团队成员进行沟通，充分交流对彼此的期望和要求，增进相互理解，以保持团队向心力。通过职责赋予、集体表彰等方式认可团队成员的工作，使他们体验到尊重与价值感，提升团队工作热情。分析并发现下属的优势和不足，进行有针对性的辅导，促进团队成员成长。
A+1	根据公司的激励政策和制度，结合本部门特点和管理目标倾斜配置激励资源，利用各种机会让员工了解组织在行为层面上肯定什么、反对什么，树立清晰的激励导向。根据团队发展需要合理配置团队，制订系统的人才培养计划，提升团队的整体能力。
A+2	根据分管领域的发展规划，对现有的人才选拔、激励和培养机制进行系统性优化，在团队中持续地阐述和传递愿景，激发团队成员动力，引领成员将自身发展与组织长远发展相结合。系统考虑集团的长远发展需要，对人才需求进行前瞻性规划，并以此指导组织人才梯队的建设。

（五）廉的素质

定义：品行端正、廉洁自律，在思想和行为上严格要求自己，自觉践行社会对领导干部公认的行为标准，维护组织领导干部的良好形象。

它表现为在工作中以身作则、廉洁守纪、勤勉奉公的意识和行为，不仅强调领导者要以身作则、遵章守纪、公正廉明，更强调要用自身的实际言行为他人做出表率，弘扬正气，主动维护整个组织领导干部队伍的良好形象，见表 3-44。

表 3-44 廉政自律的行为等级评量表

等级	行为描述
A-1	不顾企业利益，收受商业贿赂，因公徇私，挪用和私吞公司资源，爱好低俗，不注重自身的品行修养，损害组织管理团队的整体形象。

续表

等级	行为描述
A+0	严格遵守公司对管理干部的各种章程、制度与纪律，在工作中以集体和组织利益为重，不谋私利。面对各种不良诱惑，能够在思想和行为上严格约束自己，不被腐化。
A+1	在工作中是非分明，处事公平公正，坚持公私分明的原则和立场，坚决抵制商业中的各种不道德行为。在自身分管领域内部建立"公正廉明"的氛围，保证所带领团队的良好对外形象。
A+2	将"廉洁"作为自己管理职业生涯的座右铭，注重用自己的实际言行来为他人树立榜样，积极向他人倡导"廉洁奉公"的精神，主动维护领导干部的良好形象。勇于制止和反对（或处罚）组织中存在的不良之风，敢于检举揭发他人的违纪行为。

第三节 领导素质测评

采用科学的方法，收集被测评者在主要活动领域中的表征信息，针对某一素质测评指标作出量值或价值的判断，对精准识别和合理选拔使用干部十分重要。

一、素质测评的基本原理

领导人才测评对支持领导者的发展及多个环节的人力资源管理业务（比如领导招聘、培训、配置、后备领导人才培养、绩效管理、激励等）都有着至关重要的作用。

（一）素质测评的概念

素质测评，是指测评主体从特定的人力资源管理目的出发，运用各种测量技术，收集受测人在主要活动领域中的表征信息，对人的素质进行全面系统的评价，以求对人有客观、全面、深入的了解，从而为人力资源开发和管理提供科学的决策依据。

素质测评的特点有：①人员素质测评主要是心理测量，而不是物理测量；②人员素质测评是抽样测评，而不是具体测量；③人员素质测评是相对测量，而不是绝对测量；④人员素质测评是间接测量，而不是直接测量。

素质是内在于人体之中的一种基质，是个体完成特定工作或活动所必须具备的基本条件与基本特点，它体现在每个人的行为和绩效之中。素质包括心理素质、品德素质、能力素质、文化素质、身体素质五个大的方面（见表3-45），也有人将它划分为德、识、才、学、体五要素。

表3-45 人员素质构成表

心理素质	人格	气质、需要与动机、兴趣与情感、态度、习惯、意志等。	它们相互作用，共同形成内在的精神动力，控制和调节着人员能力发挥的大小和方向、发挥程度和发挥功效。
	观念	世界观、人生观、价值观。	
	自我意识	自信心、自主性、自知度。	
品德素质	政治品质		
	思想品质		
	道德品质		
能力素质	智力	心理年龄、比例智商、离差智商。	它们相互作用，共同形成外在的物质上的牵引力，控制着人员可能发挥的能力。
	技能	是在多种素质基础上，经过实践锻炼形成的工作能力。	
	才能		
文化素质	知识素质	（1）知识量；（2）知识结构的合理性；（3）知识的更新程度。	
	经验素质	人的特殊的职业感觉力。	
	自学能力	掌握学习方法，能独立地提出、分析和解决问题。	
身体素质	体质	一部分是先天遗传，一部分是后天获得。	
	体力		
	精力		

（二）素质测评的理论基础

1. 岗位差异原理

岗位差异即不同岗位之间的非一致性，它是对企事业单位内部所有岗位按照工作性质、责任轻重、难易程度、所需资格条件等因素进行区分的结果。

2. *个体差异原理*

个体素质是在遗传、环境和个体能动性三个因素共同作用下形成和发展的。个体素质差异是人力资源素质测评存在的客观基础。

3. *人岗匹配原理*

所谓人岗匹配就是按照人适其事、事宜其人的原则，根据个体间不同的素质将其安排在各自最合适的岗位上，即保持个体素质与工作岗位的同构性，从而做到人尽其才、物尽其用。

4. *量化原理*

人员素质测评量化即用数学形式描述素质测评的过程，即把个体稳定的行为特征空间，与某一向量空间建立同态关系，使定性评定中不便综合处理的行为特征得到统一的数学处理。

二、现代人才测评的思想

(一) 近代心理测验的形成与发展

现代人才测评起源于西方，最早从心理学理论发展而来。心理学家通过大量的实验发现：人的内在特征有一定的稳定性，并能通过一定方式表现出来。心理学家运用科学手段对这些显现的特征进行量化描述，取得了成功。这就是人才测评的主要依据。

1879年，德国心理学家冯特设立了世界上第一个心理实验室。1884年，英国的高尔顿建立了"人体测量实验室"。1905年，法国的心理学家比奈和西蒙成功地编制了《比奈—西蒙量表》，用来鉴别学习落后的儿童。

目前，对人格方面的研究形成了六大理论流派：弗洛伊德的精神分析流派、奥尔波特的特质流派、艾森克的生物学流派、罗杰斯的人本主义流派、华生的行为主义与社会学习流派以及凯利的认知流派。

(二) 现代人才测评技术的发展

评价中心被认为最早起源于德国。1929年德国建立起一套用于挑选军官的多项评价程序，包括：①书面测验智力测评；②任务练习；③指挥系列练习；④对候选人面谈了解；⑤对五官功能和感觉运动协调进行系统测验等。

"二战"期间，英国在模仿德国评价中心的基础上成立了陆军部评选委员会。评价练习时把候选人置于更现实的环境中，包括小组讨论和体力任务等。

第二次世界大战时，人才测评曾被用以对军人的选拔，并取得满意效果，在得到合格人才的同时，也节省了以前因淘汰率高而付出的大量额外费用。

20世纪50年代，美国电话电报公司曾对几百名管理人员候选人进行测试，随后将结果密封，8年后对直接提升经理者进行核对，结果有64%在预测之内。根据调查分析，各种选拔方式的正确性为：凡采取任意提拔方式的，正确性仅有15%；经过经理部门提名的，正确性为35%；采取经理部门推荐结合测评结果的，正确性高达76%。可见人才测评确有其他评价手段难以企及的成效。

（三）现代人才测评的内容

现代人才测评主要是查测以下的内容：

1. 知识

知识是人们在改造世界的实践中所获得的认识和经验的总和，包括一般知识和专业知识。一般知识是各行各业所需的基本知识，如计算能力、外语读写、文史知识、电脑运用等。专业知识是从事某种行业所必需的特殊知识和技能。

2. 品质

品质是一个人在行为和作风上所表现出来的思想和品性的本质。处在社会中的每个人都要受到社会道德的规范，但这种规范常常会和个人的欲望产生冲突，在某些情境下，是从个人利益出发，还是从社会利益出发，反映了一个人的道德水准。组织雇用人存在的风险很多来自个人的品质。

3. 性格

性格是表现在人的态度和行为方面的较为稳定的心理特征。性格是在一个人的生理素质基础上，结合社会实践活动而逐渐形成、发展和变化的。性格既有发展的一面，又有相对稳定的一面。

性格决定着一个人的合作态度、工作态度、处事态度和职业趋向。性格是人的原始动力，无论是组织选人还是个人职业生涯规划都离不开对性格的了解。

4. 能力

能力是顺利完成某种活动所必须具备的心理特征。它是先天遗传素质和后天学习及实践结合而逐渐形成发展起来的。人的一般能力分为思维力、记忆力、观察力和想象力。它们是人们所共同具有的，但每个人强弱程度不一样。

5. 兴趣

兴趣是人对某种事物或活动积极探索的倾向，规定了对感兴趣事物优先注意的方向，并伴随一种愉悦的情绪。这种倾向是在社会实践活动中发展起来的，成为个人心理的稳定特征。

6. 价值观

人的价值观是个人对客观事物和自己行为意义的评价。价值观决定了一个人选择干什么，应该干什么。人的价值观是建立在个人需求的基础上，因此从职业角度来说，存在着一个为什么而工作的动机问题。有的人工作仅为了追求个人的生理需求；有的人工作是为了追求与人相处，渴望群体交流；还有的人工作是为了追求个人的成功，实现自我价值。

7. 情商

情商（EQ）又称情绪智力，它主要是指人在情绪、情感、意志、耐受挫折等方面的品质。情商主要反映一个人感受、理解、运用、表达、控制和调节自己情感的能力，以及处理自己与他人之间的情感关系的能力。学者戈尔曼提出了著名的情绪智力理论，他认为人的情绪智力包括了解自我情绪、管理自我情绪、激励自我情绪、识别他人情绪和处理人际关系。

情商的水平不像智力水平那样可用测验分数较准确地表示出来，它只能根据个人的综合表现进行判断。查测情绪智力对人的后续工作绩效影响很大。

(四) 现代人才测评的方法

1. 履历档案分析

履历档案分析是根据履历或档案中记载的事实，了解一个人的成长历程和工作业绩，从而对其人格背景有一定的了解。使用个人履历资料，既可以用于初审个人简历，迅速排除明显不合格的人员，也可以根据与工作要求相关性的高低，事先确定履历中各项内容的权重，把申请人各项得分相加得出总分，根据总分确定选择决策。这种方法用于人员测评的优点是较为客观，而且低成本，但也存在几方面的问题，比如履历填写的真实性问题，履历分析的预测效度随着时间的推进会越来越低，履历项目分数的设计是纯实证性的，除了统计数字外，缺乏合乎逻辑的解释。

2. 纸笔考试

纸笔考试主要用于测量人的基本知识、专业知识、管理知识、相关知识以及综合分析能力、文字表达能力等素质及能力要素。纸笔考试在测定知识面和思维分析能力方面效度较高，而且成本低，可以大规模地进行施测，成绩评定比较客观，往往作为人员选拔录用程序中的初期筛选工具。

3. 心理测验

心理测验就是通过观察人的少数有代表性的行为，对贯穿在人的全部行为活动中的心理特点做出推论和数量化分析的一种科学手段。心理测验是对胜任职务所需要的个性特点能够最好地描述并测量的工具，被广泛用于人事测评工作中。

它又分为标准化测验和投射测验。标准化的心理测验一般有事前确定好的测验题目和答卷、详细的答题说明、客观的计分系统、解释系统、良好的常模以及测验的信度、效度和项目分析数据等相关的资料。通常用于人事测评的心理测验主要包括智力测验、能力倾向测验、人格测验、其他心理素质测验，如兴趣测验、价值观测验、态度测评等。标准化的心理测验同样具有使用方便、经济、客观等特点。投射测验主要用于对人格、动机等内容的测量，它要求被测试者对一些模棱两可或模糊不清、结构不明确的刺激作出描述或反应，通过对这些反应的分析来推断被试者的内在心理特点。但投射测验在计分和解释上相对缺乏客观标准，对测验结果的评价带有浓重的主观色彩，对主试和评分者的要求很高，一般的人事管理人员无法直接使用。

4. 面试

面试是通过主试与被试双方，面对面的观察、交流等双向沟通方式，使应聘者能够了解到更全面的组织信息，更是组织了解应聘者的素质状况、能力特征以及应聘动机等信息的一种人员测评技术。面试的特点是灵活，获得的信息丰富、完整和深入，但是同时也具有主观性强、成本高、效率低等弱点。

5. 情景模拟

情景模拟是通过设置一种逼真的管理系统或工作场景，让被试者参与其中，按测试者提出的要求，完成一个或一系列任务。在这个过程中，测试者根据被试者的表现或通过模拟提交的报告、总结材料为其打分，以此来预测被试者在拟聘岗位上的实际工作能力和水平。情景模拟测验主要适用于管理人员和某些专业人员。常用的情景模拟测验包括：

（1）文件筐测验。

文件筐测验是要求被测对象充当某一岗位的角色，它将实际工作中可能会碰到的各类信件、便笺、指令等放在一个文件筐中，要求被试者在一定时间内处理这些文件，相应地作出决定、撰写回信和报告、制订计划、组织和安排工作，旨在考察被试者的敏感性、工作独立性、组织与规划能力、合作精神、控制能力、分析能力、判断力和决策能力等。

文件筐测验的优点是，其主要是针对管理方面的能力考察，包括计划、组织、预测、决策、书面沟通等能力，这些是组织管理团队的核心能力，对于组织可持续发展力的保持和提升具有重大意义。五大能力的考察是文件筐测验关注的焦点。其具有较高的表面效度，有较好的信度和效度，能够有效地鉴别出不同群体的管理潜力。缺点是：文件筐测验题目编制比较困难，测验时间长，而且成本较高；且评分专业性强、主观性大；文件筐测验的使用对评价中心具有依赖性。

文件筐测验主要用于选拔领域，除此之外也被广泛应用于领导行为、培训、决策、压力管理、组织文化等诸多领域。适用对象是中、高层管理者。

（2）无领导小组讨论。

所谓无领导小组讨论就是将6~8名被评价对象组成一个小组，围坐在一张不分主次的圆桌前，就某一指定问题展开自由讨论。讨论小组不指定谁来主持，即没有领导者，彼此地位平等。考评者通过对被测对象在讨论中的综合表现来对他们作出相应的评价。

无领导小组讨论的优点有：互动性、比较性、真实性。无领导小组讨论的不足是：测评成本高，专业性要求高，对内向型人不利。

（3）管理游戏。

以游戏或共同完成某种任务的方式，考察小组内每个被试者的管理技巧、合作能力、团队精神等方面的素质。

（4）角色扮演。

测试者设置一系列尖锐的人际矛盾和人际冲突，要求被试者扮演某一角色，模拟实际工作情境中的一些活动，去处理各种问题和矛盾。情景模拟测验能够获得关于被试者更加全面的信息，对将来的工作表现有更好的预测效果，但其缺点是对于被试者的观察和评价比较困难，且费时。

6. 评价中心技术

严格来讲，评价中心是一种程序，而不是一种具体的方法；是组织选拔管理人员的一项人事评价过程，不是空间场所、地点。它由多个评价人员针对特定的目的与标准，使用多种主客观人事评价方法，对被试者的各种能力进行评价，为组织选拔、提升、鉴别、发展和训练个人服务。评价中心的最大特点是注重情景模拟，且将多种测评方法有机结合，具有较高的信度和效度，得出的结论质量较高。但与其他测评方法比较，评价中心需投入很大的人力、物力，且时间较长，操作难度大，对测试者的要求很高。

现代人才测评理论认为：人的行为和工作绩效都是在一定的环境中产生和形成的。对人的行为、能力、绩效等素质特征的观察与评价，不能脱离一定的环境。所以，要想准确地测评一个人的素质，应将其纳入一定的环境系统中，观察、分析、评定被试人的行为表现及工作绩效，从而考察其全面素质。

三、素质测评指标体系的构建

（一）测评指标的构成

人员素质测评指标是对受测者素质特征状态的一种表现形式，单个的人员素质测评指标反映人员考评对象某一方面的特征状态，而由反映受测者各个方面特征状态的指标所构成的有机整体或集合，就是人员素质测评指标体系。

人员素质测评指标＝测评要素＋测评标志＋测评标度

测评要素＝测评对象的基本单位

测评标志＝揭示测评要素的关键可辨特征

测评标度＝测评要素或要素标志的程度差异与状态的顺序和刻度

1. 测评要素的构成

测评要素反映受测者各个方面的素质内容，它因岗而异。如公务员的测评要素一般采用德、能、勤、绩模式。

"德"的测评要素主要是指是否加强自我修养，经常主动学习政治理论和业务知识，不断提高自身思想道德素质，保持高尚的品德和政治觉悟。也有研究进一步将此因素细化为理论修养、政治修养、道德修养、纪律修养、作风修养等分指标。"能"的测评要素主要是指独立处理和解决问题的能力，对领导及管理者而言主要是决策、指导、管理和协调能力等。"勤"的测评要素主要是事业心，责任心，工作态度情况等。"绩"的测评要素主要是完成工作任务的效率和效果情况等。"廉"的测评要素主要是廉洁奉公情况等。

2. 考评标志的形式

（1）评语短句式。它针对所考评的要素，作出优劣、好坏、是非、大小、高低等判断与评论的句子。

（2）设问提示式。这种指标是以问题形式提示考评者来把握考评要素的特征。从表 3-46 的示例中可以看出设问提示式的主要特点。

表 3-46　设问提示式标志示例

考评要素	考评标志	考评标度				
		优	良	中	可	差
合作性	1. 合作意识怎么样？ 2. 见解、想法不固执吗？ 3. 自我本位感不强吗？					

（3）方向指示式。在这种考评标志中，只规定了从哪些方面去考评，并没有具体规定考评的标志与标度，而是让考评主体自己去把握。显然这是一种方向指示式标志。从表 3-47 的示例中可以看出方向指示式的主要特点。

表 3-47　方向指示式考评标志示例

考评要素	考评标志	考评标度
领导经验	主要从被查测对象所从事的领导工作的年限、熟悉程度、有无成果等方面进行考评	根据具体情况把握

3. 考评标度的形式

（1）量词式标度。

（2）等级式标度。

（3）数量式标度。这种标度是用分数来揭示考评标志水平变化的一种刻度。它有连续型与离散型点标式两种。表 3-48 是离散型点标式标度示例，表 3-49 是连续型点标式标度示例。

表 3-48　离散型点标式标度示例

考评要素	考评标志	考评标度
领导洞察力	能抓住实质，分析透彻 接触实质，分析较透彻 抓不住实质，分析不透彻	10 分 5 分 0 分

表 3-49　连续型点标式标度示例

考评要素	考评标度				
	4.5~5 分	4~4.4 分	3.5~3.9 分	3~3.4 分	3 分以下
合作性	合作无间	肯合作	尚能合作	偶尔合作	我行我素

（二）确定考评要素的基本方法

1. 工作分析法

工作分析是采用科学的方法收集工作信息，并通过对其分析与综合找出主要工作因素，其实质就是要从不同个人职业生涯与职业活动的调查入手，顺次分析员工、职务、职位、职责、任务与要素的过程，并由此确定工作的性质要求与任职条件。

2. 个案研究法

个案研究法是指对某一个体、群体或某一组织在较长时间里连续进行调查研究，并从典型个案中推导出普遍规律的研究方法。

3. 专题访谈法

专题访谈的交谈内容主要围绕下述三个问题展开：①你认为具备什么条件的人最适合担任××职务？②××职务工作的主要特点是什么？③××职务的工作成效检验的主要指标是什么？

4. 问卷调查法

这种方法就是设计者根据需要，把要调查的内容设计在一张调查表上，写好填表说明和要求，分发给有关人员填写，收集和征求不同人员意见的一种方法。

（三）测评指标体系建构的步骤

人员素质测评指标体系的设计与建构是一个系统工程。图 3-4 表示了测评指标体系建构的程序。

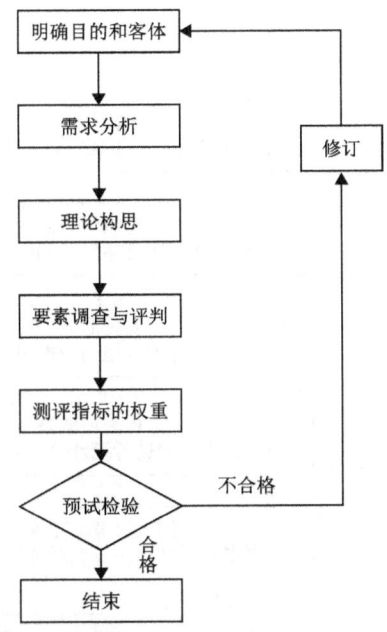

图 3-4　指标体系设计与建构程序

（1）明确测评的客体与目的。
（2）进行需求分析。
（3）理论构思。
（4）要素调查与评判。
（5）确定测评指标的权重。
（6）预试检验修订。测评要素初步设计出来后，在小范围内试验，这叫量表预试。预试后应着重对要素进行分析、论证、检验并不断修订，最后形成一个客观、准确、可行的测评指标体系，以保证大规模测评的可靠性和有效性。

四、素质测评的实施

实施测评操作的程序如下：
（1）确定测评内容；
（2）确定测评的基本形式和测评工具；
（3）测评的实施与数据采集；

(4) 分析测评结果；
(5) 根据分析做出决策或建议；
(6) 跟踪检验和反馈。

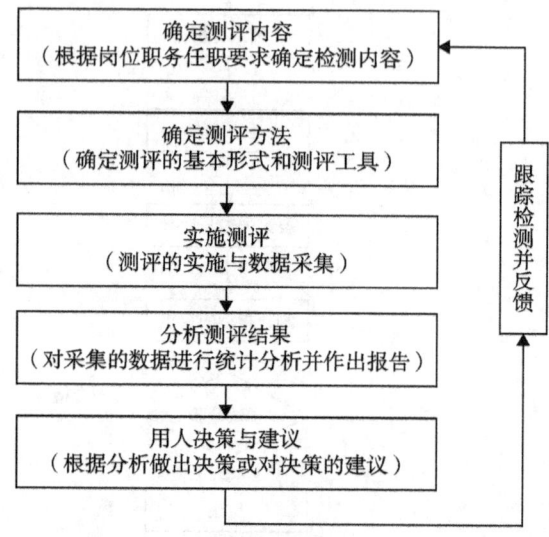

图 3-5　人员素质测评流程

第四章 中华传统文化对提高领导力的借鉴

在我国，一个优秀的领导者必须通晓中国传统文化，每一种领导风格都会打上文化影响的烙印，所以必须要从国情出发，从历史演变的过程中把握思维规律，将中国传统文化中的领导思想应用到现代领导中，这就需要运用辩证的政治思维来实现。毛泽东说过："学习我们的历史遗产，用马克思主义的方法给予批判的总结，是我们学习的另一种任务。我们这个民族有数千年的历史，有它的特点，有它的许多珍贵品。对于这些，我们还是小学生。"[1]

领导主体要根据领导环境和领导客体的实际情况实现既定目标，中华传统文化思想对提高领导者的领导力有一定启发意义。

第一节 领导者识人的思路

一、《道德经》中的识人观

（一）《道德经》中评判人类行为的道德标准

《道德经》第八十一章里说："信言不美，美言不信。善者不辩，辩者不善。知者不博，博者不知。圣人不积，既以为人，己愈有；既以与人，己愈多。天之道，利而不害。圣人之道，为而不争。"[2]

翻译过来就是：真实可信的话不漂亮，漂亮的话不真实。善良的人不巧说，巧说的人不善良。真正有知识的人不卖弄，卖弄自己懂得多的人不是真

---

[1] 毛泽东. 毛泽东选集：第 2 卷 [M]. 北京：人民出版社，1991：533-534.
[2] 刘康德. 老子鉴赏辞典 [M]. 文通版，上海：上海辞书出版社，2017：139.

有知识。圣人是不存占有之心的，而是尽力照顾别人，他自己也更为充足；他尽力给予别人，自己反而更丰富。自然的规律是让万事万物都得到好处，而不伤害它们。圣人的行为准则是，做什么事都不与别人争夺。

(二)《道德经》中评判识人标准的现代意义

《道德经》第八十一章里前三句讲人生的主旨，后两句讲治世的要义，这一章含有朴素的辩证法思想，是评判人类行为的道德标准。老子在此试图说明某些事物的表面现象与其实质往往并不一致。这之中包含有丰富的辩证法思想，是我们识人过程中可以借鉴的思路。

1. 信言不美，美言不信

《吕氏春秋·壅塞》中讲述了这样一则故事：齐宣王喜欢射箭，因别人说他能用强弓而高兴。其实他平常所用过的弓也不过三石而已。他把弓拿给手下人看，手下人都尝试拉开弓，只拉到一半就停止了，都说这弓的力量不止九石，不是大王，谁能用它呢？以宣王的能力，所用的弓也不过三石，而自己一直认为用的是九石的弓，这难道不可悲吗？正直的人不会奉承君主，世上正直的士人，数量少，抵挡不住阿谀奉承的人太多了，所以祸乱国家的君主，祸患存在于把三石当作九石。阿谀奉承的人是可耻的，听信阿谀奉承的人是可悲的。

2. 善者不辩，辩者不善

好争辩的人会耍嘴皮子，是嘴上的功夫。这种人或是好胜心强，或是掩饰行动能力上的不足，争强好胜或为过失寻找借口托词。这种人往往不会给他人留情面，或是自尊心太强，所以不是泛泛之辈。再者，嘴上的功夫不能替代手脚的行动。语言是门艺术，最好是结合行动，还是少做争辩，多做实事为好。所以要远离"嘴尖皮厚腹中空"的人。

3. 知者不博，博者不知

智者也只能专精少数方面，研究太多领域的人不可能达到智者的程度。就是说知道很多的人往往觉得自己知道的很少，最后只能专注于少数特别擅长的领域，而那些认为自己什么都知道的人往往只停留在粗浅的层次上，还特别喜欢卖弄。现实社会中到处都有这样的人，他能不分场合、不分对象，只要一有机会就开始卖弄，这样的人也常常被人们所鄙视和排斥。

4. 圣人不积，既以为人，已愈有

《道德经》曰："圣人不积，既以为人，已愈有；既以与人，已愈多。"

这句话意思是圣人是不存占有之心的,而是尽力照顾别人,他自己也更为充足;他尽力给予别人,自己反而更丰富。这是做人智慧的体现,在帮助别人时,不能看作一个单向的付出,因为做这些事情时,在帮助别人解决了实际问题的同时,自己也从这个过程中享受到了帮助他人的乐趣,在他人中给自己树立了好口碑,得到他人的好感和拥戴,这些就是做这件事的意义所在。当一个人设身处地为他人着想,并以此催动自己的行动,愿意成全他人时,那么,他迟早会得到他人相应的回报。这种人是各类组织都很欢迎的高品德高素质人才。

二、《论语》中的识人观

(一) 孔子的识人法

《论语·为政第二》曰:"子曰:视其所以,观其所由,察其所安,人焉廋哉?人焉廋哉?""子曰:君子周而不比,小人比而不周。"❶

孔子说:"要了解一个人,应看他言行的动机,观察他所走的道路,考察他安心干什么,这样,这个人怎样能隐藏得了呢?这个人怎样能隐藏得了呢?"这里主要讲如何了解别人的问题。孔子认为,对人应当听其言而观其行,还要看他做事的心境,从他的言论、行动到他的内心,全面了解观察一个人,那么这个人就没有什么可以隐瞒得了的。

孔子说,君子合群而不与人勾结,小人与人勾结而不合群。孔子在这一章中提出君子与小人的区别之一,就是小人结党营私,与人相勾结,不能与大多数人融洽相处;而君子则不同,他胸怀广阔,与众人和谐相处,从不与人相勾结,这种思想在今天仍不失其积极意义。

(二) 孔子的识人法的现代意义

1. 考察人的品德

孔子强调"视其所以,观其所由,察其所安",来对人的道德进行考察。人的各种行为,必有其用意,应看他言行的动机,观察他所走的道路,考察他安心干什么,这样,这个人怎样能隐藏得了呢?"所以",就是用以引发行为的动机,动机有正有邪。动机纯正者,其人必富于仁德;而动机邪恶者,必是寡德之人。

---

❶ 孔子. 论语 [M]. 2版. 张艳国,注译. 武汉:崇文书局,2015.

2. 考察人的才干

"观其所由"则是考察人是否有正义及处事能力如何两个方面。纯正的动机必须辅以适当的手段才能得到善果。如果一个人不能以正确的手段去达到目的，必定是个没有道义之人，同时，通过一个人做事时的所作所为，也可以清楚地看出一个人的才干和能力。

3. 考察人的言行

"察其所安"是指要考察其习惯和言行。人的善恶贤愚不能仅凭少数行为速予论定，因此，应在考察其行为、动机、手段及结果之后，再进一步对其进行长期细微的各方面考察，这样，其人格就无所遁形了。

三、《庄子》中的识人术

（一）庄子的识人"九征"法

《庄子·列御寇》里记载，孔子曰："凡人心险于山川，难于知天。天犹有春秋冬夏旦暮之期，人者厚貌深情。故有貌愿而益，有长若不肖，有顺懁而达，有坚而缦，有缓而釬。故其就义若渴者，其去义若热。故君子远使之而观其忠，近使之而观其敬，烦使之而观其能，卒然问焉而观其知，急与之期而观其信，委之以财而观仁，告之以危而观其节，醉之以酒而观其则，杂之以处而观其色。九征至，不肖人得矣。"[1]

识人有"九征"，即九种方法：君子派人到远处任职而观察他们是否忠诚，让人就近办事而观察他们是否恭敬，让人处理纷乱事务观察他们是否有能力，对人突然提问观察他们是否有心智，交给他们期限紧迫的任务观察他们是否守信用，把财物托付给他们观察他们是否清廉，把危难告诉给他们观察他们是否持守节操，用醉酒的方式观察他们的仪态，用男女杂处的办法观察他们对待女色的态度。上述九种表现一一得到证验，不好的人也就自然挑拣出来。

（二）庄子的识人法的现代意义

庄子借孔子之口说明识人之难，庄子分别从忠诚、敬慎、能力、智识、信誉、廉洁、节操、仪态、人际九个标准来遴选人才。

---

[1] 庄周. 庄子译注 [M]. 李玉峰，李翙赫，注译. 南昌：百花洲文艺出版社，2010：324-325.

1. 远使之而观其忠

忠诚，从古至今都是为官之人必备的品质之一。在中国古代社会，"忠"指尽忠于自己的上司、君王。而庄子的"远使之而观其忠"，是指权力中心有意疏远、冷落考察对象，看他是否依旧忠心耿耿，会不会立马牢骚满腹，由此观察他的忠诚度。在无人严加监督的情况下，观察他的行动，可判断他是否忠诚。只有君子才能在无监督的环境下正确地行事，而小人一旦无人监督就会放肆，胡来乱动，把他对上司的诺言置于脑后，放纵自己。

2. 近使之而观其敬

与"远使之"相对，庄子还有一个"近使之"的考察策略，即与考察对象近距离接触，建立私交，观察他是否还能保持应有的礼仪与尊敬，是否就由"对事负责制"变为"对人负责制"，是否会进一步发展为恃宠而骄、得意忘形。派到领导身边工作，天天与领导共处，形影不离，逐渐没有了拘束和顾忌，便于考察他是否恭敬。修养差的人一旦和领导混熟，就失去了恭敬之心，开始对上司和周围人轻慢无礼，不守规矩。

3. 烦使之而观其能

庄子的"烦使之而观其能"，即给考察对象安排很多有挑战性的工作，看他能否游刃有余，借以观察其工作能力。在情况复杂的时候，派他去处理难办的事，可考察出他的能力。人人都不会承认自己无能，这是一个惯例。日常事务人人皆可完成，区别不出谁是英雄谁是狗熊。只有当危急关头，让他去执行，马上就能看出一个人能力的大小。诸葛亮选定的接班人费祎就是一位能人。当时蜀国正值征战多事之秋，公务繁杂琐碎。费祎担任尚书令，见识过人，且有过目不忘之能。他常在早晨和傍晚处理公事，听取大家意见，中间接待宾客，宴饮娱乐，使人人尽兴而公事井井有条。除了天赋异禀，这也是个人修养的结果。

4. 卒然问焉而观其知

突然向考察对象提出其职责范围内的问题，看他是否胸怀全局、应付裕如，可以考察其对分管工作的了解程度及相应的分析归纳概括能力。平常按部就班、四平八稳的工作流程难以显示一个人是否具有真才实学，只有猝不及防地给他提出问题，看一看他的反应，智与不智立刻一目了然。历史上"卒然问焉"对官员加以突击式考察的事例有很多。公元前179年，汉文帝突然问右丞相周勃：全国一年内判决案件有多少？周勃谢罪说不知道。文帝又问：一年内全国钱谷收入有多少？周勃又谢罪说不知道。紧张和惭愧之下，周勃汗流浃背。作为领导干部，在自己的职责范围内，每出现一个新情况可以说都是一种"卒问"。只有对所负责的工作有详尽细致的关注了解，才能应对来自各方的"卒问"。

5. 急与之期而观其信

"信"，是中国传统文化中重要的价值观，诚信从来为立政之本。不仅儒家提出"上好信，则民莫敢不用情"，法家对诚信立政的作用也很重视，所谓"小信成则大信立，故明主积于信"，战国时商鞅就强调以诚信强国利民。"急与之期而观其信"，意即仓促与考察对象约定时间，来观察他的守信程度。古代交通不发达，因此"急与之期"，再看他能不能按时赴约，是检测个人信用的一种方法。在紧急的情况下和他相约，看他是否守信。平时人们都会信誓旦旦，很难看出一个人是否真正守信用。只有在情况紧急、需要付出较大代价在规定时间到指定地点会合，才能考验出一个人是否真正守信用，是否值得信赖。

6. 委之以财而观其仁

"仁"在此处是廉洁的意思。古语云：公生明，廉生威。廉洁与否还会影响干部的公信力和威望。对此，庄子的考察是"委之以财而观其仁"，即安排其管理财物。当一个人无法接近财物时，都可轻易地标榜自己是清廉之士，也无从了解他到底是贪是廉。只有让他接近钱财，才能考验他会不会损公肥私。

7. 告之以危而观其节

庄子的"告之以危"，即是将考察对象置于某种危难处境中，以观察其是否能临危不惧、处变不惊、持守节操。"岁寒，然后知松柏之后凋也"，只有告诉一个人让他去赴汤蹈火，面对艰难险阻，乃至有生命危险，才能考验一个人是否有高尚的节操和临危不屈、视死如归的大丈夫气概。戊戌变法失败后，慷慨赴刑的谭嗣同是这么说的："各国变法，无不因流血而成。今日中国未闻有因变法而流血者，此国之所以不昌也。有之，请自嗣同始。"❶ 这里，"节"完全是一种置生死于度外、甘愿为理想而献出生命的高贵情操了。

8. 醉之以酒而观其侧

让考察对象喝醉酒，然后观察他的行为仪态。一个人内在感情有所变化的时候，会在情貌上有所表现，如或怒或笑等。而庄子以酒醉将人对自身有

---

❶ 徐奉臻，等．"中国近现代史纲要"要点难点理论与实践问题析微［M］．北京：中国社会科学出版社，2010：93-94．

意无意的伪饰尽量解除，还原其本真状态。酒能乱性，酒后吐真言，让一个人醉酒，来看一看他是否守规矩，考察他能否克制自己的欲望，按原则、礼义做事，借以观察他平时不能显现的真实情志，从而对他的为人、仪表等作出接近本质的判断。这种考察方式可见庄子对人性体察之微。

9. 杂之以处而观其色

"色"，本义是脸色。察言观色，可以考察一个人的世界观、人生观和价值观。这一方法是让考察对象和各式各样的人相处，通过他的面部表情考察其处理人际关系的能力。也有说让他男女杂居，与异性充分接触，不限制其行动范围，来考察一个人是否好色，是否有正确的婚恋道德观。

综上言之，"九征"之法即将人放在九种情境中观其表现，察其人品，识其能力，从而完成对人才的综合考察。而这九种考察策略都是基于对人性的深刻认知之上的，全面且有针对性。

四、《吕氏春秋》中的"八观六验"

（一）"八观六验"识人

《吕氏春秋·卷三·季春纪·论人》里有一段话大概讲的是以下意思：人们同是一类，但智力不同，贤能的人和奸邪的人不同，但都用花言巧语来为自己做掩饰，防止被人嫉妒，这是昏君迷乱的原因。凡是评论人，看他通达时对人的礼遇，显贵时对人的举荐，富有时对人的供养，听取意见时看他的行为，空闲时看他的喜好，任职时看他进谏的话语，穷困时看他不接受的东西，贫贱时观察他所不做的事，当他高兴时检验他是否做了不常见的行为，当他欢乐时检验他有何不好的癖好，当他发怒时检验他的节制能力，当他害怕时检验他是否保持气节，当他悲哀时检验他的仁爱之心，当他困苦时检验他的意志，从八面观察、六面检验看，这是贤能的君主评论人的标准。

（二）"八观六验"识人的现代意义

"八观"：

1. 通则观其所礼

一个人在条件不好或者说处于逆境的时候，一般都会老老实实，待人接物都会客客气气，很有礼貌，但这很有可能是因为条件所限，没有太多选择所致。当他一帆风顺、事业有成的时候，如果还能保持以往的待人风范，有礼有节，那就是值得信赖的；如果大改以前的作风，变得得意忘形、趾高气扬，这就是小人了。

2. 贵则观其所进

当一个人有了地位后，看看他推荐和任用的都是什么人，看他在和什么人交往。古人说："物以类聚，人以群分。"从一个人结交的朋友身上，还有他提拔的下属身上，就可以大致看出他是一个什么人了。

3. 富则观其所养

人在穷困的时候，因受条件所限，不得不过节俭的生活，没有办法。当一个人富有了，他的品性就容易暴露出来了，那就是看看他怎样花钱，这些钱是用来供个人花天酒地，还是用来积德行善帮助穷人，还是当个守财奴。由此他的人品就一览无余了。

4. 听则观其所行

人最重要的是言行一致，一个人说得再好，做不到也没有用。所以看一个人，不能光听他嘴上说的，还要仔细观察他日常的行为，他是不是能够说到做到，如果只会耍嘴皮子，光说不练，那就不足以信赖了。

5. 止则观其所好

要了解一个人，不能光看他表面做了什么，还要看看他平时都做些什么，有什么爱好，因为表面上的斯文，很有可能是装出来的。他平时是喜欢读书写字、助人为乐，还是喜欢吃喝嫖赌，这才是他最真实的一面，最容易看出他的心性。

6. 习则观其所言

人与人刚交往时，一般都会说些客套话，不会表露内心真实的想法，不足采信。一旦熟悉了以后，就可能会无话不说了，这时候相互之间说的话才是内心真实的想法，才能看出一个人真实的品行。

7. 穷则观其所不受

人在穷困的时候，就看他还能不能坚守做人的底线，有没有气节风骨。孔子说过："君子固穷，小人穷斯滥矣。"如果在他穷困的时候，他有机会赚很多钱，但都是不义之财，他宁可贫困也不愿意去做，那就是君子了。

8. 贱则观其所不为

一个人在身份低微甚至卑贱的时候，就要看看他做人能不能保持原则，有所为有所不为。如果他依然能够克制自己，保持正直善良，不去做违反道德法律的事，那就是君子了。

"六验"：

1. 喜之以验其守

看看一个人在得意的时候，是否还能保持原来的做人风范，会不会得意忘形。如果他取得一点点成绩，就开始飘飘然，骄傲自满，那这样的人做事就不靠谱。

2. 乐之以验其僻

古人说，"君子慎独"，就是把一个人放在一个充满诱惑的场所，看看他是否能不为所动，一如既往。有人平日里看起来温文尔雅，谦谦君子一个，可一到娱乐场所或者没人看到的地方，就会放浪形骸，忘乎所以，这种人往往是伪君子。

3. 怒之以验其节

在他生气的时候，看他还能不能保持理智，能不能控制好自己的言行。如果一个人很容易发怒，控制不了自己的情绪，就很容易犯下错误，做出不计后果的事来，这种人不堪重用。

4. 惧之以验其持

看看他在恐惧的时候，是不是还能意志坚定，坚持真理。如果别人稍微一恐吓，他就改变自己的立场和信念，违心地去迎合别人，这种人不堪重用。

5. 哀之以验其人

当别人处在痛苦哀伤之时，看看他是不是有恻隐之心，会不会主动去帮助别人。如果他对你特别好，对身边处于痛苦之中的人却无动于衷，那就要小心了。

6. 苦之以验其志

在他人生最艰苦的时候，看看他会不会坚守自己的人生志向，会不会破罐子破摔。如果有坚定的意志，经得起困苦的考验，将来必有所成；如果他人穷志短，一遇到困难就打退堂鼓，那他就不会有什么出息了。

五、《将苑》中的识人术

（一）诸葛亮识人七法

《将苑》是中国古代一部专门讨论为将之道的军事著作，诸葛亮在书中系统地论证了将领在军队中的地位、作用、品格和领兵作战时应该注意的问题，颇受后人重视。

《将苑.卷一知人性》里有段话，意思大概是说：人性非常难以观察，人的善恶差别大，表里不一，有的人看似良善实则奸诈，有的人外表谦逊恭顺而内怀欺诈，有的人外部勇敢而内在胆怯，有的人看似卖力而内在图谋不轨。要识人有七种方法：一是问他是非看其秉持的价值观，二是用言语诘难他看他的应变力，三是向他问询处理难题的对策看他的见识，四是告诉他面临祸患时看他的勇气，五是醉酒时看他是否乱性，六是用利益引诱他看他廉洁与否，七是交办重要的事情看他的信用情况。

（二）诸葛亮识人七法的现代意义

1. 问之以是非而观其志

"志"本义为意念、心意，引申为意向、意愿，又引申表示愿意做、决心做，再由意向引申指目标。就某种情境探问一个人的是非观，可以看出这个人的价值观及对人、事、物的态度。对是非的态度越强烈，越能看出一个人志向之坚强。

2. 穷之以辞辩而观其变

"变"指的是应变能力。要查测一个人的应变能力，可以在与他说话时，对之诘难，将他逼到词穷的地步，看他如何应对。那些快速应对的能言善辩者一定头脑灵活，思维敏捷，能够审时度势，随机应变。

3. 咨之以计谋而观其识

出谋划策就是出主意、定策略，反映一个人的综合判断能力及见识水平。要考察对象是真的见识不凡还是只会夸夸其谈、纸上谈兵，就要在遇到实际难题待解决时，向考察对象询问解决对策和方法。如果一个人知识丰富且实际历练多，提出的意见容易切中要害，有胆有识；如果只是书呆子，则只会纸上谈兵贻误大事。

4. 告之以难而观其勇

遇到困难的事，正是考验对方勇气的时候。那些勇敢的人在遇到困难时不会退缩，会主动接受组织安排，迎难而上；而那些没有勇气的人，在困难面前躲躲闪闪、缩手缩脚，对组织交办的事情推三阻四，还常常怨天尤人，更不知道如何破解难关。

5. 醉之以酒而观其性

饮酒可以提高人的肌体神经中枢的兴奋程度，使人的本性在控制力弱的情形下暴露无遗。有的人平时藏得很深，而在喝酒以后就神情恍惚、胡言乱语，甚至耍酒疯，表现出人性的另外一面；而能够自我克制、修养高的人则会始终如一。

6. 临之以利而观其廉

观察考察对象面对利益时的态度就可以看出他的节操。节操高洁之人，对不义之财绝不动心。以自己清廉的节操辛苦获利，则利虽小，但是可以平平安安永久享受；而那些利欲熏心的人在利益诱惑面前，则会被欲望迷住了心窍，进而贪赃枉法、行贿受贿、胡作非为。

7. 期之以事而观其信

信就是信用，信守诺言、讲信誉、重信用。忠实履行自己承担的义务是一个品德高尚的人所为。在考察一个人是否讲信用时，可以将事情交代给对方办，由此观察对方是否能如约办到。如若他出尔反尔、言而无信，所谓的办事不靠谱，则他不是一个可以信赖和依靠的人。受人之托、忠人之事是传统中华美德，也是君子所为。如果一个人受了别人的委托，就应该尽力把交代办理的事办好，即便是答应对方的事没能办到也能诚心向别人道歉，这样的人具备君子的品质。

六、《资治通鉴》中的"德为才之帅"观点

（一）司马光的"以德为先"识人

《资治通鉴·第一卷·周纪一·周威烈王二十三年》里有司马光说的一段话，大意是：智瑶的灭亡，在于才胜过德。才与德是不同的两回事，而世俗之人往往分不清，一概而论之曰贤明，于是就看错了人。所谓才，是指聪明、明察、坚强、果毅；所谓德，是指正直、公道、平和待人。才，是德的辅助；德，是才的统帅。所以，德才兼备称为圣人；无德无才称为愚人；德胜过才称为君子；才胜过德称为小人。挑选人才的方法，如果找不到圣人、君子，与其得到小人，不如得到愚人。原因何在？因为君子持有才干会把它用到善事上；而小人持有才干用来作恶。持有才干做善事，能处处行善；而凭借才干作恶，就无恶不作了。愚人尽管想作恶，因为智慧不济，气力不胜任，好像小狗扑人，人还能制服它。而小人既有足够的阴谋诡计来发挥邪恶，又有

足够的力量来逞凶施暴,就如恶虎生翼,他的危害难道不大吗?有德的人令人尊敬,有才的人使人喜爱;对喜爱的人容易宠信专任,对尊敬的人容易疏远,所以察选人才者经常被人的才干所蒙蔽而忘记了考察他的品德。自古至今,因为才有余而德不足,导致家国覆亡的多了,又何止智瑶呢!所以治国治家者如果能审察才与德两种不同的标准,知道选择的先后,又何必担心失去人才呢!❶

(二)"德为才之帅"识人的现代意义

党的十八大在论述深化干部人事制度改革时,强调"坚持德才兼备,以德为先",这是党的代表大会首次将"以德为先"明确纳入用人标准,是党的干部政策的重大创新。

以什么样的标准选干部、用干部,关系党的事业的兴衰成败。在长期的革命、建设和改革时期,我们党形成了德才兼备的选人用人标准,把干部的德和才统一起来。1938年,毛泽东在党的六届六中全会上提出了"才德兼备"的干部标准。中华人民共和国成立后,毛泽东提出干部要"又红又专"。改革开放之初,邓小平提出干部队伍要革命化、年轻化、专业化、知识化的"四化"方针。面向新世纪,江泽民提出"选拔任用党政人才,要坚持德才兼备原则"的要求。但是,把"德才兼备、以德为先"作为一个统一的用人标准,强调"以德为先"的用人导向,是胡锦涛同志在2008年全国组织工作会议上首次明确提出来的。习近平具体阐述了干部"德"的标准包括"干部的政治品德标准、职业道德标准、家庭美德标准和社会公德标准"四个方面,提出"把干部德的考评结果作为干部选拔任用的首要依据"。❷

党的十七大和十八大都对干部工作提出了提高选人用人公信度的重大任务。这就要求各级党委选出的人不仅要使上级满意,还要使人民群众满意。干部的德是一种巨大的精神力量,也是人民群众最看重的方面。

第二节 领导者用人的思路

世界著名管理家杰克·韦尔奇说:"让合适的人做合适的事,远比开发一

---

❶ 司马光. 彩色图解《资治通鉴》精华 [M]. 思履,编. 北京:中国华侨出版社,2016.
❷ 习近平. 习近平在全国组织工作会议上的讲话 [N]. 人民日报,2013-6-30 (1).

项新战略更重要。"人各有所长，亦各有所短，只要能扬长避短，天下便无不可用之人。从这个意义上讲，识人、用人之道，关键在于先看其长，后看其短，因才适用，科学理才，将合适的人放在适合其能力和特长的岗位上，使之发挥最大能量。

一、知人善用

(一) 刘邦的知人善用

汉高祖刘邦，是汉朝开国皇帝，是中国历史上杰出的政治家、卓越的战略家和指挥家，对汉族的发展，以及中国的统一和强大有突出贡献。刘邦总结过自己的成功经验，《史记·高祖本纪》里有一段话，大意是：高祖在洛阳南宫摆设酒宴，高祖说："列侯和各位将领，你们不能瞒我，都要说真心话。我之所以能取得天下，是因为什么呢？……"高祖说："你们只知其一，不知其二。如果说运筹帷幄之中，决胜于千里之外，我比不上张子房；镇守国家，安抚百姓，供给粮饷，保证运粮道路不被阻断，我比不上萧何；统率百万大军，战则必胜，攻则必取，我比不上韩信。这三个人都是人中的俊杰，我却能够使用他们，这就是我能够取得天下的原因所在。项羽虽然有一位范增却不信用，这就是他被我擒获的原因。"

刘邦是一个知人善任的领导者，他非常了解手底下的人各自都有什么才能，也知道每个人想要的是什么，还知道自己应该怎样跟他们相处。所以，刘邦虽然自己没有太大的本事，却能够获得最终的成功。他知道韩信在带兵打仗上是位奇才，他就把攻城伐寨的重任交给他，若不是韩信，谁人能够将威震天下的西楚霸王逼得自杀？他知道萧何有治理国家的天赋，便让他在自己身边帮助自己处理朝政，在自己死后还把汉惠帝托付给他。他知道张良有掌控百万雄师之才，便放心地将军中事务交付给他。刘邦知道单凭自己的本事是无法与项羽抗衡的，所以将这些将才任为己用，让他们各自从事自己擅长的领域，这是刘邦能够成功的最重要原因。

刘邦不仅知人善用，他还毫不计较人才的出身。韩信在跟随他之前是一个无业游民，刘邦没有嫌弃他，将他拜为大将，才有了后来的常胜将军。樊哙本来是个屠夫，刘邦把他招至帐下，为自己日后南征北战充实了战斗力，而且这位屠夫还救了自己一命。娄敬是个被发配边疆的士兵，刘邦却对他偏爱有加，还赐他姓"刘"。这些人的出身都不是太好，但是刘邦能够不问出身，见到有才的人就招之即用，这种领导能够成功也就没什么稀奇的了。

（二）项羽的教训

楚汉相争中与刘邦相对的正是楚霸王项羽，在政治角逐中项羽与刘邦的知人善用恰恰相反，项羽一意孤行、用人失策。项羽是一个超一流的将军，却不是一个合格的政治家，项羽攻城略地坑杀了不少百姓，对手下的封赏不按战功而根据自己的个人喜好，甚至不舍得封赏，比较一意孤行不听范增的话在鸿门宴上早点杀了刘邦以绝后患。项羽本身就武力超群，且手下大将猛士如云，如龙且、季布、钟离眜、英布、虞子期等，但都没有用好，就连韩信都是不能被项羽重用而转投刘邦的，而刘邦把韩信、萧何、曹参、周勃、灌婴、张良、陈平这批骨干使用得极其到位，统一全国是迟早的事。所以项羽乌江自刎抱怨天意没有任何道理。司马迁在总结其失败教训时一语中的，《史记·项羽本纪》里司马迁评价道：他竟然拿"上天要灭亡我，不是用兵的过错"这句话来自我解脱，难道不荒谬吗？

二、适才适用

三国时期刘备以善于用人著称，"三顾草庐"请诸葛亮出山并拜为股肱之臣自不用说了，再例如庞统、邓芝、马忠等都因与刘备谈话而受到赏识。刘备与马忠仅谈过一次话，就给尚书令刘巴说："虽亡黄权，复得狐笃，此为世不乏贤也。"❶ "世不乏贤"这句话，看来简单，但非善于知人者是不能道出的。那些庸碌或多疑的君主就经常感叹无才可用，或用而疑之。刘备临死时，告诫诸葛亮说："马谡言过其实，不可大用，君其察之。"可是亮不以为然，后来亮初次伐魏，即用马谡为先锋，结果招致了街亭之败。这说明诸葛亮在知人方面，确实有高明之处。

曾国藩是晚清的中兴名臣，也是中国近代政治家、湘军的创立者和统帅。终其一生，曾国藩始终把网罗人才作为自己成就大事的第一要务。当他还在长沙求学时就与郭嵩焘、刘蓉交往过甚，做京官时又以文会友，结识了当时的理学家唐鉴、吴竹如、窦兰泉、冯树堂、邵惠西等，这些人后来都成为其幕府中的重要人物。在编练湘军时他更认识到人才的重要性，常常托人四处为他留意和推荐人才，一时山野有志之士纷纷前来投奔效命。他用人无门户之见，官员、乡绅、平民并重，江南江北并举，在他的 89 位

---

❶ 陈寿.《三国志》全鉴[M]. 2 版. 东篱子, 解译. 北京：中国纺织出版社, 2014：203-204.

幕僚中覆盖了各个省籍人士，上至举人下至布衣皆可为他的座上宾。在职业和专长上，他突破了当时府中幕僚多为办理文书及钱粮的惯例，除了召集出谋划策、招勇领军、指点州牧的外，但凡法律、算学、天文、机器、西文等专家无不招揽。

为了使人才充分发挥作用，他十分重视下属与幕僚的工作安排，对那些擅长行伍的就安排到营务处使之历练军务以期作为将才储备，对那些精于计算的则安排其去粮台、转运局、筹饷局，对于那些善于发明创造的则安排其去制造局，可谓人尽其才、才尽其用。这些人好多后来都有了大作为，如沈葆桢、李鸿章、彭玉麟、左宗棠、胡林翼、骆秉章等都做了高级官员，还有不少做了外交人员和洋务人才。

三、用人所长

用人所长就是最大限度地发挥每个人的优势，这就要求领导者发现并关注人才长处，并在使用时能为其创造条件，进而充分发挥其长处。正如在下棋时，"车"走直线"马"走"日"，各不相同，但是各有所长。作为领导者，要做的不是试图把"马"变成"车"，而是尽量发挥"马"与"车"的长处。

战国末期，各诸侯国贵族为了维护岌岌可危的统治地位，竭力网罗人才，当时，以养"士"著称的齐国孟尝君在招揽门客时，不分来者的身份贵贱，只要有一定的才能，就收留下来，并且对留下来的人一视同仁。后来在危难之际他利用这些人的长处使自己摆脱了危难。

《史记·孟尝君列传》里有这样一个故事：齐湣王二十五年（公元前299年），孟尝君出使秦国，秦昭王听信谋士之言把孟尝君囚禁起来，图谋杀掉孟尝君。孟尝君知道情况危急，就派人冒昧地去见昭王的宠姬请求解救。那个宠姬提出条件说："我希望得到孟尝君的白色狐皮裘。"孟尝君来的时候，带有一件白色狐皮裘，价值千金，天下没有第二件，到秦国后献给了昭王，再也没有别的皮裘了。孟尝君为这件事发愁，问遍了门客，谁也想不出办法。有一位会披狗皮盗东西的人，说："我能拿到那件白色狐皮裘。"于是当夜化装成狗，钻入了秦宫中的仓库，取出献给昭王的那件狐白裘，拿回来献给了昭王的宠姬。宠姬得到后，替孟尝君向昭王说情，昭王便释放了孟尝君。孟尝君获释后，立即乘快车逃离，更换了出境证件，改了姓名逃出城关，夜半时分到了函谷关。昭王后悔放出了孟尝君，再寻找他，他已经逃走了，就立即派人驾车飞奔去追捕他。孟尝君一行到了函谷关，按照关法规定鸡叫时才能放来往客人出关,孟尝君恐怕追兵赶到,万分着急,门客中有个人会学鸡叫,他一学鸡叫,附近的鸡就跟随着叫了起来,孟尝君便立即出示了证件逃出函谷关。出关后约莫一顿饭的工夫,秦国追兵果然到了函谷关,但已落在孟尝君的后面。当初,孟尝君把这两个人安排在门客中的时候,其他门客无不感到羞耻,觉得脸上无光,但孟尝君在秦国遭到劫难,却是靠这两个人解救了他。自此以后,门客们都佩服孟尝君广招宾客不分贵贱的做法。❶

四、容人所短

人无完人,各有所长,也各有所短。领导者看人用人要扬其长避其短,每个人都有缺点,没有完美的人。因此,对待别人的缺点,我们应该多包容,客观、不带偏见地与别人交往,才能更好地发现对方的优点。相反,如果对一个人的缺点有成见,就可能将其无限放大,甚至把别人的优点也看作缺点。这样就有失客观公正,也无益于我们与人交往。在领导过程中,领导者容人所短是一种艺术。

诸葛亮在用人过程中就深谙此道,《三国志·蜀书·蒋琬费祎姜维传》里有这样一个故事:刘备曾在一次外出视察时突然前至广都县,看到蒋琬诸般公务都不管,当时又喝得大醉,故此大怒,要将他治罪杀死。军师将军诸葛亮为蒋琬求情说:"蒋琬,乃社稷栋梁之材,其才干不止于治理一个百里的小县。他为政以安民为本,不以表面文章夸饰,希望主公深加考察。"刘备一向敬重诸葛亮,于是没有治蒋琬的罪,匆忙之中只罢免他的官而已。不久,蒋琬被任命为什邡县县令。刘备为汉中王,蒋琬入朝为尚书郎。建兴元年(223年),丞相诸葛亮创置相府,征召蒋琬为东曹掾,后升为参军。建兴五年(227年),诸葛亮驻守汉中,蒋琬与长史张裔统领留府事宜。建兴八年(230年),蒋琬替代张裔为长史,升任为抚军将军。诸葛亮多次带兵出外,蒋琬常常以足够的粮饷与兵力供应前线。诸葛亮常说:"公琰的志向在于忠正清雅报效国家,他是辅佐我一道共同完成统一大业之人。"他还秘密上表后主刘禅说:"为臣若不幸去世,后事应托付蒋琬。"

诸葛亮去世后,朝廷任命蒋琬为尚书令,很快又加升都护、假节,兼任益州刺史,升为大将军,录尚书事,封安阳亭侯。当时诸葛亮刚死,远近的人都忧心忡忡。蒋琬才干出类拔萃,处在百官之首,既无悲戚表情,又无欢悦声色,神态举止,一如既往,由是大家心底渐渐佩服。处于高位的蒋琬继

---

❶ 司马迁. 史记:普及本(第三册)[M]. 龚远会,编. 北京:金盾出版社,2014:1220-1221.

承了武侯遗风以宽容对待下属,《三国志·蜀书·蒋琬费祎姜维传》里提到过,大意是:东曹掾杨戏性格素来简略,蒋琬同他谈话,他有时不应不答。有人想在蒋琬面前诬陷他,便对蒋琬说:"您与杨戏讲话而他不搭理,其傲慢上级,不是太过分了嘛!"蒋琬回答说:"各人心性不一样,就像人的容貌有差异,当面应承背后非议,这是古人告诫人们注意之事。杨戏想要赞成我,但不是他的本心,想要不赞成我,又怕暴露我的不是,所以默然不应,这正是他的诚实之处啊!"又督农杨敏曾经毁谤过蒋琬说:"做事昏昏然,确实不如前人。"有人以此话告诉蒋琬,主管官员请求让他们去推究其事治罪杨敏,蒋琬说:"我确实不如前人,有什么可推究杨敏的呢?"主管官员再次陈说而蒋琬不允推究。主管官员则请蒋琬去责问杨敏说他昏昏乎乎的情状。蒋琬说:"若不如前人,则处事不合理,处事不合理,则晕乎乎。还有什么好问的呢?"后来杨敏犯罪坐监,大家都担心他必死无疑,而蒋琬心中不存成见,故杨敏得以免除重罪。蒋琬的好恶爱憎合乎道义,都像上面这样。❶

五、疑人不用,用人不疑

对于看准了的人才,就要完全信赖,大胆任用。只要你让他放开手脚,他必定会在你的期待下全力以赴。千万不要半信半疑,处处设卡,使人想问题顾虑重重,做工作缩手缩脚,把"骏马"束缚成"笨马"。

对于你怀疑的人就不要任用他,不然他不会对你忠心,你也不会给他希望。对于你很信任的人一定要重用他,你信任他、给他最大限度的放权让他可以更好更自由地发挥出他的所有潜力,这样才是双赢。孙策用人不疑就是典例。

《三国演义》第十五回"太史慈酣斗小霸王 孙伯符大战严白虎"里有这么一段故事:孙策与周瑜定计活捉太史慈,他亲自出营喝散士卒,自释其缚,将自己锦袍衣之,请入寨中,谓曰:"我知子义真丈夫也。刘繇蠢辈,不能用为大将,以致此败。"慈见策待之甚厚,遂请降。

策执慈手笑曰:"神亭相战之时,若公获我,还相害否?"慈笑曰:"未可知也。"策大笑,请入帐,邀之上坐,设宴款待。慈曰:"刘君新破,士卒离心。某欲自往收拾余众,以助明公。不识能相信否?"策起谢曰:"此诚策所愿也。今与公约:明日日中,望公来还。"慈应诺而去。诸将曰:"太史慈此去必不来矣。"策曰:"子义乃信义之士,必不背我。"众皆未信。次日,立竿

---

❶ 陈寿. 三国志 [M]. 孙建军, 编. 长春: 吉林文史出版社, 2017: 350-351.

于营门以候日影。恰将日中，太史慈引一千余众到寨。孙策大喜。众皆服策之知人。于是孙策聚数万之众，下江东，安民恤众，投者无数。江东之民，皆呼策为"孙郎"。但闻孙郎兵至，皆丧胆而走。及策军到，并不许一人掳掠，鸡犬不惊，人民皆悦，赍牛酒到寨劳军。策以金帛答之，欢声遍野。其刘繇旧军，愿从军者听从，不愿为军者给赏归农。江南之民，无不仰颂。由是兵势大盛。❶

上述三国故事里正因为孙策用人不疑所以才收降了太史慈，还促成了江东割据大业。

六、大胆启用年轻人

年轻干部是党和国家的将来，他们能否在政治上健康生长，担当起跨世纪的复兴重担，关系到党和国家的出路和命运，要从我们的事业后继有人的战略高度认识这个问题。从古至今的许多事例证明培育造就一大批优异的年轻干部，是确保组织事业后继有人的主要途径。

孙权大力选拔使用年轻人历来被传为佳话，《三国演义》第二十九回"小霸王怒斩于吉　碧眼儿坐领江东"里，孙策临终前：随召张昭等诸人，及弟孙权，至卧榻前，嘱附曰："天下方乱，以吴越之众，三江之固，大可有为。子布等幸善相吾弟。"乃取印绶与孙权曰："若举江东之众，决机于两阵之间，与天下争衡，卿不如我；举贤任能，使各尽力以保江东，我不如卿。卿宜念父兄创业之艰难，善自图之！"权大哭，拜受印绶。❷孙策对孙权举贤任能的能力评价十分中肯，同时其看人也很准，后面在孙权承孙策遗命，掌江东之事时，他的会用人的特长得到了极致发挥。

此回中将孙权的善于用人揽才描述得很具体。周瑜推荐了鲁肃，鲁肃又荐诸葛瑾，张纮推荐了顾雍，都是当时江东的名流。孙权不仅善于揽才，更善于大胆起用青年俊才，在东吴还有一批老将尚能征善战的情况下，孙权就已看出了培养年轻干部的重要性，亲自提拔了以周瑜、鲁肃、吕蒙和陆逊为代表的一批年轻有为的将领，他们为江东的发展建立了不可磨灭的功勋。周瑜做建威中郎将不过二十四岁，他却在赤壁之战中，战胜了不可一世的曹操；鲁肃初为孙权幕僚时，也只有二十来岁，老臣张昭认为他"年少才浅，万万不能重用"，然而孙权不为所动，反而"益贵重之"。东吴能够鼎足一方，鲁

---

❶ 罗贯中. 三国演义：无障碍阅读版 [M]. 刘青文，编. 北京：北京教育出版社，2015：64-68.
❷ 罗贯中. 三国演义：无障碍阅读版 [M]. 刘青文，编. 北京：北京教育出版社，2015：131.

肃提出的联刘抗曹、稳固江东的战略起到了至关重要的作用；吕蒙，行伍出身，性格暴躁，胸无点墨，孙权却悉心栽培促其扬长补短，最后建立智取荆州、擒获关羽的功勋；而陆逊初在孙权幕下任职时，年纪更小，只有二十一岁，他却火烧刘备七百里连营，以少胜多取得胜利。正因孙权敢于提拔使用年轻干部，才使得东吴人才济济，江东政权得到稳固。

七、合理匹配人员

一个领导班子在年龄、知识、专业、智能、素质等方面的布局和搭配情况，是一个多序列、多层次、多要素的动态结合体。最佳的领导班子结构应该是梯形的年龄结构、合理的专业结构、较高的智能结构、协调的素质结构等。合理的领导班子结构，可以通过成员间的有效组合，提高领导班子工作效率，最大限度地发挥领导班子成员的个体能力，产生领导的群体效能，使领导班子整体效能大于个体效能之和。

"房谋杜断"促成贞观之治。《旧唐书·房玄龄杜如晦传论》："世传太宗尝与文昭图事，则曰：'非如晦莫能筹之。'及如晦至焉，竟从龄之策也。盖房知杜之能断大事，杜知房之善建嘉谋。"[1] 这说的是唐朝初年，唐太宗善于任用能人为之服务，经常听从大臣的意见。唐太宗同房玄龄研究国事的时候，房玄龄总是能够提出精辟的意见和具体的办法，但是往往不能作决定。这时候，唐太宗就必须把杜如晦请来。而杜如晦一来，将问题略加分析，就立刻肯定了房玄龄的意见和办法。房、杜二人，就是这样一个善于出计谋，一个善于作决断，所以叫作"房谋杜断"，形容他们各具专长而又各有特色。在当时看来，房、杜二人同心辅政，是合作得非常协调的，所以人们称赞他们"笙磬同音，惟房与杜"，他们的组合促成了贞观之治。唐太宗的"房谋杜断"用人搭配体系是非常高明的。用人不仅表现在人才的多少，而且还在于人才的合理搭配。在一个人才众多的群体中，不仅要有个体的优势，更需要有最佳的群体结构。

第三节 领导者激励人的思路

激励是指激发人的行为的心理过程。激励这个概念用于管理，是指激发

---

[1] 刘昫，等. 旧唐书 [M]. 北京：中华书局，2012：2459，2467.

员工的工作动机,也就是说用各种有效的方法去调动员工的积极性和创造性,使员工努力去完成组织的任务,实现组织的目标。

一、情感激励

人具有丰富复杂的情感世界,感情因素对人的工作积极性和创造性有很大的影响。

《战国策·赵策一》中记载了著名的"士为知己者死"典故,大意是:最初,晋国侠客毕阳的孙子豫让给范中行氏做大臣,但并未受到重用,于是他就投效知伯,得到宠信。后来韩、赵、魏三国瓜分了知伯的土地。其中赵襄子最痛恨知伯,把知伯的头盖骨拿来作饮器。这时豫让逃到山里说:唉!志士为了解自己的人而牺牲,女子为喜欢自己的人而打扮,所以我一定要替知伯复仇。于是豫让就隐姓埋名化装成一个受过刑的人,潜伏到王宫里用洗刷厕所作掩护,以便趁机杀死知伯的仇人赵襄子。不久赵襄子如厕,忽然觉得心跳得厉害,就下令把刷厕所的人提来审问,才知道豫让化装隐藏其中。这时豫让竟拿出匕首说:"我要为知伯报仇!"卫士拿下他,要杀他,可是赵襄子却制止说:"这是一位义士,我只要小心躲开他就行了。因为知伯死后没留下子孙,他的臣子中有肯来为他报仇的,一定是天下有气节的贤人。"

于是赵襄子就把豫让释放了。可是豫让继续图谋为知伯报仇。他全身涂漆,化装成一个生癞的人。同时又剃光了胡须和眉毛,把自己彻底毁容,然后假扮乞丐乞讨,连他的妻子都不认识他。不久,赵襄子要外出巡视,豫让埋伏在赵襄子所必经的桥下。赵襄子骑马走在桥边时,马忽然惊跳起来,赵襄子说:"这一定又是豫让。"经派人搜捕之后,果然是豫让。因此赵襄子就责备豫让说:"你不是曾经侍奉过范中行氏吗?知伯灭了范中行氏,你不但不替范中行氏报仇,反而屈节忍辱去臣事知伯。如今知伯身死国亡已经很久,你为什么如此替他报仇呢?"豫主回答说:"当我侍奉范中行氏时,他们只把我当作普通的人看待,所以我也就用普通人的态度报答他们;而知伯把我当作国士看待,所以我也就用国士的态度报答知伯。"于是赵襄子用怜惜的口吻感叹说:"唉!豫让啊,由于你为知伯报仇,已经使你成为忠臣义士了。而寡人对待你,也算是仁至义尽。你自己想一想吧,寡人不能再释放你了!"于是赵襄子就下令卫士把豫让包围起来。

这时豫让又对赵襄子说:"据臣所知,一个贤臣不阻挡人家的忠义之行,一个忠臣为了完成志节不爱惜自己的生命。君王以前已经宽恕过我一次,天下没有不为这件事赞扬君王的。今天我到这里行刺,按理您应在这里将我处死。不过我想得到君王的王袍,准许我在这里刺它几下,我即使死了也没有遗憾了。不知君王能否成全我的愿望?"赵襄子为了成全豫让的志节,就当场脱下自己的王袍由侍臣交给豫让。豫让接过王袍以后拔出佩剑,奋而起身,然后用剑刺王袍仰天长叹:"啊!天哪!我豫让总算为知伯报了仇!"豫让说完话就自杀而死。赵国的忠义之士听说以后,都落泪惋惜不已。❶

三国时期,诸葛亮为了报答刘备的"三顾"之恩,辅佐后主,鞠躬尽瘁,成为古代知识分子向往、倾慕的典范。

二、物质激励

俗语说得好,"重赏之下,必有勇夫",在丰厚赏赐的刺激之下,一定会有勇敢的人接受任务。说的是用大量金钱、财物作为鼓励手段,可诱导人为之效力。

春秋战国时,秦国的商鞅在秦孝公的支持下主持变法。当时处于战争频繁、人心惶惶之际,为了树立威信,推进改革,商鞅下令在都城南门外立一根三丈长的木头,并当众许下诺言:谁能把这根木头搬到北门,赏金十两。围观的人不相信如此轻而易举能做到的事能得到如此高的赏赐,结果没人肯出手一试。于是,商鞅将赏金提高到50两,终于有人站起将木头扛到了北门。商鞅立即赏了他50两。商鞅这一举动,在百姓心中树立起了威信,而商鞅接下来的变法很快就在秦国推广开了。新法使秦国渐渐强盛,最终统一了中国。

三、奖惩激励

奖与惩共同构成对人的双向激励,两者不应偏废。古人认为要以奖为主,以罚为辅,加强正面激励。众所周知的"重赏之下,必有勇夫"就是奖赏激励的最好说明。

《汉书·张敞传》里有这样一个故事:渤海、胶东一带盗贼猖獗,皇帝任命张敞为胶东相,张敞向皇帝上书提出,要治理治安混乱的郡国,没有鲜明的赏罚,就无法勉励好人、惩罚坏人,对于追捕盗贼有功的官吏,希望能够权宜变通,其获得的奖励应比京畿三辅的更为优厚。皇帝答应了张敞的请求。张敞到了胶东,公开实行悬赏,给盗贼开生路,让他们互相捕杀来免除罪责。

---

❶ 刘向. 战国策:图文版 [M]. 夏华,等编译. 沈阳:万卷出版社,2012:205-207.

官吏追捕盗贼有功的，张敞开出名单报请调补任县令的有几十人。从此以后，盗贼瓦解，互相捕杀。官吏百姓生活安定，胶东于是大平。❶

四、表率激励

榜样的力量是无穷的，在我国古代十分推崇领导的榜样作用。《论语·子路》中说："其身正，不令而行；其身不正，虽令不从。"翻译出来就是自身端正，不用命令人们就会遵行；自身不端正，虽发命令也没有人听从。管理者个人的举止行动其实就是下属模仿的对象，是无声的命令。大禹治水三过家门而不入的故事和"身先士卒"的成语都说明了表率作用的重要意义。

《三国演义》第十七回"袁公路大起七军　曹孟德会合三将"里描述了曹操割发代首的故事，"操沉吟良久，乃曰：'既《春秋》有法不加于尊之义，吾姑免死。'乃以剑割自己之发，掷于地曰：'割发权代首。'使人以发传示三军曰：'丞相践麦，本当斩首号令，今割发以代。'于是三军悚然，无不懔遵军令。"

古人认为，头发是从父母那里继承来的，随便割掉不仅大逆不道，而且还是不孝的表现。曹操作为封建社会的政治家，能够割发代首，以身作则，实属难能可贵。三国时期，曹操发兵宛城时规定："大小将校，凡过麦田，但有践踏者，并皆斩首。"这样，骑马的士卒都下马，仔细地扶麦而过。可是，曹操的马却因受惊而践踏了麦田。他很严肃地让执法的官员为自己定罪。执法官对照《春秋》上的道理，认为不能处罚担任尊贵职务的人。曹操认为：自己制定法令，自己却违反，怎么取信于军。即使自己是全军统帅，也应受到一定处罚。他拿起剑割发，传示三军。也正是其带兵军纪十分严明，并且自己也以身作则，带头遵守，因此，曹操的军队很有战斗力，很快就消灭了多股强大的军阀割据势力，统一了中国北方。

五、荣誉激励

荣誉可满足人的自尊需要，从而激发人们的斗志和工作积极性。荣誉感是指个体在集体中所作出的杰出贡献得到了集体或团体或社会、国家的认可而给予个体在某集体中的特有殊荣，获此殊荣的个体在其集体给予的殊荣的影响下而产生的一种积极向上、富有正面意义的心理感受时常伴随着自豪、优秀等一系列的积极情绪体验所产生的个体心理现象。

---

❶ 班固. 汉书［M］. 北京：中华书局，2012.

苏武牧羊的典故在我国可谓家喻户晓，这个故事讲的是苏武在天汉元年（公元前 100 年）奉命以中郎将持节出使匈奴而被扣留，匈奴贵族多次威胁利诱，欲使其投降。后将他迁到北海（今俄罗斯的贝加尔湖）边牧羊，手持汉朝符节，扬言要公羊生子方可释放他回国。苏武历尽艰辛，留居匈奴 19 年持节不屈。至始元六年（公元前 81 年），方获释回汉，回到长安后汉昭帝下令叫苏武带一份祭品去拜谒武帝的陵墓和祠庙，任命苏武做典属国，俸禄中二千石，赐钱二百万，官田二顷，住宅一处。同行的常惠、徐圣、赵终根都被任命为皇帝的侍卫官，赐给丝绸各二百匹。其余六人，年纪大了，各自回家，赐钱每人十万，终身免除徭役。常惠后来做到右将军，封为列侯，他自己也有传记。苏武被扣在匈奴共 19 年，当初壮年出使，等到回来时胡须头发全白了。甘露三年（公元前 51 年），汉宣帝因匈奴归降，回忆往昔辅佐有功之臣，汉宣帝乃令人画十一名功臣图像于麒麟阁以示纪念和表扬，苏武去世后，将苏武列为麒麟阁十一功臣之一，彰显其节操。后世往往将他们和云台二十八将、凌烟阁二十四功臣并提。苏武面对威逼利诱忠心耿耿，不畏强权，忠贞不屈，不向挫折屈服低头的精神激励了一代代人。

六、事业激励

所谓事业是指人们所从事的，具有一定目标、规模和系统的对社会发展有影响的经常性活动。事业是一个人可以一辈子为之所奋斗的，终其一生为实现自己的目标而坚持不懈地努力的标的。它是解决人类的那些较高层次的需求诸如社会认可和自我价值等的真正实现。

刘备以"匡扶汉室"的大业吸引人才的典故家喻户晓。三国的刘备、关羽、张飞，虽为异性兄弟，但是他们一辈子富贵不相忘、互相扶持。他们从起家时为了一个共同的理想"匡扶汉室"，一辈子无论患难还是富贵都荣辱与共、生死与共，真正实现了他们结义时发的誓言"不求同年同月同日生，只愿同年同月同日死"。其实真正把三人紧紧凝聚在一起的是"匡扶汉室"的事业。

《三国志·蜀书·先主传》里有这样的描述，大意是：刘备家境不是很好，但自小胸怀大志。"灵帝末，黄巾起，州郡各举义兵，先主率其属从校尉邹靖讨黄巾贼有功，除安喜尉。"此时，关羽、张飞闻讯来投，三人一见如故、志趣相投，桃园结义，刘关张的核心创业团队组建完成。后刘备前往隆中拜访诸葛亮，三顾茅庐，礼贤下士，引进专业人才，任命诸葛亮为军师，诸葛亮向刘备献上了"隆中对","隆中对"是刘关张创业团队的战略规划,直接促成了后来三分天下有其一的格局。无论是其所谓"五虎上将"关张赵马黄等一些武将,还是"卧龙、凤雏"等一流谋士,刘备都能用品德的感召力及"匡扶汉室"的伟大事业把他们吸引来并且长留住,使其能"鞠躬尽瘁,死而后已"。

《三国志·蜀书·先主传》里最后对刘备评价说:先主之弘毅宽厚,知人待士,盖有高祖之风,英雄之器焉。及其举国托孤于诸葛亮,而心神无二,诚君臣之至公,古今之盛轨也。意思是说刘备恢宏果毅,性情宽厚,知人善任,礼贤下士,颇有汉高祖刘邦之风度,怀英雄豪杰之器量。至于他把整个国家和辅佐太子的大事全权托付给诸葛亮,而不存半点疑心,君臣实在都为正直无私至极之人,可谓古往今来最佳楷模。东汉末年,尽管汉朝已名存实亡,但仍具有号召力,"正朔在汉,汉为正统"的观念深入人心。群雄割据,各自怀有不臣之心,刘备能步步坐大,号为继承汉室,其政治手段就是响亮地提出"匡扶汉室"的口号,又打出他具有汉室宗族血统"中山靖王刘胜之后"的标签,这是他匡扶汉室、继承大统的先决条件,也是赋予蜀汉"合法性"的重要一环。在封建国君思想的影响下,刘备靠这一伟大的兴汉事业陆陆续续笼络到了很多人才。在他尚未成为一国之主时,可以利用宗族身份聚拢一批名士和武将,将有才学之人收在自己麾下;还可以利用同宗之情投刘表、逐刘璋,徐图大计。公元221年,汉献帝禅位给曹丕后,刘备在蜀称帝,国号仍继为汉,其匡扶汉室之意不言自明。刘备继承大统、延续血脉,企图获得"合法"的继承权,"名不正则言不顺,言不顺则事不成",刘备正是充分利用这一点优势,一步步地实现自己的目的。

第四节　领导者与人交往的思路

心理学将人际关系定义为人与人在交往中建立的直接的心理上的联系。人际关系对每个人的情绪、生活、工作有很大的影响,甚至对组织气氛、组织沟通、组织运作、组织效率及个人与组织之关系均有极大的影响。领导者要真心实意地与下属交朋友,设身处地地帮助他们解决问题,赢得群众的信任和支持。

一、放低身段，关心下属

《史记·孙子吴起列传》记载了一个故事，大意是：吴起是卫国人，善于用兵，奉事鲁国国君。齐国的军队攻打鲁国，鲁君任命他做了将军，率领军队攻打齐国，把齐军打得大败。鲁国就有人诋毁吴起说："鲁国虽然是个小国，却有着战胜国的名声，那么诸侯各国就要谋算鲁国了。况且鲁国和卫国是兄弟国家，鲁君要是重用吴起，就等于抛弃了卫国。"鲁君怀疑吴起，疏远了吴起。这时，吴起听说魏国文侯贤明，想去投奔他。魏文侯就任用他为主将，攻打秦国，夺取了五座城池。吴起做主将，跟最下等的士兵穿一样的衣服，吃一样的伙食，和士兵们同甘共苦。有个士兵生了恶性毒疮，吴起替他吸吮浓液。这个士兵的母亲听说后，放声大哭，说道："往年吴将军替他父亲吸吮毒疮，他父亲在战场上勇往直前，后来死在敌人手里。如今吴将军又给他吸吮毒疮，我不知道他又会在什么时候死在什么地方。"魏文侯因为吴起善于用兵打仗，廉洁不贪，待人公平，能取得所有将士的欢心，就任命他担任西河地区的长官，来抗拒秦国和韩国。❶

二、廉洁奉公，坚持原则

领导者在社会交往中须坚持原则、守纪律，对交往的亲朋要注意察其言、观其行，不交不三不四的人，不去不干不净的场所，做到友在明处交、话在明处说、事在明处办，主动接受群众的监督。对于那些有所图谋、拉拢腐蚀可能导致权力滥用的社会交往，必要时还得断然拒绝。

《后汉书·杨震传》中有记载，大意是：杨震从小好学，博览群书，大将军邓骘听说杨震贤明就派人征召他，推举他为秀才，后杨震多次升迁，官至荆州刺史、东莱太守。当他赴郡途中，路上经过昌邑，他从前举荐的荆州秀才王密当时担任昌邑县令，王密前来拜见他，到了夜里，王密怀揣十斤金子送给杨震。杨震说："我了解你，你不了解我，为什么呢？"王密说："深夜里没有人知道。"杨震说："上天知道，神明知道，我知道，你知道。怎么说没有人知道呢？"王密拿着金子羞愧地出去了。后来杨震调到涿郡任太守。他本性公正廉洁，不肯接受私下的拜见。他的子子孙孙常吃蔬菜，步行出门，他的老朋友中有年长的人想要让他为子孙开办一些产业，杨震不答应，他说：

---

❶ 司马迁. 史记：普及本（第三册）[M]. 龚远会，编. 北京：金盾出版社，2014：1067-1068.

"让后代被称作清官的子孙,把这个馈赠给他们,不也很优厚吗?"❶

三、公私分明,把握分寸

领导者要平衡心态,正确把握工作联系、私人交往之间的分寸,要在职责范围、纪律约束下开展健康透明的人情交往,彰显领导者公私有别的正直形象。

(一)管鲍之交

《史记·管晏列传》中有记载,大意是:管仲年轻的时候常和鲍叔牙交往,鲍叔牙知道他贤明、有才干。管仲家贫,经常占鲍叔的便宜,但鲍叔始终待他很好,不因为这些事而有什么怨言。不久,鲍叔侍奉齐国公子小白,管仲侍奉公子纠。等到小白即位做了齐桓公以后,桓公让鲁国杀了公子纠,管仲被囚禁。于是鲍叔向齐桓公推荐管仲。管仲被桓公重用以后,桓公凭借着管仲而称霸,并以霸主的身份,多次会合诸侯,使天下归正于一,这都是管仲的智谋。管仲说:"我当初贫困的时候,曾经和鲍叔经商,分财利时自己常常多拿一些,但鲍叔不认为我贪财,知道我生活贫困。我曾经为鲍叔办事,结果使他更加穷困,但鲍叔不认为我愚笨,知道时机有利和不利。我曾经多次做官,多次都被君主免职,但鲍叔不认为我没有才干,知道我没有遇到好时机。我曾多次作战,多次战败逃跑,但鲍叔不认为我胆小,知道是因为我还有老母。公子纠失败,召忽为我而死,我被关在深牢中受屈辱,但鲍叔不认为我无耻,知道我不会为小节而羞,却会因为功名不曾显耀于天下而耻。生我的是父母,了解我的是鲍叔啊!"

鲍叔推荐了管仲以后,情愿把自身置于管仲之下。他的子孙世世代代在齐国享有俸禄,得到封地的有十几代,多数是著名的大夫。因此,天下的人不称赞管仲的才干,反而赞美鲍叔能够识别人才。

(二)苏章断案

《后汉书·苏章传》记载:苏章博学多才,善写文章。汉安帝时,他因品行端正,被任命为议郎,得以向朝廷陈述政策的得失利害。汉顺帝时,他又被任命为冀州刺史。当时的清河太守是苏章的好朋友。有一次,苏章发现有

---

❶ 范晔. 后汉书[M]. 北京:中华书局,2012:1045-1047.

一个案子与清河太守有关，于是便请太守吃饭。太守本来心里有鬼，吓得不得了。不料苏章绝口不提案件之事。于是两人共叙平生之好，相谈甚欢。太守非常高兴，以为苏章是念旧情而不追究自己，便道："人人都只有一个老天爷照应，我却有两个，这真是我的荣幸啊！"苏章正色道："我今天请你过来喝酒，是因为朋友之情，明天我将升堂办案，却是因为公事公办。你可千万不要误会。"第二天，苏章果然秉公执法，不徇私情，按律给清河太守治了罪。于是大家都知道苏章是个公私分明的好官，再也没人敢胡作非为了。

四、顾全大局，化解矛盾

顾全大局的意思是指为组织整体的利益着想，使组织利益不遭受损害。《史记·廉颇蔺相如列传》其中包含完璧归赵、渑池之会、负荆请罪三个著名的典故，尤以"负荆请罪"最为脍炙人口。渑池会后，蔺相如被封高官，廉颇不服气，于是矛盾产生。

"渑池之会"结束后，赵王回到赵国，因为蔺相如功劳大，封他为上卿，廉颇感到不满，并公开扬言说："我见了蔺相如，定要羞辱他。"相如听说了这话，不肯和他见面。每逢上朝时，相如常常推托有病，不愿跟廉颇争位次的先后，后来相如出门，望见廉颇，他就调转车绕道回避。于是，相如的门客们都劝相如说："我们之所以离开亲眷家人来侍奉您，只是仰慕您的高尚德行啊。现在您和廉颇职位相同，廉将军公然说一些无礼的话，您却害怕而躲避他，恐惧得太过分了。平常的人对此尚且会感到羞耻，何况身为将相的人呢！我们这些人没用，请让我们走吧！"蔺相如坚决挽留他们，说："强暴的秦国之所以不敢对赵国施加武力，只因为有我们两个人在。假如两虎相斗，势必不能同存。我之所以这样做，是因为把国家的急难放在前头而把个人的仇怨放在后头啊。"后来廉颇听到这话，就光着上身背上荆条，由门客引导着到相如府上赔罪，说："我这粗野鄙贱的人，不知道将军您竟宽容我到了这种地步啊！"两人终于和好，成了生死之交。

五、职场交往，不佞高官

《新唐书·李勉传》有记载，大意是：天子提升李勉为太常少卿，准备重用他，而李辅国暗示李勉必须讨好自己，李勉不肯，于是出京任汾州刺史。后来入京任京兆尹兼御史大夫，当时鱼朝恩管理国子监，威宠显赫，震惊一时。前任京兆尹黎干巴结谄媚，每当鱼朝恩来，就要办几百人的宴席接待他们。此时，官吏们请李勉也这样做。李勉没有答应，说："我到太学来见他，应该他宴请我。如果军容使（指鱼朝恩）到府衙，那就准备招待。"鱼朝恩知道后，心中怀恨，以后再也不到太学来了。贞元初年（785年），皇帝起用卢杞为刺史，令给事中袁高草拟制书。袁高认为卢杞是反复无常的小人，不肯下笔拟制。皇帝问李勉："大家都说卢杞奸邪，只有我不知道，为什么？"李勉说："天下人都知道，唯独陛下不知道，这就是他奸邪的原因。"当时皇帝认为李勉的回答是正确的，但从此却渐渐疏远了他。李勉任宰相两年后辞去相位，此后又在太子太师的官位上被免去官职，死时七十二岁，追赠太傅，赐谥为"贞简"。李勉年轻时贫穷窘困，客居梁州、宋州，与另一些儒生同住客栈。有个儒生病危将死，拿出一块白金交给他："旁边没人知道这件事，希望你用这钱为我埋葬，多余的钱就送给你。"李勉答应了。入葬后，李勉秘密地把剩下的钱放置在棺材下面。后来，那人的家属来拜见李勉向他道谢，李勉与他家人一同挖开坟墓拿出剩余的钱交给他们。[1]

六、广泛结交，礼贤下士

礼贤下士是指有地位的人对贤者以礼相待。信陵君为人仁爱而尊重士人，正是因为他能够放低身段礼贤下士，网罗了一大批贤人，这些人才在以后危难时起到了大作用。比如《史记·信陵君列传》里记载了著名的"信陵君窃符救赵"的典故，"魏安釐王二十年，秦昭王已破赵长平军，又进兵围邯郸。公子姊为赵惠文王弟平原君夫人，数遗魏王及公子书，请救于魏。魏王使将军晋鄙将十万众救赵。秦王使使者告魏王曰：'吾攻赵旦暮且下，而诸侯敢救者，已拔赵，必移兵先击之。'魏王恐，使人止晋鄙，留军壁邺，名为救赵，实持两端以观望。平原君使者冠盖相属于魏，让魏公子曰：'胜所以自附为婚姻者，以公子之高义，为能急人之困。今邯郸旦暮降秦而魏救不至，安在公子能急人之困也！且公子纵轻胜，弃之降秦，独不怜公子姊邪？'公子患之，数请魏王，及宾客辩士说王万端。魏王畏秦，终不听公子。公子自度终不能得之于王，计不独生而令赵亡，乃请宾客，约车骑百馀乘，欲以客往赴秦军，与赵俱死。"……"朱亥笑曰：'臣乃市井鼓刀屠者，而公子亲数存之，所以不报谢者，以为小礼无所用。今公子有急，此乃臣效命之秋也。'遂与公子俱。公子过谢侯生。侯生曰：'臣宜从，老不能。请数公子行日，以至晋鄙军之日，北乡自刭，以送公子。'公子遂行。"

---

[1] 欧阳修. 新唐书[M]. 宋祁, 撰. 北京：中华书局, 2012.

信陵君用了谋士侯嬴的计策，指示魏王宠妾如姬趁魏王酒醉熟睡之际偷得调兵虎符，并凭虎符进入魏军大营，杀老将晋鄙，接管了营中的十万魏军，并猛攻秦军侧翼而解邯郸之围。事后，窃符的主谋侯嬴自尽，信陵君则流亡赵国避嫌。数年后信陵君得以返回魏国，还一度成为魏国上将军，并主持了又一次合纵攻秦。每每在读到这个故事的时候，很多人都会为信陵君及其门客的"义气"深深感动，这也正是信陵君放低身段礼贤下士的结果。

七、不入圈子，不结朋党

"圈子"实际上就是物以类聚，人以群分。事实上，很多圈子的形成是通过人们之间的社会行为特征自然形成的，在社会交往及各类组织中，有的人热衷于以"圈"结网。一个地方、一个单位、一个班子里，如果人为地划几个"圈子"，树起几个"山头"，那么这个单位必然要内耗，必然四分五裂，矛盾重重。所以领导者在人际交往中要牢记历史教训，切记不要重蹈历史覆辙。

唐朝后期，统治集团内部出现不同派别的争权斗争，史称"朋党之争"。唐宪宗李纯在位时朝廷大臣分化组合，形成以牛僧孺、李宗闵为首的"牛党"，和以李德裕为首的"李党"，两派相互倾轧四十余年。李党领袖李德裕和郑覃皆出身士族高第、宰相之子，皆以门荫入仕，主张"朝廷显贵，须是公卿子弟"。其理由是自幼漂染，"不教而自成"。而牛党领袖牛僧孺、李宗闵等多由进士登第，反对公卿子弟垄断仕途；在对待藩镇的态度上，两派各执一词。李党世代公卿，支持唐廷抑制强藩，因为节度使强大，影响他们的利益。牛党大多来自地方州郡，与藩镇有千丝万缕的联系，利害相关，主张姑息处之，希望朝廷承认割据事实。在对待周边少数民族政权的问题上，双方态度也相去甚远。两党争持日久，最后变为意气相攻。除去不同利害，已无明显的政见不同。如当时朝堂宦官擅权，两党争相攀附权阉，以为援助。两党交替执政，相互攻伐，使腐败的朝廷更加混乱。唐武宗时，李德裕高居相位，将李宗闵贬斥流放封州；宣宗时，牛党得势，李党皆被罢斥，李德裕被贬死崖州。宣宗时牛僧孺病死，牛李党争才告结束。唐文宗为此感慨：去河北贼易，去朝廷朋党难。"安史之乱""牛李党争"与藩镇割据以及中官（即宦官）干政使强大的唐王朝一蹶不振，江河日下。

第五节 领导者形象塑造的思路

在现代社会,组织与个人的形象作为一种软实力起到了越来越重要的作用。规范和践行职场礼仪成为职业形象塑造的重要环节,受到人们越来越多的关注和重视。领导者通过一定的方式展示自身形象,并提高其正向辨识度,以得到追随者的遵从和热爱。

一、领导者气场及辨识度

(一) 气场及辨识度

气场是指一个人的气质对周围的人产生的影响。尽管有科学家通过实验研究表明人的精神、意识、思维可能是一种能量波,但是其实气场是某个人的内在魅力对周围的人与环境产生的影响。身为组织的领导者,他的气场的大小决定了他领导效力的高低,更决定了他对组织和他人影响力及号召力的强弱。纵观历代卓越的领导者,他们都有一种超级强大的气场,能把人才吸引来,把队伍凝聚住,成就一番丰功伟业。

领导者的魅力能够提高公众对领导的辨识度。所谓辨识度是指辨别认识的程度,辨识度高就是拥有某些特殊的特质,能从平凡正常中脱颖而出。

(二) 强势领导者的作用

强势领导者是指在领导过程中具有强大气场和影响力的领导者,俗话说"兵熊熊一个,将熊熊一窝。"此话是对一个领导者领导下属能力的通俗说法。一个团队,只有领导足够强势,下属才能敬畏并自觉地服从任务安排,团队才能有战斗力。一头绵羊带领的一群狮子敌不过一头狮子带领的一群绵羊,可见领导力对于一个组织的重要性。领导者的强势不是横眉冷对、强硬生冷,而是体现在对下属思想和情感的有力掌控上,这要求领导者内心强大、气场强大、影响力强大。

二、严刑峻法塑威慑力

在领导过程中,领导者的威严是必要的;有威严,才会通达顺利;有威严,才会使人恐惧。当威严的领导者出现时,人们不乱说乱笑,会严肃认真地工作。而严刑峻法是塑造这种威慑力的途径。

《三国志·魏书》中记载有"曹操造五色棒"的典故，大意是：曹操刚当尉官的时候整治四门，制造五色棒，县门左右各放十来根，有人触犯禁令，不规避豪强，一律都用棒杀死。几个月后，灵帝宠爱的小太监蹇硕的叔父晚上行走，曹操当即杀了他。京师收敛了乱象，没有胆敢冒犯的人。与皇帝接近受宠爱的臣子都嫉恨他，却不能够伤到他，反而都称赞他并推荐他升官，因此曹操被调任为顿丘令。初出茅庐的曹操在施政上取得了空前的成功，用史书的话说就是："京师敛迹，莫敢犯者。"更重要的是，曹操的威名就此树立，为他以后做事减少了许多阻力。正如《后汉书·崔骃传》所言："故严刑峻法，破奸宄之胆。"

明太祖朱元璋通过"重典治吏"树立威信，明代吏治的基本思想大约可以提炼成八个字，即"重典治吏，明刑弼教"。明太祖朱元璋来自于社会下层，参加过农民起义，掌权之后更是以"重典治吏"著称，因为他对元代官吏贪赃枉法欺压百姓，激起人民反抗，最后导致政权崩溃的体会极为深刻。所以，他主张"如今要平立法禁，凡遇官吏贪污蠹害百姓的，决不宽恕"。而他"重典治吏"的重点在于打击贪官污吏。当时犯贪污六十两以上者枭首示众，有的送"皮场庙"剥皮楦草，并悬于官府公堂之旁。《大明律》集中体现了"重典治吏"的吏治思想，不少条文是前所未有的。在"重典治吏，明刑弼教"的吏治思想指导下，经过数十年的整治，明初吏治一改元末颓风，"一时守令畏法"，较为清明，皇帝的威严也树立起来了。

三、塑造博闻强记、博学多才形象

博学多才是学问广博精深，有多方面的才能。作为领导干部应该有渊博的知识和丰厚的文化底蕴，除了要掌握与自己本职工作相关的业务知识以及现代的思维知识之外，还要掌握一定的历史知识和法律知识。总之，我们的干部必须具备复合型人才的要求。

《清史稿·圣祖本纪》中记载康熙皇帝少有大志，少年时期就智除鳌拜，青壮年时期又平三藩之乱，收复台湾统一全国，打击沙俄、准噶尔等边境势力。不光武功可称卓越，康熙文治之功也不可埋没。康熙任内多次诏举博学鸿词，笼络了大批流落民间的优秀的明遗民文人和学者，倡导理学，编纂大型典册书籍等。康熙开启了长达百年的康乾盛世。

康熙作为皇帝，身边有许多名师硕儒侍讲，这些博学之士对康熙的读书勤奋评价也都很高。比如康熙初年有位侍讲学士就说：当今皇帝勤于学习，是前古皇帝所未有的。"我"每日见皇帝坐卧之处周遭都环绕着各种典籍，尤其喜欢读四书五经性理之书。康熙任内，还添了个新官职，叫南书房供奉。康熙皇帝不仅自己读书勤奋，甚至连跟着他的侍卫左右因为与他相处多，竟也能通些文墨典故。故《清史稿·圣祖本纪》中最后对康熙的评价甚高："圣祖仁孝性成，智勇天锡。早承大业，勤政爱民。经文纬武，寰宇一统，虽曰守成，实同开创焉。圣学高深，崇儒重道。几暇格物，豁贯天人，尤为古今所未觏。"❶

四、树立勤政能干、业绩卓著形象

雍正帝1722年继位，1735去世，在位共有12年8个月，雍正是一位非常勤奋的皇帝，也是中国历史上为数不多的较为勤政的君主。据说他在位期间仅仅在数万件奏折中所写下的批语，就多达1000多万字。召见大臣7200多人，每天都工作到很晚才休息。他的日常生活也较为节俭朴素，且不讲排场，也不好大喜功、大兴土木、铺张浪费，大力发展农业生产，整饬吏治，大批贪官污吏打下去，大批清廉能臣用上来，将国家治理得井井有条。国家经济发展平稳、财政收入增长明显，对外用兵比较顺利，获得过几次辉煌的胜利，百姓生活安稳富足。在他的统治下王朝进入鼎盛时期。

故《清史稿·世宗本纪》中评论雍正："圣祖政尚宽仁，世宗以严明继之。论者比于汉之文、景。独孔怀之谊，疑于未笃。"❷

五、塑造率先垂范以德治国形象

元代人郭居敬编撰有《二十四孝》，其中第七个故事《亲尝汤药》说的是以德治国的孝子汉文帝，原文是：汉文帝，名恒，高祖第三子，初封代王。生母薄太后，帝奉养无怠。母常病，三年，帝目不交睫，衣不解带，汤药非口亲尝弗进。仁孝闻天下。诗赞：仁孝临天下，巍巍冠百王。莫庭事贤母，汤药必亲尝。

汉代第三个皇帝是汉文帝（与汉景帝的统治时期被誉为"文景之治"），名叫刘恒，是汉高祖刘邦的第三子，最初被封为代王。文帝的生母是薄太后。他即帝位后侍奉母亲从不懈怠。母亲生病，一病就是三年，文帝常常目不交

---

❶ 赵尔巽，等. 清史稿［M］. 天津：天津古籍出版社，2012：155.
❷ 赵尔巽，等. 清史稿［M］. 天津：天津古籍出版社，2012：172.

睫、衣不解带地亲自照顾，给母亲服用的汤药，他要没有亲口尝过就不让母亲服用。他（在位重德治）以仁孝之名闻天下。

汉文帝品德高尚不仅表现在对长辈的孝顺上，更渗透到治国理政上面，《资治通鉴·第十五卷·汉文帝》里有这样的故事，大意是：文帝即位已来，历时二十三年，宫室、园林、车骑仪仗、服饰器具等，都没有增加；有对百姓不便的禁令条例，就予以废止以利于民众。文帝曾想修建一个露台，召来工匠计算，需花费一百斤黄金。文帝说："一百斤黄金，相当于中等民户十家财产的总和，我居住着先帝的宫室，经常惧怕使它蒙羞，还修建露台干什么呢！"文帝自己身穿黑色的粗丝衣服，他宠爱的慎夫人，所穿的衣服不拖到地面，所用的帷帐都不刺绣花纹，以显示朴素，为天下人做出表率；修建霸陵，都使用陶制器物，不准用金、银、铜、锡装饰，利用山陵形势，不另兴建高大的坟堆。吴王刘濞伪称有病，不来朝见，文帝反而赐给他几案手杖。群臣之中，袁盎等人的进谏言辞激烈而尖锐，文帝常常予以宽容并采纳他们的批评意见。张武等人接受金钱贿赂，事情被觉察后，文帝反而赏赐他们钱财，使他们心中愧疚；他全力以德政去教化百姓。所以，国家安宁，百姓富裕，后世很少能做到这一点。❶

六、相机示强彰显实力塑造强者形象

乾隆皇帝即清高宗，他是清朝的第6位皇帝，他25岁登基，在位60年，是清朝在位时间较长的皇帝。他即位后，在政治上实行"宽严相济"的治国理政政策，大力打击腐败整饬吏治，制定各项典章制度，优待士人；在经济上奖励垦荒，兴修水利，大力发展农业生产积聚国力。继续施行前任的"摊丁入亩""改土归流"等政策；在对外关系上积极作为，使社会经济在稳定发展中达到繁荣，这一时期也是清朝国力最鼎盛的时期。乾隆在其先人既有成就的基础上，进一步巩固并开拓了中国的疆域版图，维护并加强了多民族统一。

《清史稿·高宗本纪》中对其评价道：高宗运际郅隆，励精图治，开疆拓宇，四征不庭，揆文奋武，于斯为盛。享祚之久，同符圣祖，而寿考则逾之。自三代以后，未尝有也。惟耄期倦勤，蔽于权幸，上累日月之明，为之叹息焉。❷乾隆相机示强彰显实力维护了国家利益，也彰显了大国领导人的强势风

---

❶ 司马光. 资治通鉴：全新校勘精注版（第一册）[M]. 徐寒，注译. 北京：线装书局，2017：117.
❷ 赵尔巽，等. 清史稿[M]. 天津：天津古籍出版社，2012：284.

采更维护了国家尊严。

中华传统文化博大精深、内涵丰富。传统文化不是一朝一夕形成的，是一个国家、一个民族在岁月的长河中长期发展的积累与沉淀。做好传统文化的传承与发扬，不仅包含着对自己民族文化的认同，更重要的是让民族文化生生不息、薪火相传。在建设社会主义现代化的今天，在全面建成小康社会的伟大征程中，中华传统文化被赋予新的时代内涵。进入新时代，站在新的历史起点上，汲取传统文化中的有关领导思维的有益成果，有助于我们形成新共识，汇聚更强大的民族力量。这对于我们建设中国特色社会主义、培育和践行社会主义核心价值观意义深远，对于促进国家治理体系和治理能力现代化、实现中华民族伟大复兴的中国梦意义重大。

第五章 新时代管理者领导力开发

领导力可以被形容为一系列行为的组合,而这些行为将会激励人们跟随领导去要去的地方,而不是简单的服从。

第一节 领导力及领导力模型

我们常常将领导力简单地定义为领导能力,这其实并不准确。

一、领导力内涵及其发展

领导力就是一种领导者具备的通过前瞻性的缜密战略思考,在充满动态和不确定性的环境中,影响并带领下属顺利完成组织目标的能力。

领导力在领导系统中是一个根本性、战略性的范畴,是领导者凭借个人素质的综合作用,在一定条件下对特定个人或组织产生的人格凝聚力和感召力,是保持组织卓越成长和可持续发展的重要驱动力。❶

对领导力的研究源于对领导的研究并以之为基础,早期的研究者对领导的研究主要针对领导特质、领导模式、领导行为、领导权变、领导风格等方面展开,并致力于寻求领导效果的提升。纵观西方对领导力的认识过程,发现对其研究有两种取向——个人能力与集体能力。

20世纪较早出现了系统的有关领导行为的理论并且风行一时。该理论试图从卓越的领导者身上发掘出具有共性的特质(如性格、品质等特征),从而找出有效领导活动发生的原因。也就是揭示为什么领导者能够成为领导者,

---

❶ 贾东荣. 领导力 [M]. 北京:知识产权出版社,2020:12.

为什么他们具备领导力。如亨利（W. Henry）在 1949 年指出了成功的领导者应具备组织能力强、自信心强和思维敏捷等 12 种品质。20 世纪 70 年代，特质领导理论发展为魅力型领导理论（Charismatic Leadership）。豪斯在 1977 年指出，魅力型领导者具有高度自信、支配他人的倾向和对自己的信念坚定不移三种特征。到了 20 世纪 90 年代，本尼斯（W. Bennis）通过对 90 名美国最有成就的领导者进行研究后，指出魅力型领导者有四种共同的能力。20 世纪 80 年代之后产生的一些领导理论流派认为组织中的任何成员都有可能在某种特定的情境下担当领导者的角色。20 世纪 90 年代出现的分权式领导理论流派和学习型组织等流派的领导观更加靠近"集体"这一极。进入 21 世纪，由于在应对日益复杂多变的挑战时，个体领导者越发显得能力有限；随之，理论界中英雄主义领导理论也备受质疑，对领导力的研究朝着"集体"的方向继续迈进。安诺—比恩认为组织系统中个人、团体和组织相互依赖，有时领导和追随的边界可能会被打破，要明确谁起到的作用更关键是很困难的。[1]

在现代有学者认为，现代领导力最大的特点就是它的系统性、体系性、综合性。他们进一步提出：领导力＝目标力＋环境力＋领导者个人能力＋被领导者的能力＋领导方法与艺术。最直接的体现是领导者的领导力加上被领导者的执行力。领导者和被领导者的多个力构成了领导力，形成一个现代领导力系统。这个系统包括预测力、分析力、决策力、用人力、服务力、影响力、亲和力、凝聚力、学习力、应变力、统御力、沟通力、协调力、约束力、激励力、计划力、组织力、整合力、指挥力、管控力、策划力、表演力、表达力、适应力、承受力、担当力、创新力、竞争力、聚合力、技术力、谈判力、御权力、御人力、处理力、定向力、精细力、模糊力、理论力等。[2]

由此可见，准确地界定领导力很难，它是一种素质，更是一种能力，在一定意义上就是行动能力，是综合素质，是在领导过程中展现出来的能够影响被领导者的综合素质和能力。

二、领导力构成要素及其模型

领导力是决定领导者领导行为的内在力量，是实现群体或组织目标、确保领导过程顺畅运行的动力。

---

[1] 邵天. 领导力研究综述［J］. 河北工程大学学报：社会科学版，2014（1）：24-25.
[2] 贾东荣. 领导力［M］. 北京：知识产权出版社，2020：13.

(一) 国外领导力模型研究

从领导力的角度分析,早期特质理论的核心是领导力问题而非领导问题。托格迪尔(Stogdill)在 1974 年得出的结论表明,领导者必须具备 10 个方面的能力或素质,即成就、韧性、洞察力、主动性、自信心、责任感、协调能力、宽容、影响力和社交能力。学者诺索斯(Northouse)则在总结多种特质领导理论研究成果的基础上,归纳了领导力的主要特性:才智、自信、决策力、正直和社交能力。魅力型领导理论的代表人物豪斯认为,魅力型领导力主要包括支配欲、强烈的影响欲、自信心和强烈的道德价值观等。英国领导学学者阿代尔(Adair)认为领导者在履行职责时需要展现以下品质或特性:群体影响力、指挥行动、冷静、判断力、专注和责任心。美国学者哈维·罗森(Rosen)认为领导者必须具备八项要素,即前瞻性、信任、参与意识、求知精神、多样性、创造性、笃实精神和集体意识。

寇非(Cuephy)在《领导学》中进一步区分了基本领导技能和高级领导技能。基本领导技能主要包括:从经验中学习,沟通,倾听,果断,提供建设性反馈,对有效的压力管理的指导,构建技术方面的任职能力,与上级构建良好的关系,与同事构建良好的关系,设置目标,惩罚,召开会议。高级领导技能主要包括:授权,调解冲突,谈判,解决问题,提高创造力,诊断个人、群体及组织层面的绩效问题,工作团队的塑造,等等。查普曼(Chapman)在《发现,然后培育你的领导力》中提出了一个经典的领导力形成模式,该模式包括六个要素,即充满理想色彩的使命感、果断而正确的决策、共享报酬、高效沟通、足够影响他人的能力和积极的态度。需要注意,领导力深深扎根于其赖以生存的土壤——被赋予力量的被领导者,领导者的力量来源于被领导者而不是他们的上级。他还给出了领导力公式,领导力是前五个要素的和与第六个要素的乘积。

(二) 国内领导力模型研究

国内研究者主要是基于"领导特质理论"进行领导力开发的相关研究,当前领导力开发主要专注于领导者自身。

马建新(2007)认为领导者要培养开阔的襟怀和宏观的视野,运用好控制力和端正权力,还要树立正确的世界观和人生观,加强自身的道德修养;❶

---

❶ 马建新. 有效领导力的构成及提升途径 [J]. 理论界, 2007 (1): 48-49.

张晓凤（2008）认为，领导力主要由六个方面构成，即前瞻力、发展力、协调力、创新力、执行力和凝聚力；❶ 苗建明、霍国庆等（2006）基于领导过程构建了领导力五力模型（见图5-1）：根据领导力概念谱系，领导力是支撑领导行为的各种领导能力的总称，其着力点是领导过程；换言之，领导力是为确保领导过程的进行或者说领导目标的顺利实现服务的。基于对领导过程进行的分析，可以认为，领导者必须具备如下领导能力：

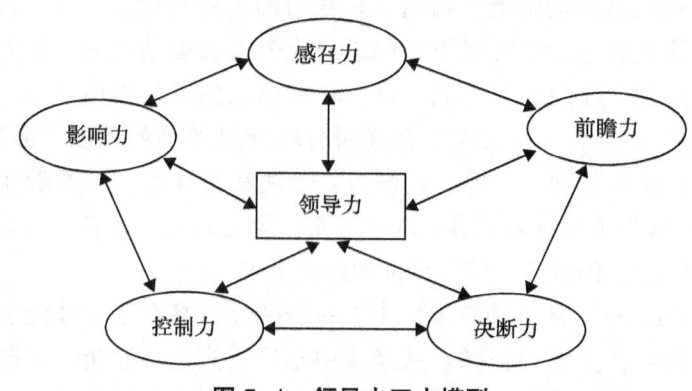

图5-1　领导力五力模型

1. 对应于群体或组织目标的目标和战略制定能力（前瞻力）

前瞻力从本质上讲是一种着眼未来、预测未来和把握未来的能力。具体分析，前瞻力的形成主要与以下因素有关：

（1）领导者和领导团队的领导理念；

（2）组织利益相关者的期望；

（3）组织的核心能力；

（4）组织所在行业的发展规律；

（5）组织所处的宏观环境的发展趋势。

2. 对应于或来源于被领导者的能力，包括吸引被领导者的能力（感召力）及影响被领导者和情境的能力（影响力）

影响力是领导者积极主动地影响被领导者的能力，主要体现为：

（1）领导者对被领导者需求和动机的洞察与把握；

（2）领导者与被领导者之间建立的各种正式与非正式的关系；

---

❶ 张晓凤. 提升公共部门领导力途径新探［J］. 广西民族大学学报：哲学社会科学，2008（1）：118-122.

(3) 领导者平衡各种利益相关者特别是被领导者利益的行为与结果；
(4) 领导者与被领导者进行沟通的方式、行为与效果；
(5) 领导者拥有的各种能够有效影响被领导者的权力。

3. 对应于群体或组织目标实现过程的能力，主要包括正确而果断决策的能力（决断力）和控制目标实现过程的能力（控制力）

决断力是针对战略实施中的各种问题和突发事件而进行快速和有效决策的能力，主要体现为：
(1) 掌握和善于利用各种决策理论、决策方法和决策工具；
(2) 具备快速和准确评价决策收益的能力；
(3) 具备预见、评估、防范和化解风险的意识与能力；
(4) 具有实现目标所需要的必不可少的资源；
(5) 具备把握和利用最佳决策及其实施时机的能力。

控制力是领导者有效控制组织的发展方向、战略实施过程和成效的能力，一般是通过以下方式来实现的：
(1) 确立组织的价值观，并使组织的所有成员接受这些价值观；
(2) 制定规章制度等规范，并通过法定力量保证组织成员遵守这些规范；
(3) 任命和合理使用能够贯彻领导意图的干部来实现组织的分层控制；
(4) 建立强大的信息力量以求了解和驾驭局势；
(5) 控制和有效解决各种现实的和潜在的冲突以控制战略实施过程。

领导力五力模型是领导者领导能力的高度抽象，是对作为领导学研究对象的一般领导者的领导能力的概括。在现实的领导实践中，只有杰出的领导者才能够在五力方面都达到极高的水准，真正实现领导者的全面发展。

第二节 新时代管理者的领导力开发内容与途径

2017年10月18日，习近平总书记在党的十九大报告中指出"中国特色社会主义进入了新时代"，进入新时代，是从党和国家事业发展的全局视野、从改革开放近40年历程和十八大以来5年取得的历史性成就与历史性变革的方位上，所作出的科学判断。在新的历史条件下，要不忘初心、牢记使命，实现中华民族伟大复兴就是新时代中国共产党的历史使命，这也是近代以来中华民族最伟大的梦想。而要实现这一目标，新时代管理者的领导力开发尤为关键。

一、领导力开发相关研究

领导力是一个综合的系统，是领导者综合素质和能力的体现。领导力的开发也是一个系统和综合的过程，面对不同人、不同群体，领导力开发的具体内容、方式、手段及工具也不尽相同。要根据对象进行有针对性的设计。

（一）国外关于领导力开发的研究

关于领导力开发，西方相关研究文献中引用率最高的是创新领导中心（即 CCL）的观点和学者黛尔（Day）的观点。CCL 认为领导者发展是领导力发展的一个方面，培养那些具有较高潜能的领导者和增加后备领导人才储备，仅在一定程度上能够增强组织的领导能力。组织不仅要发展个人的领导能力，也必须发展集体领导能力。强化个体之间的以及组织内部各团队之间的紧密联系，能够使组织成员跨越组织界限，以一种开放、包容的方式更加高效地工作。与 CCL 的观点基本一致，Day 把个人领导力的发展称为领导者发展，他认为领导者发展是人力资本的提升，而领导力发展是社会资本的增加，在个体之间网络型关系基础上，密切合作与强化资源互换。随后 Day 又将领导力发展视为一个多层次的过程：第一个层次是领导者个人发展；第二个层次涉及领导者与追随者、同级及上司的关系；第三个层次则关系到组织文化。[1]

（二）国内关于领导力开发的研究

李楠认为领导力开发应注重培育个人特质，包括自我形象、职业能力、多向沟通和品德操守。[2] 康健认为领导力的开发在于自我培养：培养作为领导人的个人特质，形成良好的职业操守；提升作为领导人的专业、说服才能和个人魅力、创新力以及行动力。[3] 王亚军认为开发领导力需要关注领导的胜任力，即自控力、工作力、执行力、影响力和创新力这五个方面。国防大学教授李兵认为领导力提升应聚焦在信仰坚定、树立权威、意志坚强、人格力量、勇于担当、关心下级、集体智慧、用人不疑、顺势而为、沟通能力这 10 个方

---

[1] 吴维库. 基于领导力缔造的三层次和谐研究 [J]. 中国地质大学学报：社会科学版，2010（1）：99-103，109.

[2] 李楠. 服务型政府的领导力开发初探 [J]. 理论建设，2010（2）：35-40.

[3] 康健. 企业领导力的开发与培养 [J]. 企业家天地，2011（3）：33.

面。❶ 程云、王林昌认为领导力开发的内容不应局限于个体领导能力的提升，而应同时丰富组织内的联系模式，以及组织文化、组织结构、流程、制度等要素。❷

在未来的领导力开发方式的研究中，其发展趋势是不能仅仅关注领导者自身，还要将领导者置于整个组织情境下，同公司的理念和战略变革方向一致，关注领导者行为和情境之间的复杂交互作用，实现领导力开发从领导者到其追随者、同级和上司、再到组织文化的多层次成长过程。

二、领导力开发的内容

现有领导力开发的研究大部分聚焦于个体领导力开发，21世纪初以来，领导力开发理论研究及实践越来越强调面向整个组织，提升组织应对变革的集体胜任力，而不仅是领导者个体领导能力的提升。如康吉（2004）认为可将领导力开发实践分为三类：一是领导者发展，促使管理者学习领导力的基本观点和技能；二是同化公司理念，即在公司各级管理层中同化公司理念、价值观和使命；三是推动和加快重要战略变革的公司创新。他还指出领导力开发实践正朝着后两个目标的方向发展。

国内学者具有代表性的观点有：任长江（2004）认为领导力开发应不断强化已确定的领导力素质模型；温馨（2009）提出领导力模型是企业系统实施领导力项目的基础。文茂伟（2011）从组织领导力发展的视角将领导力开发的内容分解为三个层面：一是个体层面的人力资本开发（领导自己，领导他人，领导组织的认知、情感态度和技能的发展）；二是实体关系层面的社会资本增进（发掘、拓展组织中的社会关系，增进实体间的联系）；三是集体情境层面的组织资本支持（组织文化、组织结构、流程、政策和制度的优化）。同时，他并指出能够兼顾个体、实体关系和集体情境多个层次的领导力发展项目通常能够取得更大的发展成效。❸

基于中外学者的最新研究，我们总结出领导力开发的内容如下：

（一）个体层面的人力资本开发

人力资本是指投资在个体身上并形成劳动技能等的资本量，可以通过开

---

❶ 李兵. 卓越领导力提升 [J]. 领导科学论坛，2018（8）：40-51.
❷ 程云，王林昌. 组织领导力开发初探 [J]. 商业时代，2013（25）：102-103.
❸ 杨生秀，章志杰. 领导力开发 [M]. 沈阳：东北大学出版社，2016：54-55.

发管理者的潜能，来使其领导行为更成功。拥有杰出能力的领导者无论身处何地都有着与众不同的魅力，能吸引很多人忠心地追随他，这些能力其实来源于他所具有的优秀品质。这些品质包括：①自信。自信是指人对自己的个性心理与社会角色进行的一种积极评价的结果。它是一种有能力或采用某种有效手段完成某项任务、解决某个问题的信念，领导者为了使下属相信其目标和决策的正确性就要表现出高度的自信。②诚实与正直。领导者只有诚信、正派及言行一致才能与下属建立起相互信赖的关系，领导者的强大影响力源于其与下属之间牢固的相互依赖关系，以及在此基础上形成的忠实追随关系。③领导愿望。领导者要有强烈的影响他人和领导他人的愿望，表现为敢于担当和勇于面对一切困难，这样才能建立威信。④智慧。领导者要有足够的智慧来收集、整理和分析纷繁复杂的大量信息，并准确地确立目标、解决问题和做出正确的决策。⑤进取心。领导者应表现出高度的工作积极性、拥有强烈的成就欲望，对自己从事的活动坚持不懈、有高度的主动精神和进取心，追求完美、永无止境。

（二）组织层面的社会资本开发

随着外在环境的复杂多变，领导者个体已无法独立应对领导任务，而必须以团队方式来确定方向、形成联合、获得承诺等以应对领导任务。这样领导力更多地体现为整个体系各个组成部分之间的动态互动的结果，这就有赖于组织中各个实体高质量的相互联系，此联系即体现为社会资本。实体关系层面的社会资本增进领导力开发主要体现为以下几点。

1. 形成和扩大连接实体的网络

组织中的个体存在于一定的网络中，每个个体通过网络实现信息和资源的交互，形成、强化和扩大实体间的网络，以有利于个体间信息及资源的快速交互，从而使组织能有效地应对变革。现代信息技术的运用可以让更多的组织成员以尽可能多的方式联合起来完成领导任务，也使得那些有能力引发变革、创新的组织成员更有可能在领导任务中发挥影响力，从而提高领导过程的敏捷度和反应力。

2. 形成更多的共同语言或一致的认知

组织中各实体的共同语言是社会资本的认知形式，集体的认知能力（即团队或组织准确认知现实环境，作出判断，形成观点的能力）是组织领导力的重要组成部分。组织中的各实体正是基于共同语言或一致的认知，才能连接为一个整体,相互理解,达成一致,并根据内外部环境变化快速且准确地作出反应。

(三) 组织情境层面的领导力开发

领导力开发对于集体情境层面的组织资本支持主要体现为:

1. 同化或改善组织价值观及管理理念

同化有利于组织应对当前挑战的价值观及管理理念,在组织各层级形成一致的认识。收集、整理符合组织价值观及理念的案例,通过组织讨论方式在组织内广泛传播;在人员选拔、考核和激励制度上鼓励符合组织价值观和管理理念的行为;鼓励管理层身体力行,以及与团队成员进行组织价值观及管理理念的交流互动。

2. 传递组织变革的必要性及具体要求

通过安排、设计集中研讨或网络虚拟社区交流等方式,向组织成员传递重大变革的必要性、紧迫性,变革的推进对各角色的具体要求,并及时向决策层反馈各利益群体的意见,促使组织内部对变革各方面进行更广泛、更深入的交流,从而支持变革的顺利推进。

3. 传递战略执行目标对于组织中各种角色的期望和要求

传递战略执行目标,澄清在当前业务目标下的职责要求,主要包括:要应对组织当前的业务挑战,组织赋予该角色的责任;要成功承担该责任应具体实施的关键业务活动;实施这些关键业务活动中常见的问题及成功者的实践案例。

综上所述,领导力开发活动旨在在个体层面的人力资本开发、实体关系层次的社会资本增进、集体情境层面的组织资本支持三个方面提供支持,支持个体及整个组织有效地完成"确定方向、整合利益相关者、激励和鼓舞"的领导任务,以支持整个组织有效应对复杂快速变化的内外部环境,❶ 见表5-1。

表5-1 领导力开发的内容

层面	内容
个体层面的人力资本开发	各层级领导者群体的数量与质量; 各层级领导者群体的技能与行为:领导个人、领导他人、领导组织。

---

❶ 杨生秀,章志杰. 领导力开发 [M]. 沈阳:东北大学出版社,2016:115-117.

续表

层面	内容
实体关系层面的社会资本增进	形成更多的共同语言、达成一致的认知； 形成、扩大和连接实体的网络； 让网络中的实体以更加丰富的方式相互作用。
集体情境层面的组织资本支持	同化或改善组织价值观及管理理念； 传递组织当前重大变革的必要性及具体要求，支持组织重大变革； 传递战略执行目标对于组织中各角色的期望和要求。

三、领导力开发的途径

领导者不完全是天生的，在很大程度上是后天成就的，领导力更是后天学习开发而成的。

国外学者对领导力开发方式方法的论述有：大卫·吉伯等（2005）认为影响领导力开发计划包含的关键活动有行动学习、跨职能岗位轮换、360度反馈、接触高层管理者、外部教练、全球范围的岗位轮换、参与企业战略会议、导师制、企业内部案例研究、EMBA、快速晋升、集中培训。他还归纳出最能影响领导力开发效果的关键因素，前三个是高层管理者的支持和参与、持续的评价、领导力开发与战略规划结合；康吉等（2004）总结出高效的个人领导力培养方法是以精心设计的单一领导力模型为中心，采用标准明确的学员筛选程序，进行课前准备，使用个性化的360度信息反馈巩固学习成果，采用多种学习方法，通过长期学习和多个学期，而且公司支持系统到位。有效的培训取决于各种方法的综合使用；明茨伯格（2011）提出在管理教育中多种教学方法的融合框架（见图5-2），并同时强调从概念性见解的角度对经验进行深思熟虑的反思是管理学习的关键，有经验的反思在学习过程中占据核心地位。

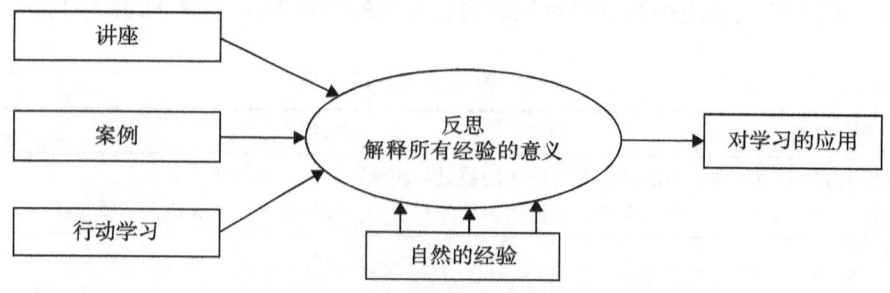

图5-2　多种教学方法的融合框架

国内学者文茂伟将领导力开发的举措分为两类：一是传统的正式的教育培训；二是组织工作情境中提升个人和组织领导力的方法，包括导师辅导、360度反馈、个人成长项目、高管教练、工作任务指派、行动学习等。❶

综合国内外学者的提法，领导力开发的典型方法有以下几种。

（一）自我训练法

领导力开发的自我训练法无外乎读书、交流、模仿、感悟、训练、借鉴。有学者将其具体细化为：做一个清晰的职业规划，多看积极向上的励志书籍或影视作品，经常与有志之士探讨人生价值或奋斗目标，以形成远大抱负；经常回顾自己从前成功的事情，经常阅读成功的励志书籍，经常参加使人奋发、磨炼意志的培训或团队活动，以保持强烈的自信心；回顾和模仿其他领导者决断时的方法和流程，经常在组织中进行决断力演练，模仿或实际进行决断，经常与他人探讨决断的方法与艺术，以形成果敢的决断力；阅读激励书籍，经常与下属进行探讨以了解下属的需要，在团队或组织中进行模仿演练，对其他组织进行考察，让员工或团队参加有关激励的演讲或技能培训，改变工作方式和激励方法，以形成高超的激励力；多阅读有关沟通的书籍掌握沟通方法，多参加沟通培训掌握沟通技巧，多与上级、平级、下级沟通，在日常生活中进行锻炼，多参加非正式组织活动，多参加演讲活动，以形成有效的沟通力；多阅读有关控制的书籍，对他人控制活动进行系统思考，在组织内部进行仿真模拟演练，多参观和考察其他组织的成功做法，对失败的控制进行反思和总结，提前做出预案，以形成适度的控制力。❷

（二）教练训练法

教练训练是将体育教练训练运动员的模式应用到企业管理实践而产生的一种培训技术。它通过改善受训者的心智模式来发挥其潜能和提升效率，从而帮助渴望成长的领导者认识并发现自身存在的价值和潜力。它是一种典型的任务导向型训练。

领导力开发的教练技术在西方国家得到广泛应用和推广，其实施步骤有：

（1）帮助领导者分析环境，确立正确的目标方向；

---

❶ 杨生秀，章志杰. 领导力开发 [M]. 沈阳：东北大学出版社，2016：55-56.
❷ 罗倩文. 组织行为学 [M]. 北京：科学出版社，2016：155-156.

(2) 帮助领导者明确自己的处境和位置；

(3) 帮助领导者改善心态，强化自信和勉励坚持；

(4) 帮助领导者在实施目标的过程中审时度势。

教练技术在使用中会广泛使用九型人格、360度反馈工具等帮助领导者提升领导力水平，但教练技术要求教练在领导力理论和领导力开发实践中具有丰富的知识和经验，要有前期在领导力领域长期积累的丰富经验。因此，在浅层的知识和技能方面，实施教练技术训练的效果较为明显；在深层次的核心能力方面其效果有限，关键还得看领导者的自我感悟。

（三）组织训练法

组织训练是组织提供平台或机会进行的领导力训练，在实施时要注意：组织层面要重视领导力开发，要将其上升到战略高度进行审视；要重视领导力核心要素的开发，甚至要将其凝练为企业核心价值观；在领导力开发过程中要构建完善的领导力梯度开发平台；要立足企业实际并吸收借鉴其他组织的成功经验，构建符合自身发展的领导力组织训练体系。❶

现在比较常见的有基于发展中心的领导力开发技术，领导力发展中心是包括一定的内部结构、受程序驱动的、由受过专门训练的培训师组织的一个能力提升的过程。它包括评估考察受训学员的价值观和动机、设定可观测的目标、制订行为提高计划，以及用有效的手段和技术帮助受训者发展领导技能等环节。

领导力发展中心的培训内容和模式（见表5-2和表5-3），从培训内容上看包括领导知识、技能、价值观、自我意识及人格特质等。与此对应，培训师的角色与学员角色要求各不相同。它不仅从个性特征角度训练个体的领导行为，也注重将个体的价值观、个人心理动力进行综合考虑，采用不同评估工具，通过对个体在情景模拟中的表现进行细致、客观的评价。它强调自我认识和理解的重要性，强调通过学员和培训师的互动使学员通过自我认识、实践演练、效果迁移等步骤获得真正的改变。❷

---

❶ 贾东荣. 领导力 [M]. 北京：知识产权出版社，2020：20.
❷ 杨生秀，章志杰. 领导力开发 [M]. 沈阳：东北大学出版社，2016：119-120.

表 5-2　领导力发展中心培训内容与目标

培训内容	培训师角色	学员角色
领导知识与技能	向学员介绍培训的意义	认识到知识、技能对领导力提升的价值
	说明培训基本步骤、目标和双方角色	系统学习领导知识和技能
态度价值观培训	通过案例分析、情景模拟等方式向学员传授知识学习与行为改善的技巧、方法和模式	达到对知识技能的领会、运用、分析、综合、评价要求
	为学员实施改善做好知识、技能准备	
	结合企业文化、职位要求让学员知晓理解领导理念	学习与组织氛围相匹配的领导价值观

表 5-3　领导力发展中心的操作模式

学员角色	开发阶段	开发操作	开发目标
自我认识和反思发展准备	领导力定义	领导胜任力特征建模	建立培训发展目标
发展准备	领导力评估	领导力评价	评估学员领导力水平
发展参与	领导力学习	点评、反馈、讨论；提出建议；揭示领导力本质；增加个体自省自觉	帮助学员自我认识；明确目前领导力水平；达成发展知识；形成发展努力目标
发展行动	领导力练习	示范期望行为；指导模拟与体验；提供演练机会；适时反馈	初步理解目标模式；练习目标行为；体验目标感情
发展保持	领导力应用	模式迁移；持续强化	固化训练效果；提高领导力水平

第三节　华为公司的领导力开发实践

华为于20世纪80年代中后期开始创业，从一个名不见经传的小公司经过不到40年的发展，成为中国举足轻重的大型高科技企业。成功企业总有它的成功原因，站在一定高度俯视华为的管理，我们会发现有许多管理方法是值得其他企业参考借鉴的。作为中国较优秀的一家民营企业及中国真正被世界认可的全球化公司，其组织领导力建设上的独到之处值得学习。

一、组织战略与战略领导力

战略是企业为取得或保持持续的竞争优势,通过在不断变化的环境中对经营范围、核心资源与经营网络等方面的界定,通过配置、构造、调整与协调其在市场上的活动来确立创造价值的方式。❶

(一) 战略领导力

"战略领导力"的概念最早是由英国著名领导学专家约翰·阿代尔(John Adair)提出的,他认为"战略领导人职责的根本特征是对整体负责,为整体行事"。概括地说,这种能力就是战略领导人应具备的为整体行事的能力;同时,它也常常泛指一般领导者的能力建设与开发中那些带有根本性、关键性的领导能力。❷

战略领导是一种对企业能力和战略的全过程整合的能力,也是领导者在战略管理过程中展示独特的战略思维的一种实践。战略领导力不仅对公司的成长和发展以及组织绩效产生重大影响,而且还有助于企业建立竞争优势,这是公司长期发展的根本动力。

(二) 组织领导力与个体领导力在战略实现中的关系

领导力可以分成两个层面:其一是组织领导力,也就是作为一个整体对其他组织和个人的影响力,此层面的领导力涉及组织文化和战略层面;其二是个体领导力,对企业而言就是各级管理者和领导者的领导力,它是一种组织实现资源分配,同时控制、激励和协调群体活动,使之相互融合的能力。个人领导力是组织领导力的一部分。

战略领导者是一个受众多复杂要素影响的概念,这些因素有组织环境、技术、战略、文化、结构、领导等方面。在传统观念中,领导能力主要体现在领导者与小部分工作群体之间的关系中,而与之对应的是在动态和充满不确定性的环境中的战略性领导行为。战略性领导力在普通人的认知中被认为大多在CEO级别的高层管理者中体现,它是高层管理者的一项重要能力,但是任何层面的管理者都应该具备战略思维。战略性领导力包括认知能力、变革能力、管理能力、吸收能力和适应能力。只有具备战略性领导力,才能在

---

❶ 李丹秀,徐娟,张勇. 企业战略管理 [M]. 北京:清华大学出版社,2016:4.
❷ 陈红慧,董攀峰. 战略领导力研究综述 [J]. 管理学家,2014 (12):447.

各个层面高效地完成组织目标。组织中不同层级的领导者都有对应的领导力描述，见图 5-3。

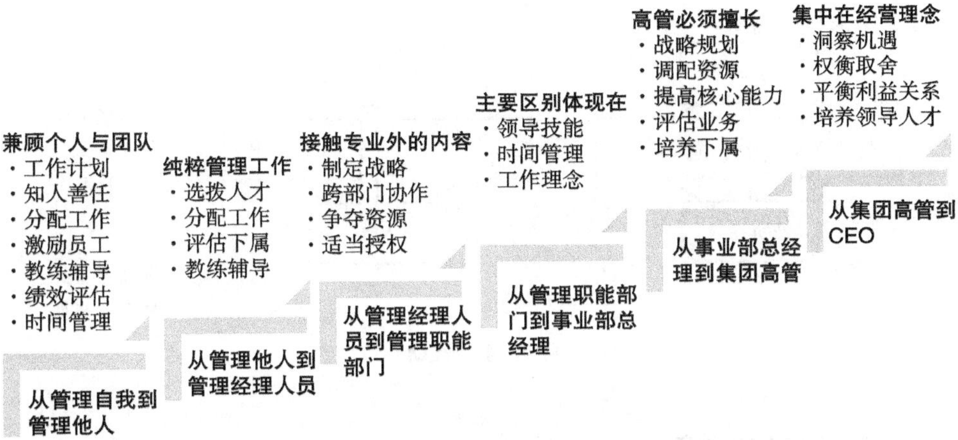

兼顾个人与团队
- 工作计划
- 知人善任
- 分配工作
- 激励员工
- 教练辅导
- 绩效评估
- 时间管理

从管理自我到管理他人

纯粹管理工作
- 选拔人才
- 分配工作
- 评估下属
- 教练辅导

从管理他人到管理经理人员

接触专业外的内容
- 制定战略
- 跨部门协作
- 争夺资源
- 适当授权

从管理经理人员到管理职能部门

主要区别体现在
- 领导技能
- 时间管理
- 工作理念

从管理职能部门到事业部总经理

高管必须擅长
- 战略规划
- 调配资源
- 提高核心能力
- 评估业务
- 培养下属

从事业部总经理到集团高管

集中在经营理念
- 洞察机遇
- 权衡取舍
- 平衡利益关系
- 培养领导人才

从集团高管到 CEO

图 5-3 组织中不同层级管理者的领导力要求

二、基于 BLM 的组织领导力构建

（一）BLM

BLM（Business Leadership Model），一般翻译为"业务领先模型"，源自 IBM 一套完整的战略规划方法论，这套方法论是 IBM 在 2003 年研发的。2005 年，华为销服体系和 IBM 合作领导力项目的时候，华为发现 IBM 的 BLM 工具可以弥补业务部门战略落地的缺失，促进业务和人力资源战略的有效连接，于是引入 BLM 进行研发并推广。

BLM 分为四部分（见图 5-4），最上面是领导力，公司的转型和发展归根结底在内部是由企业的领导力来驱动。最下面是企业价值观，这是底盘。中间的两部分被称为战略和执行，好的战略设计还要有非常强的执行，没有好的执行再好的战略也会落空。

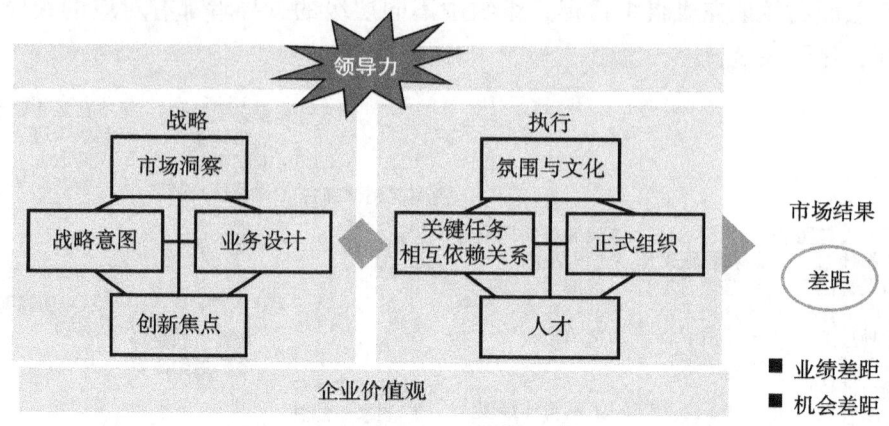

图 5-4 BLM

(二) BLM 的内容

BLM 认为企业战略的制定和执行部分包括 8 个方面，分别是战略意图、市场洞察、创新焦点、业务设计、关键任务、正式组织、人才、氛围与文化。

(1) 战略意图。好的战略规划，起始于好的战略意图的陈述和战略目标的表达，这是战略规划的第一步。

(2) 市场洞察。市场洞察力决定了战略思考的深度，其目的是清晰地知道未来的机遇和企业可能碰到的挑战与风险，理解和解释市场上正在发生着什么，以及对公司未来的影响。

(3) 创新焦点。把创新作为战略思考的焦点，其目的是捕获更多的思路和经验。好的创新体系是企业与市场进行同步的探索和实验，而不是独立于市场之外的闭门造车。

(4) 业务设计。战略思考要归结到业务设计中，即要判断如何利用企业内部现有的资源，创造可持续的战略控制点。好的业务设计要回答两个基本的问题：新的业务设计能否建立在现有能力基础上；若不能，能否获得所需要的新能力。

(5) 关键任务。关键任务统领执行的细节，是连接战略与执行的轴线点，给出了执行的关键任务事项和时间节点，并对企业的流程改造提出了具体的要求。

(6) 正式组织。这是执行的保障。在展开新业务的时候，一定要舍得投入人力和资源。同时要建立相应的组织结构、管理制度、管理系统和考核标准，否则执行的结果往往会大打折扣。

（7）人才。人才要有相应的技能去完成战略的执行，包括技能的描述，以及获得、培养、激励和保留人才的措施。

（8）氛围与文化。常见的管理风格包括强制式、身先士卒式、教练式和授权式。在知识密集型经济时代，大多数成功转型的企业，最终都逐渐形成了开放、授权、共享的氛围和文化。

在该方法论中"领导力"是贯穿整个规划与实施的关键环节。公司各级管理者均需要一定的领导力进行市场持续的洞察、识别新的机会、开发并持续改进业务设计、确保业务设计落地执行，并最终实现战略目标。

三、华为公司的领导力开发实践

（一）华为公司的领导力模型

世界上优秀的企业都有其独特的组织领导力，并且有完善的领导力培训计划，以系统地提升干部各方面的领导力。华为在公众通信网络设备商中拔得头筹后，近年又相继推出了华为手机和华为企业网，并相继取得了瞩目的成绩，这些都得益于其联合咨询公司开发的一整套完整且复杂的干部领导力素质模型、管理素质模型以及干部领导力培养计划。

1. 华为个人领导力要素

华为个人领导力，简单地说可以分成 4 个能力，也是干部评价绩效的重要参考因素。

（1）理解力：也就是要能正确领会上级领导意图，明确理解其他部门配合请求以及下属的需求和工作计划，更重要的是能明白客户的要求和潜在需求。

（2）执行力：明确的目标与责任人、及时的激励、严格的考核、畅通的沟通、有效的辅导等都是执行力需要注意的方面，最终目标的达成、责任人的落实、标准的明确和利益的分配是执行力的考核指标。

（3）决断力：对于公司高级领导或者业务部门一把手，该能力尤其重要，需要在各方利益纠缠不清时勇于担当责任并指明战略方向，带领团队最终实现目标；但决断不代表武断，决断力是一种对直觉的把握能力和缜密思考的判断能力的综合体。

（4）人际连接能力：任何一家公司，无论是矩阵式、项目式、直线式还是事业部式，都是一个复杂的综合体。虽然说每个职位都有其职能描述，但通常情况下任何一件跨部门的事情都需要责任人的持续推进和跟踪，这就要求责任人具备足够的人际连接能力。

2. 华为的组织领导力要素

华为的组织领导力，来源于军队管理体系，更是一个系统性工程，融入各级干部管理体系中，从公司整体上运用流程高效地完成了内部的任务分工、规划与执行、干部提拔和聘用、利益的分配与激励等任务，最大限度地降低了人为能力差异造成的局限性。组织领导力主要由以下几点构成：

（1）明确的层级和角色分工：从企业到事业部，再到业务群、部门、经理、普通员工，都有自己的角色和能力描述，每个人都了解公司对自己所处角色的期待并被持续地激励，为之不断地努力，以符合并超出公司的期待。

（2）完善的流程：从战略规划到产品开发、客户管理、供应链管理、人才队伍培养等各个方面，华为内部有13大管理流程。这些流程帮助提供了干部开展工作的依据，提高了干部执行力，减少了其他因素对干部开展工作造成的阻碍，从而在微观上提高领导力。

（3）面向客户的领导力素质模型：一切以客户为中心，成为华为内部最高的执行标准，同样也适用于领导力素质模型。华为有一个著名的领导力九条模型，是公司通过对内部几十位成功的高级领导进行访谈，对他们的各方面进行归纳总结而得出的，比如他们为什么成功、他们具有哪些素质等。

（二）华为公司的领导力开发体系

为了让组织领导力保持活力，并不断传递到新加入的干部身上，华为还与IBM共同推出了一套ILD（Integrated Leadership Development）集成领导力开发系统：

（1）TSP（Talent Succession Plan）继任者计划；

（2）90天干部转身计划；

（3）MFP（Manager Feedback Plan）经理人反馈计划；

（4）MDP（Management Development Program）管理者发展计划；

（5）IDP（Individual Development Plan）高层个人发展计划；

（6）PBC（Personnal Business Commitment）个人绩效承诺。

(三) 华为公司的组织领导力开发方法

为了实现战略发展,每个企业都需要认真思考如何提高企业干部领导力和组织领导力,即使是世界顶级的企业也要制订完善的发展计划。华为公司从以下四个方面提升企业领导力(见图5-5)。

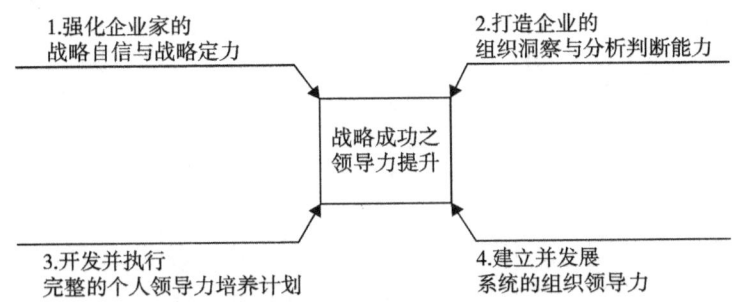

图5-5 华为组织领导力提升模型

1. 强化企业家的战略自信与战略定力

企业家及高级管理层应该全面提升自身能力,寻找战略机会、识别重大风险,强化战略自信,通过"权—责—利的合理分配"实现简化管理、权力下沉;同时在企业实现战略发展的过程中,企业家也应该培养战略定力,关键时刻可以力排众议,兼顾短期经营利益与3~5年长期战略发展规划。

2. 打造企业的组织洞察与分析判断能力

企业的一切发展决策和各级干部的工作依据均是对客户、行业、竞争对手、自身以及宏观的市场洞察分析与判断,但是一个人的视野和判断力终究是有限的。企业需要打造强大的组织洞察能力,建立市场洞察体系,让各部门、各级领导有渠道和义务去承担对应的市场洞察职能,同时也能接触到可观、完善的市场洞察结果,帮助做出正确的判断与决策。

3. 开发并执行完整的个人领导力培养计划

在干部的个人领导力培养计划中,不同层级的干部培养目标要有侧重,高级干部要侧重培养决断力,提升其战略规划的能力;中级干部要提高理解力、执行力和人际连接能力,把战略规划进行精准的解码和分配,并监督执行效果;基层干部则注重执行力培养和开发,可以结合不同的业务类型和岗位类型,提供对应的培训,努力让其承担的任务被准确地甚至超额地完成。

4. 建立并发展系统的组织领导力

企业家要明确自己的中长期战略规划，根据预计达成的目标，设定系统的组织变革与流程变革。在公司的组织领导力培养计划中，应该从提升组织内部效率、干部培养、激励等方面入手，既要有系统的各级干部素质模型，也要有明确的战略规划目标导向，提高面向客户的组织性领导力，最终实现商业成功。❶

---

❶ 华为的领导力模型与战略成功—详细解读—最新资讯—热点事件—36氪［EB/OL］.［2018-03-11］. https://36kr.com/p/1722341228545.

第六章　新时代管理者提高领导力的方法

领导方法就是领导者为达到某种领导目标而进行的认识活动和实践活动的方式和手段。在中国特色社会主义新时代，我们要站在统揽推进伟大斗争、伟大工程、伟大事业、伟大梦想的战略高度，把管理者的领导力建设摆到前所未有的高度。

第一节　领导者提高政治力的方法

2020年12月24日，习近平总书记在中共中央政治局民主生活会上明确指出，"我们党要始终做到不忘初心、牢记使命，把党和人民事业长长久久推进下去，必须增强政治意识，善于从政治上看问题，善于把握政治大局，不断提高政治判断力、政治领悟力、政治执行力"。[1] 这是习近平总书记提到的"政治三力"，此后他又在不同场合多次对此予以强调。

一、我国各级领导者都要讲政治

（一）讲政治是马克思主义政党的根本要求

旗帜鲜明讲政治是马克思主义政党的鲜明特征。旗帜鲜明讲政治、注重政治建党是中国共产党作为马克思主义政党的根本要求，也是马克思主义政党建设的精神特质。党的政治建设是党的根本性建设，把准政治方向，坚持党的政治领导，夯实政治根基，涵养政治生态，防范政治风险，永葆政治本

---

[1] 习近平. 习近平谈治国理政：第四卷[M]. 北京：外文出版社，2022：43.

色，提高政治能力，为我们党不断发展壮大、从胜利走向胜利提供重要保证。邓小平说："必须使我们的同志懂得，党一旦离开马列主义、毛泽东思想的指导，就遭受挫折。"❶

(二) 讲政治是我国政治制度的根本要求

关于我国的国体，《中华人民共和国宪法》（以下简称《宪法》）第一条规定："中华人民共和国是工人阶级领导的、以工农联盟为基础的人民民主专政的社会主义国家，社会主义制度是中华人民共和国的根本制度，禁止任何组织或者个人破坏社会主义制度。"我国的政体是人民代表大会制度，《宪法》第二条规定："中华人民共和国的一切权力属于人民，人民行使国家权力的机关是全国人民代表大会和地方各级人民代表大会，人民依照法律规定，通过各种途径和形式，管理国家事务，管理经济和文化事业，管理社会事务。"习总书记说："尊重人民主体地位，保证人民当家作主，是我们党的一贯主张。我们要毫不动摇走中国特色社会主义政治发展道路，长期坚持、全面贯彻、不断发展人民代表大会制度、中国共产党领导的多党合作和政治协商制度、民族区域自治制度、基层群众自治制度，发展社会主义协商民主，巩固和发展最广泛的爱国统一战线，扩大人民群众有序政治参与，保证人民广泛参加国家治理和社会治理，形成生动活泼、安定团结的政治局面。"❷

(三) 讲政治是我国生产关系的根本要求

生产关系，无论从包括生产资料所有制、生产过程中人与人的关系和分配关系三方面看，或是从它体现在生产、交换、分配、消费四个环节来看，都是一个总和和一个系统。其中首要的、最有决定意义的方面是生产资料所有制关系，它代表整个生产关系的性质。上层建筑，特别是其核心——国家政权，首先反映占统治地位的所有制关系，并由它来决定。❸

坚持公有制为主体就是坚持社会主义方向，必须毫不动摇地巩固和发展公有制经济。在我国，国有经济是公有制经济的重要组成部分，控制国民经济命脉，对经济发展起主导作用。国有企业作为国有经济的主要载体，是中国特色社会主义的重要物质基础和政治基础，是我们党执政兴国的重要支柱

---

❶ 邓小平. 邓小平文集（1949—1974）：上卷 [M]. 北京：人民出版社，2014：252-255.
❷ 习近平. 习近平谈治国理政：第二卷 [M]. 北京：外文出版社，2017：40-41.
❸ 瞿铁鹏. 马克思主义社会理论 [M]. 上海：上海人民出版社，2017：77.

和依靠力量，关系公有制主体地位的巩固，关系我们党的执政地位和执政能力，关系我国社会主义制度。

(四) 讲政治是新时代社会主义建设的根本要求

习近平强调，国有企业是中国特色社会主义的重要物质基础和政治基础，是我们党执政兴国的重要支柱和依靠力量。坚持党的领导、加强党的建设，是我国国有企业的光荣传统，是国有企业的"根"和"魂"，是我国国有企业的独特优势。新形势下，国有企业坚持党的领导、加强党的建设，总的要求是：坚持党要管党、从严治党，紧紧围绕全面解决党的领导、党的建设弱化、淡化、虚化、边缘化问题，坚持党对国有企业的领导不动摇，发挥企业党组织的领导核心和政治核心作用，保证党和国家方针政策、重大部署在国有企业贯彻执行；中国特色现代国有企业制度，"特"就特在把党的领导融入公司治理各环节，把企业党组织内嵌到公司治理结构之中；党对国有企业的领导是政治领导、思想领导、组织领导的有机统一。国有企业党组织发挥领导核心和政治核心作用；坚持全心全意依靠工人阶级的方针，是坚持党对国有企业领导的内在要求。要健全以职工代表大会为基本形式的民主管理制度，推进厂务公开、业务公开，落实职工群众知情权、参与权、表达权、监督权，充分调动工人阶级的积极性、主动性、创造性。企业在重大决策上要听取职工意见，涉及职工切身利益的重大问题必须经过职代会审议。要坚持和完善职工董事制度、职工监事制度，鼓励职工代表有序参与公司治理。❶

二、"政治三力"的内容

(一) 政治判断力

如何"提高政治判断力"，习近平总书记强调要以国家政治安全为大、以人民为重、以坚持和发展中国特色社会主义为本，增强科学把握形势变化、精准识别现象本质、清醒明辨行为是非、有效抵御风险挑战的能力。

习总书记提出的要求对于所有领导干部都有很强的指导意义：做到在重大问题和关键环节上头脑特别清醒、眼睛特别明亮，善于从一般事务中发现政治问题，善于从倾向性、苗头性问题中发现政治端倪，善于从错综复杂的矛盾关系中把握政治逻辑，坚持政治立场不移、政治方向不偏。

---

❶ 习近平. 习近平谈治国理政：第二卷 [M]. 北京：外文出版社，2017：175-177.

(二) 政治领悟力

习近平总书记指出，领导干部特别是高级领导干部担的是政治责任，必须对党中央精神深入学习、融会贯通，坚持用党中央精神分析形势、推动工作，始终同党中央保持高度一致。

提高政治领悟力，强调观察和理解问题要善于运用政治思维，善于科学把握党中央决策部署的战略意图，善于甄别各种错误思潮、错误观点，要求领导干部特别是高级领导干部对"国之大者"了然于胸，明确自己的职责定位。

(三) 政治执行力

习近平总书记要求领导干部特别是高级领导干部要经常同党中央精神对表对标，切实做到党中央提倡的坚决响应，党中央决定的坚决执行，党中央禁止的坚决不做，坚决维护党中央权威和集中统一领导，做到不掉队、不走偏，不折不扣抓好党中央精神贯彻落实。

提高政治执行力，强调要不折不扣落实党中央的各项决定、战略和部署，坚持底线思维、坚持问题导向，敢于直面问题、勇于担当作为。习近平总书记特别强调："要把坚持底线思维、坚持问题导向贯穿工作始终，做到见微知著、防患于未然。要强化责任意识，知责于心、担责于身、履责于行，敢于直面问题，不回避矛盾，不掩盖问题，出了问题要敢于承担责任。"❶

三、提高"政治三力"的方法

(一) 加强政治理论学习，提高理论素养

要自觉加强政治理论学习。加强理论学习、提高理论素养的关键，是掌握马克思主义的立场、观点、方法，即通过对马克思列宁主义基本原理的学习、思考、感悟，使之内化为一种自身的素养，将其变成自觉而不是强加的、自然而不是勉强的思维方式和思想方法，从而正确地看待事物、分析问题。提高政治判断力，重点解决的是立场观点的问题。只有通过运用马克思主义立场观点方法、运用马克思主义这个政治上的"显微镜"和"望远镜"去分析问题、解决问题，才能确保在大是大非面前旗帜鲜明。提高政治领悟力，

---

❶ 习近平. 习近平谈治国理政：第四卷 [M]. 北京：外文出版社，2022：43-45.

重点解决的是融会贯通的问题。思想是行动的先导，思想的深度决定行动的力度。只有如此才能做到政治信仰不变、政治立场不移、政治方向不偏。

(二) 不断提高文化素质

文化素质指人们在文化方面所具有的较为稳定的、内在的基本品质，表明人们在这些知识及与之相适应的能力行为、情感等方面综合发展的质量、水平和个性特点。领导者如果没有一定的科学文化知识素养，不仅难以团结和带领广大群众去实现组织目标和使命，而且对政治现象的理解也不会清晰。列宁曾说："只有了解人类创造的一切财富以丰富自己的头脑，才能成为共产主义者。"[1] 所以要认真学习党的基本理论，学习党的路线、纲领、方针政策和国家法律，学习相关的科学文化知识，不断提高自身的文化素质。

(三) 提高道德素质

首先，培养高尚的道德品质，一方面要按照道德规范进行自我锻炼和自我改造，懂得应该做什么和不该做什么，学会正确区分和评判哪些行为是道德的，哪些是不道德的；另一方面要坚持按照正确的要求来规范自己的行动，提高自己的道德水平，升华自己的思想境界。其次，要常常自省，就是自我反省，提醒自己少犯错误，加强道德修养，完善个人品格。最后是自警，就是警告和告诫自己。自警有两种情况：一种是警告自己不要违背政治准则和道德规范；另一种是以别人的教训来告诫自己，提醒自己吸取教训，不要重蹈覆辙。

(四) 要提高纪律素质

各级领导者要有高度的组织纪律性，要养成遵守党纪国法的习惯。保持高度的法律意识，这是做遵纪守法模范的思想基础。模范地执行民主集中制，自觉做到个人服从组织、少数服从多数、下级服从上级、全党服从中央，这是保证党的高度统一性、发挥党在社会主义现代化建设中的领导核心作用的关键。要在宪法和法律范围内活动，自觉做到依法办事、违法必究，这是党的干部保持劳动人民本色的基本要求，同时通过强化党内监督加强纪律性。

---

[1] 列宁. 列宁选集：第4卷 [M]. 北京：人民出版社，1995：285.

(五) 建立群众广泛参与的干部党性素养评价机制

建立领导干部政治素养评价机制，由群众根据干部党性要求的具体指标对干部的党性素养状况进行评价，并将评价结果与干部的升降奖惩相联系，形成对干部修养的客观约束。同时，强化对干部党性素养的舆论监督，就是要发挥媒体监督作用，对违法乱纪、违背党性原则的干部行为作风予以曝光，形成干部党性的有效监督，推进干部党性教育的加强与党性素养的提高。

立足中华民族伟大复兴战略全局和世界百年未有之大变局，广大党员干部要充分领会"政治三力"的深刻内涵，学习领悟习近平总书记关于为什么要讲政治、讲什么样的政治、怎样讲政治的重要论述，自觉加强政治历练和党性锤炼，不断提高"政治三力"，锤炼对党忠诚的政治品格。

第二节 善用传统文化软实力管理的方法

在《学习习近平总书记系列讲话精神干部读本》中有这样一段话，"中国共产党自成立之日起，就是中华优秀传统文化的忠实传承者和弘扬者，又是中国先进文化的积极倡导者和发展者。要用中华民族创造的一切精神财富来以文化人、以文育人，决不可抛弃中华民族的优秀文化传统"[1]。在马克思主义中国化进程中，产生了两大理论成果——毛泽东思想和中国特色社会主义，这两大理论都包含着中华优秀传统文化的精髓，闪耀着中华优秀传统文化的光辉。

一、我国各级领导者要有文化自信

（一）文化自信是根本

党的十八大以来，习近平总书记在多个场合谈到中国传统文化，表达了自己对传统文化、传统思想价值体系的认同与尊崇。2015年5月4日，他与北京大学学子座谈，也多次提到核心价值观和文化自信。

习近平指出，"文化自信，是更基础、更广泛、更深厚的自信，是更基

---

[1] 中共浙江省委党校编写组. 学习习近平总书记系列讲话精神干部读本 [M]. 杭州：浙江人民出版社，2014：114.

本、更深沉、更持久的力量","中国有坚定的道路自信、理论自信、制度自信,其本质是建立在5000多年文明传承基础上的文化自信"。❶ 文化自信是一个民族、一个国家和一个政党对自身文化价值的充分肯定和积极践行,并对其文化生命力持有的坚定信心。

(二)提高文化软实力事关国运

中华优秀传统文化博大精深,它能增强中国人的骨气和底气,是我们最深厚的文化软实力,是我们文化发展的母体,积淀着中华民族最深沉的精神追求。诸如"自强不息"的奋斗精神、"精忠报国"的爱国情怀、"天下兴亡,匹夫有责"的担当意识、"舍生取义"的牺牲精神、"革故鼎新"的创新思想、"扶危济困"的公德意识、"扶危济困"的价值理念等,一直是中华民族奋发进取的精神动力。此外,"天人合一""天下为公"的社会理想,"以人为本""民惟邦本"的治国理念,"载舟覆舟""居安思危"的忧患意识,"止戈为武""协和万邦"的和平思想,"与人为善""己所不欲,勿施于人"的处世之道,"儒法并用""德刑相辅"的治理思想,"和为贵""和而不同"的东方智慧,一直是中华民族治国理政的思想渊源。我们正努力建设的小康社会的"小康"这个概念,也是出自《礼记·礼运》,是中华民族自古以来追求的理想社会状态。❷

这些千百年来传承的理念,已浸润于每个中国人心中,成为日用而不觉的价值观,构成中国人的独特精神世界。正如习近平所说,中国传统思想文化体现着中华民族世世代代在生产生活中形成和传承的世界观、人生观、价值观、审美观等,其中最核心的内容已经成为中华民族最基本的文化基因。这些最基本的文化基因,是中华民族和中国人民在修齐治平、尊时守位、知常达变、开物成务、建功立业过程中逐渐形成的有别于其他民族的独特标识。

二、传统文化软实力管理

文化是一个民族的血脉,在中国传统文化中最根本的灵魂和命脉是民族精神,这是一个民族自立于世界的根本,是推动发展的内在动力。马克思主义中国化,从根本上来说,就是与中国传统文化中的民族精神相结合,吸取、融入中华民族的民族精神。民族精神是中华民族在几千年历史实践中创造出

---

❶ 习近平. 习近平谈治国理政:第四卷 [M]. 北京:外文出版社,2022:312.
❷ 文化自信 [EB/OL]. [2016-11-10]. https://baike.so.com/doc/23866400-24424025.html.

来的,是历史沉淀的结晶,具有核心价值属性,概括起来有四个方面:自强、仁义、爱国、和合。❶

(一) 儒家文化的运用

儒家文化中的"仁、义、礼"可渗透到现代企业管理的组织文化层面,从而形成组织的软实力。"仁"是儒家关于人本主义哲学的中心范畴,其基本内涵是"爱人",它强调把仁爱之心施于民众,要使民"富之""博施于民而能济众",实行"惠民"政策,要使百姓不饥不寒,衣食饱暖,社会就安宁和谐了,共同的向心力就产生了,管理的有序化就容易实现。许多知名企业立足于道德树立企业文化来塑造人性,培养人的仁德品质,管理者以仁爱之心对待其下属与员工,员工也要以仁爱之心对待企业领导与管理者,企业才能有凝聚力,对外才有极大的竞争力。

"义"是中华传统美德的一个重要组成部分,是儒家思想的一个重要范畴,位列仁、义、礼、智、信"五常"的第二位,是君子一切言行都要遵循的原则。孔子认为:所谓义,就是"适宜"。也就是说,每个人的行为符合周礼和道德,就是"义"。孟子进一步将"义"阐述为:"义"就是人的"羞恶之心",也就是对于自己丑恶的言行感到羞愧,对于他人的丑恶言行感到憎恶。儒家并没有规定"义"的具体内容,只是明确了"义"的含义——言行符合礼法和道德。儒家认为,"义"和"利"是不同的两个范畴;"利"是养生所需,是人的合理需求;"义"则是人们追求自我完善的正路。在"义"和"利"的权衡上,"义"要重于"利",甚至超过自己的生命。儒家的仁和义之间有着密切的联系,仁是修身要达到的目标,而"义"则是实现目标的途径。因此,儒家往往将仁和义并提,孟子提出:仁是人的本心,而"义"则是人的正路。在管理中,领导者要深明竭诚为社会和消费者服务这个"义"而做到"以义取利",还要教育员工"明义",同时给予员工合理的"利"。

儒家宣传的理想封建社会秩序是贵贱、尊卑、长幼、亲疏有别,要求人们的生活方式和行为符合他们在家族内的身份和社会、政治地位,不同的身份有不同的行为规范,这就是"礼"。人人遵守符合其身份和地位的行为规范,达到孔子所说的"君君臣臣父父子子"的境地,贵贱、尊卑、长幼、亲疏有别的理想社会秩序便可维持了,国家便可以长治久安了。反之,弃礼而

---

❶ 关于继承和弘扬优秀传统文化的论述 [EB/OL]. [2016-11-10]. http://cpc.people.com.cn/n/2014/1027/c68742-25916328.html.

不用，或不遵守符合身份、地位的行为规范，儒家所谓的理想社会和伦常便无法维持了，国家也就不可得而治了。孔子所重视的"礼"就是现在企业管理者制定的要员工遵守的规章制度和行为规范，这些要合理且使员工感到公正公平，并通过实施要求员工严格遵守才能提高效率。

（二）道家思想的运用

道家提出"道法自然"的思想，认为人的一切思想和行为应该与自然相一致、协调，不能违背自然，更不能破坏自然的和谐。道家主张统治者应实行"无为而治"。"无为"即是"顺应自然"。这启示我们领导者要"有所为有所不为"，尊重和顺应客观规律。

老子说："天下莫柔弱于水，而攻坚强者莫之能胜，以其无以易之。弱之胜强，柔之胜刚，天下莫不知，莫能行。"❶ 老子认为人道应该效法"水"之性德，即慈柔、顺势、利物、不争，这是一种"上善"的境界。这提示我们领导者在管理中要多些柔性，"刚性管理"以"规章制度为中心"，用制度约束管理员工；而"柔性管理"则"以人为中心"，对员工进行人格化管理。"柔性管理"的最大特点在于，它主要不是依靠外力，如发号施令，而是依靠人性解放、权利平等、民主管理，从内心深处来激发每个员工的内在潜力、主动性和创造精神，使他们能真正做到心情舒畅、不遗余力地为企业开拓优良业绩，成为企业在全球激烈的市场竞争中取得竞争优势的力量源泉。"柔性管理"的特征是：内在重于外在，心理重于物理，身教重于言教，肯定重于否定，激励重于控制，务实重于务虚。

（三）墨家思想的启示

墨家提出了"兼爱"的和谐平等观、"非攻"的和平共处观、"尚贤使能"的社会政治观、"节用""节葬"的崇尚节俭观等。"天下兼相爱则治，交相恶则乱"出自《墨子·兼爱》，❷ 其意是说：天下人若相亲相爱，天下就会治理好；天下人若相互憎恶，天下就会乱。墨子所倡导的主张"兼相爱，交相利"思想提示领导者要营造良性的人际氛围，通过人们之间的互动相爱来改善人际关系，消除破坏性冲突，使人能"自爱"又能"爱人"，从而每个人的利益都能够得到满足，这样才能充分调动员工的积极性与创造性。

---

❶ 姜国柱. 中国思想通史：先秦卷 [M]. 武汉：武汉大学出版社，2011：49.
❷ 姜国柱. 中国思想通史：先秦卷 [M]. 武汉：武汉大学出版社，2011：138.

尚贤尚同是《墨子》一书的基本政治纲领，墨子认为"尚贤"（任人唯贤）是为政之本，提出要打破陈旧思想，大胆选拔任用贤能之人，还提出了任前试用、任上监督、任后评论制度，这对领导者合理分工因材施用、各尽其能、人岗适配提供了启示。

中华传统文化中的精华对管理有极大的影响和渗透，这对于更快更好地提高管理者的领导力有积极作用。中国优秀传统文化是民族的"根"和"魂"，为实现中国梦提供了强大自信。所以，务必弘扬中华优秀传统文化中丰富的精神力量，并使其成为涵养社会主义核心价值观的重要源泉。

第三节　领导者提高决策力的方法

毛泽东认为做决策是领导首要的职责，1938年他在党的六届六中全会上指出："领导者的责任，归纳起来，主要地是出主意、用干部两件事。一切计划、决议、命令、指示等等，都属于'出主意'一类。"❶ "出主意"就是领导决策，"用干部"则是用人问题。

一、决策及分类

（一）决策

所谓决策就是人们为实现一定的目标而制定行动方案，进行方案选择并准备方案实施的活动，是一个提出问题、分析问题、解决问题的过程。

决策是一种创造性活动，一切决策活动的实质在于实现主观和客观的一致，在于选择符合客观实际的最适当的行动方案，以达到基本目标。❷

（二）决策分类

根据决策所要解决的问题的实质，可以将决策分为若干种类型。决策者首先必须弄清楚面临的决策属于什么类型，才可能做到有的放矢，寻找适合该类型的决策方法。此外，不同的决策类型其超前性和滞后性也不同。

---

❶ 毛泽东. 毛泽东选集：第2卷 [M]. 北京：人民出版社，1991：527.
❷ 舒天戈，孙乃龙. 领导决策谋划：决策中的创新与智慧 [M]. 成都：四川大学出版社，2016：3.

决策的类型从层次上分，可分为：战略决策、战术决策、业务决策。对组织而言，战略决策是最重要的，直接关系组织的发展，其涉及的大多为全局性、长期性的问题。通俗地讲，战略决策最终要解决组织在未来一段时期活动的内容和方向；战术决策是在战略思想指导下的具体方法的选择和运用，要解决如何执行战略决策的问题，也即解决"怎么干"的问题；业务决策是在日常的社会实践活动中为了提高效率所做的决策。

按决策的重复性程度，决策可以分为程序化决策与非程序化决策。程序化决策所面临的问题一般会经常性地重复出现，解决这类问题的方法有先例可循，所以决策者只要碰到此类问题，就可沿用以往的解决方法，因而该类决策又被称为例行性决策或常规性决策；非程序化决策所面临的问题常是例外发生或偶然发生的，这类问题没有现成的解决问题的办法，需要管理者根据具体情况找出解决问题的具体途径。

当事情未发生时，领导者往往基于自己对事物发展规律的判断而做出决策（有人称之预测性决策），此种决策的一个显著特点是具有超前性，因事物的发展进程具有不确定性和多变性，其收益和风险都十分巨大，如前面所述的战略决策和非程序化决策。当事情已经发生抑或曾经发生过，领导者按职责要求或流程规定所做出的决策，就是上面阐述过的程序性决策或称常规性决策，此种决策中，领导者在较为确定的决策信息和决策情境下通常会追求稳妥或未依据变化的环境进行动态修正调整、"刻舟求剑"式地进行处理，此即决策的"滞后性"，它可能会产生不良后果。

二、决策程序

有效的决策的要求是目的性、可行性、经济性、合理性、应变性。一般来说，合理的决策程序有六个步骤。

（一）分析内外部环境

企业总是在一定环境中运营的，企业战略也是在一定环境因素制约下制定与实施的。环境决定企业的战略，企业的战略决定相应的组织结构和管理方式。企业与其外部客观的经营条件、经济组织及其他外部经营因素之间处于一个相互作用、相互联系、不断变化的动态过程之中，这些影响着企业的成败。外部环境分析的目的就是找出外部环境为企业所提供的可以利用的发展机会，以及外部环境对企业发展所构成的威胁，以此作为制定战略目标和战略的出发点、依据和限制的条件。

企业内部环境或条件是企业经营的基础,是制定战略的出发点、依据和条件,是竞争取胜的根本。对企业的内部环境进行分析,其目的在于掌握企业目前的状况,明确企业所具有的长处和弱点,以便使确定的战略目标能够实现,并使选定的战略能发挥企业的优势,有效地利用企业的资源;同时对企业的弱点,能够加以避免或采取积极改进的态度。一般说来,一个企业的内部环境包括下列方面:财务状况、产品线及竞争地位、设备状况、市场营销能力、研究与开发能力、人员的数量及质量、组织结构、企业过去确定的目标和曾经采用过的战略等。

(二) 确定决策目标

决策目标是指在一定外部环境和内部环境条件下,在市场调查和研究的基础上所预测达到的结果。决策目标是根据所要解决的问题来确定的。

(三) 制定备选方案

拟定备选方案,第一步是分析和研究目标实现的外部因素和内部条件、积极因素和消极因素,以及决策事物未来的运动趋势和发展状况;第二步是在此基础上,将外部环境中的不利因素和有利因素、内部业务活动中的有利条件和不利条件等,同决策事物未来趋势和发展状况的各种估计进行排列组合,拟定出实现目标的方案;第三步是将这些方案同目标要求进行粗略的分析对比,权衡利弊,从中选择出若干个利多弊少的可行方案,供进一步评估和抉择。

(四) 选择理想方案

在若干备选方案中挑选一个最优方案,常用价值标准、最优标准或满意标准,不管用何种方法其最终判断还得依靠决策者的素质、经验和能力。

(五) 实施方案

方案选定后就要制定实施方案,积极贯彻实施。要把决策的目标和实现目标的措施向广大人民群众公布,发动大家为实现目标作出贡献。在实施中领导要做好计划、组织、沟通、协调等工作。

(六) 检查效果

在决策案执行中,领导要追踪检查,及时反馈,不断修正原方案,使其更加完善。在方案执行完毕后还要总结经验教训,为以后决策提供借鉴。

三、提高决策能力的方法

决策能力是指组织或个人为了实现某种目标而对未来一定时期内有关活动的方向、内容及方式的选择或调整的能力。决策者要切实做到:苦练内功,理性决策;善用外脑,开门决策;于法有据,依法决策;技术赋能,智能决策。

(一) 不断学习拓宽知识面

拓宽知识面,既要掌握自然科学、社会科学和管理科学的一般知识,又要掌握一定的交叉性、综合性学科的最新知识,足智多谋来源于广博的知识,知识面狭窄,就不可能有较高的才智。预见性是人对事物发展的预判和前瞻,它是领导者必须具备的政治品质。领导的决策能力体现在其是否能高瞻远瞩,是否能预见到事物发展变化的规律和方向上。而这种预见性来自持续不断的学习和实践。

(二) 提高政治素养

领导者既要较全面地了解党和国家的大政方针及政治、经济、社会发展等一般情况,又必须掌握马克思主义的基本原理,懂得社会发展的客观规律,有战略眼光,只有这样,才能在决策上不犯方向性和脱离实际的错误。

(三) 提高多谋善断的能力

多谋善断是指很有智谋,又善于决断。1959 年 4 月,毛泽东在中共八届四中全会上说,"'多谋善断'这句话,重点在'谋'字上,要多谋,少谋是不行的。要与各方面去商量,反对少谋武断。只有多谋,才能善断","在座的同志,你们也要多谋一点,谋于秘书,谋于省市委书记、县委书记、公社书记,谋于个别农民,谋于厂长,谋于车间主任、工段长、小组长,谋于个别工人,谋于不同意见的同志,这就叫多谋"❶。

在多谋的基础上,要"善断",善于做出决策。毛泽东说,"谋"的目的就是"断"。要当机立断,不要优柔寡断。❷

---

❶ 逢先知,金冲及. 毛泽东传 (1893—1976):第 5 册 [M]. 北京:中央文献出版社,2010:1907.
❷ 杨宪福. 毛泽东领导理论与实践 [M]. 济南:山东大学出版社,2017:135.

(四) 提高信息收集处理能力

决策的过程就是对信息的深加工过程,信息是决策的物质基础和重要资源,领导者要能敏捷地掌握信息资源,最有效地运用它做出科学的决策。在当今信息社会,没有准确、全面、有效、及时的信息,决策就是无水之源、无本之木。领导者要有强烈的信息意识,要通过加强同外界的交流不断扩大视野,派人或亲自进行实地调查以获得第一手资料,通过信息网络扩大信息源,要把信息工作作为系统建立起来并建立信息收集反馈制度,定期进行情况发布,还要不断学习掌握现代智能信息处理工具和技术。

要依托大数据、云计算等智能技术群,强化全时空、全方位、全要素数据的汇聚整合,构建多源异构的数据资源池,实现对数据的深度挖掘分析,揭示隐藏知识,探寻潜在规律,为科学决策提供态势感知和智力支持,培塑用数据说话、靠数据决策的决策样式,确保决策有规律可循、有数据可依,推动决策由"经验决策"向"数据决策"转型。[1]

(五) 形成科学严谨的态度

养成严格的科学态度,尊重科学和事实,敢于坚持真理,唯实不唯上,敢于提出与上级意图不一致的科学方案。决策者要在科学决策理论指导下开展决策活动、界定决策目标、厘清决策内容、依照决策程序、运用决策方法、优选决策方案。

(六) 提高创新能力

培养创新精神,必须开阔思路,勇于变革,在变革中善于发现新问题、新趋势,并能随机应变,进行非程序化决策、特殊决策尤其需要创新精神。

(七) 多方问计借助外脑

要养成虚心求教的精神,戒骄戒躁,虚怀若谷,不耻下问,从善如流。必须开门决策,一是主动深入实际、深入群众、深入基层,听实话、摸实情、办实事,全方位地调查了解情况,以期做到决策时耳聪目明、心中有数。二是群众参与。可以通过网络开放、协商恳谈等方式,充分保障群众平等参与、

---

[1] 依托数字技术提高科学决策能力 [EB/OL]. [2020-11-13]. http://www.qstheory.cn/qshyjx/2020-11/13/c_1126733922.htm.

平等发展的权利,尤其是政策利益相关主体的意见和诉求。三是专家咨询。加强智库建设,优化决策专家论证制度,最真实地反映民意,最广泛地集中民智,以期为决策提供新的视角。

第四节　领导者提高指挥驾驭力的方法

指挥力是领导者行使指挥权力使人信从的力量和威望。领导驾驭力就是指领导者管理人、带队伍,并使其服从自己的意志而行动的能力。驾驭力包括团队的构成与搭建,最大化激发团队的效率,带领出一支协同、高效、执行力出色的团队等,这是一项立足全局又务实的能力。领导者提高指挥驾驭力的方法如下:

一、领导者要提高构建组织运营系统模式的能力

(一) 组织系统

简单来说,企业组织系统是指能够给企业带来长期利润,提高管理成熟度,适应企业扩张与规避企业风险,并能激活各级人才的管理系统。

(二) 系统论视角下的组织系统设计

系统论认为组织是人们建立起来的相互联系的且共同运营的要素(子系统)所构成的系统。组织作为一个开放的社会技术系统,是由五个不同的分系统构成的整体,这五个分系统包括:目标与价值分系统、技术分系统、社会心理分系统、组织结构分系统、管理分系统。这五个分系统之间既相互独立,又相互作用、不可分割,从而构成一个整体。这些系统还可以继续分为更小的子系统。

企业是由人、物资、机器和其他资源在一定的目标下组成的一体化系统,它的成长和发展同时受到这些组成要素的影响,在这些要素的相互关系中,人是主体,其他要素则是被动的。管理人员需力求保持各部分之间的动态平衡、相对稳定、一定的连续性,以便适应情况的变化,达到预期目标。同时,企业还是社会这个大系统中的一个子系统,企业预定目标的实现,不仅取决于内部条件,还取决于企业外部条件,如资源、市场、社会技术水平、法律制度等,它只有在与外部条件的相互影响中才能达到动态平衡。

（三）领导者要提高构建组织运营系统模式的能力

如果运用系统观点来考察管理的基本职能，可以把企业看成一个投入—产出系统，投入的是物资、劳动力和各种信息，产出的是各种产品（或服务）。运用系统观点使管理人员不至于只重视某些与自己有关的特殊职能而忽视了大目标，也不至于忽视自己在组织中的地位与作用，从而提高组织的整体效率。

提高构建组织系统的能力对领导者十分重要，系统管理流派的切斯特·巴纳德认为任何组织都是一个系统，在组织内主管人是最为重要的因素，只有依靠主管人的协调，才能维持一个"努力合作"的系统。他认为主管人有三个主要职能：制定并维持一套信息传递系统；促使组织中每个人都能作出重要贡献；阐明并确定本组织的目标。许多成功组织的成功密码就是来自其领导者构建的高效的组织系统。

二、领导者要提高识人用人的能力

（一）提高识人能力

列宁曾说："真正忠于工人国家的人，才能够担负起平常更艰苦更危险的工作。"❶ 所谓"识人"，就是领导干部要清清楚楚地掌握每名干部的德、能、勤、绩、廉情况，全面了解其基本素质和综合素质的真实状况，客观公正地评价其长处与不足，摸准其最适合干什么、不适合干什么。

毛泽东曾总结了识别干部的三个方法：一是不但要看干部的一时一事，而且要看干部的全部历史和全部工作，这是识别干部的主要方法；二是在实践中识别和考察干部，他指出应当在长期的群众斗争中，考察和识别干部，挑选和培养接班人；三是依靠群众，识别和考察干部必须走群众路线。干部好还是不好，有何特点和能力，群众最有发言权。❷

（二）提高用人能力

首先，突出强调把政治标准作为选人用人的首要标准。2013年6月，习近平总书记在全国组织工作会议上提出"信念坚定、为民服务、勤政务实、敢于担当、清正廉洁"的20字好干部标准。此后在不同场合，他根据不同情况

---

❶ 列宁. 列宁选集：第4卷 [M]. 北京：人民出版社，1972：76-77.
❷ 杨宪福. 毛泽东领导理论与实践 [M]. 济南：山东大学出版社，2017：246.

提出"三严三实"❶"四个铁一般"❷等要求,并对党的高级干部、县委书记、政法干部、军队干部、少数民族干部、国有企业领导人员等,分别提出具体要求,细化、丰富了20字好干部标准。习近平总书记特别重视政治标准,强调把政治标准放在第一位,提拔重用那些牢固树立"四个意识"和坚定"四个自信"、坚决维护党中央权威、全面贯彻执行党的理论和路线方针政策、忠诚干净担当的干部。发挥党组织在干部选拔任用工作中的领导和把关作用,强调必须坚持党管干部原则。

其次,坚持事业为上,强调以事择人、人岗相适。要科学合理使用干部,用当其时、用其所长,加强干部队伍专业化建设,强调培养干部的专业能力和专业精神。全方位、多渠道、近距离考察干部,强调完善干部考核评价机制。

再次,提出全面、历史、辩证看干部,强调注重干部的一贯表现和全部工作。大力发展、储备年轻干部,强调培养造就一代又一代可靠接班人。

最后,整治选人用人风气,强调加强选人用人全过程监督。

习近平总书记关于选人用人的重要论述是在我们党推进"四个伟大"(伟大斗争、伟大工程、伟大事业和伟大梦想)进程中应运而生的,是从党和国家事业发展需要出发,对党的干部队伍建设的顶层设计和战略谋划,充分体现了高瞻远瞩的战略思维、放眼全局的宽阔视野和治党兴国的使命担当。

三、领导者提高沟通协调能力

(一) 沟通协调能力

协调能力是化解矛盾的能力,是聚分力为合力的能力,是变消极因素为积极因素的能力,是动员群众、组织群众、充分调动人的积极性的能力。沟通是指人与人之间、组织与组织之间的信息交流。协调是使人们的行为趋于和谐,其行为导向指向共同目标的一种管理活动。

(二) 提高沟通协调能力方法

1. 加强学习努力提高素质

只有具备了较强的理论政策素养,才能熟悉党的路线、方针、政策和

---

❶ "三严三实"是"严以修身、严以用权、严以律己""谋事要实、创业要实、做人要实",是2014年3月9日习近平总书记在中华人民共和国第十二届全国人民代表大会第二次会议安徽代表团参加审议时,关于推进作风建设的讲话中提到的。

❷ "四个铁一般"指的是"铁一般信仰、铁一般信念、铁一般纪律、铁一般担当"。

上级的指示精神，形成科学的世界观，站在全局的高度思考问题和处理问题。只有学习才能具备比较高的业务工作能力，才能更好地履行领导的职责。努力学习，认真提升自己的五种能力——调查研究能力、语言和文字表达能力、组织协调能力、快速反应能力和行政执行力，这是提高协调沟通能力的保证。

2. 目的明确、思路清晰

组织间的沟通协调都是为了实现组织目的而进行的，所以在每一次沟通前，沟通发起者都要明确此次沟通的目的是什么，然后再思考沟通协调的方式方法，做到思路清晰，有的放矢。正式沟通前最好是先征求对方的意见，使沟通的双方都清楚需要沟通的内容，给予充分思考的时间，以提高沟通效率，达到事半功倍的效果。

3. 提高自己的道德修养

加强个人品德修养，做一个品德高尚的人，严格规范自己的日常行为和道德操守，培养健康的生活情趣，自觉加强自我约束和自我监督，坚持遵守党的政治纪律和政治规矩。彼此尊重是做好沟通的基础，人与人只有在相互尊重、相互信任的基础上才能做到真正意义上的沟通。特别是领导者必须明白，自己与下属之间虽然有职位高低、权力大小的差别，但在人格上是平等的，都有实现自尊的强烈心理需求。因此，在沟通过程中领导者必须把下属放到与自己平等的位置上，相互尊重，真诚相见，才会有利于双方有效沟通的实现。

4. 掌握好沟通协调的方法

在工作中，我们要结合自己的工作特点，建立有效工作沟通的基本流程：一要确定告诉别人的是什么信息；二要确认对方是否收到了信息；三要对方给出一个明确的理解信息，最好是让对方把理解的意思用不同方式反馈回来，以进行验证；四是对方在理解了信息之后，是否认同，是否接受这个信息（比如一项工作），如果接受，就需要给出一个承诺，比如什么时间完成，让工作进展有一个相对的可控性；五是要在接近任务完成日期的时候提醒对方，让对方知道完成任务的时间快到了；六是在完成日期那一天不管对方是否完成了任务，都要给相关人员一个汇报总结，既包括对方当事人，也包括自己的上级、对方的上级及其他人员。如果对方完成了任务，就要表示感谢；如果未完成，就要把这件事告诉自己的上级和对方的上级，把事情的原委写清楚，并对接下来如何做更利于工作提出建议。

下面是沟通协调的几个注意点：

(1) 换位思考,求同存异。

沟通协调本身就是沟通协调主体为了设定目标在相互妥协中实现双赢或多赢的过程。要实现沟通协调的目的,换位思考极为重要。只有站在对方的位置和立场上思考问题,才能更准确地理解对方的想法和心理状态,才能真正找到沟通的结合点,增强沟通的针对性。在沟通协调过程中,要善于发现双方的共同点,以这些共同点作为切入点,并不失时机地加以强化,一旦达成共识,沟通就容易达到新的境界。

(2) 调控情绪,相互宽容。

在沟通时一定要注意情绪的控制,不要将自己的不良情绪带到沟通中来,要尽可能在平静的情绪状态下进行沟通,这样才能保证良好的沟通效果。"金无足赤,人无完人",对别人要有宽容之心,若斤斤计较,苛刻待人,或者得理不让人,最终将会成为孤家寡人。要有宽容之心,坚持做到以诚换诚,以情换情,以心换心,沟通协调就会柳暗花明,豁然开朗。

(3) 专心致志,善于倾听。

倾听是人与人心灵沟通的桥梁。倾听不是人们平常所说的听或听见,而是一个将注意力集中于当前声音的有意识行动,具有个体主观努力的特征,是一种主动的行为。沟通过程中,我们能够做到积极倾听,对方的配合意识和参与沟通的积极性便会明显增强。同时,在沟通过程中,对方在意的不是我们听到了多少,而是听进去了多少,因此,我们不仅要乐于倾听,还要善于倾听,要让对方知道我们真的在意他说的话,否则沟通效果甚微。

(4) 把握时机,情理交融。

时机是影响沟通效果的一个非常重要的因素,在沟通之前要选择恰当的时机,对沟通的内容、时间、地点等要有一定的计划,尤其是要慎重对待批评教育等针对性比较强的沟通活动。那些不讲场合、不讲对象、不选择内容的沟通是失败的沟通,不但达不到预期效果,甚至会事与愿违。同时,谈话是沟通桥梁,一定要注意谈话的艺术。在谈话时,要根据谈话对象的文化素养、性格特点、习惯爱好等,使用不同的语言,做到情理交融。

(5) 善用反馈,持续沟通。

反馈是沟通中的一个必要环节,良好的反馈不仅使沟通过程更加完整,而且可以通过不断印证双方的观点,从而改善领导沟通的效果。当然,沟通协调在多数情况下并非一次性能够完成,应该是持续不断地进行。组织正是在内部各部门之间以及组织与外部环境之间不断的信息传递和交流的过程中不断调整自己,并发展壮大的。

四、领导者提高执行力的方法

(一) 执行力

执行力是指有效利用资源、顺利实现目标的能力,包含完成任务的意愿、能力和程度。执行力对个人而言是其办事能力,对团队而言是战斗力,对企业而言是经营能力。决策再好、思路再好、制度再好,没有强有力的执行都是纸上谈兵;缺乏执行力,计划就会打折,机会就会丧失。

(二) 提高执行力的方法

提升各级领导班子和领导干部的执行力,是党和国家事业的长远发展、党执政能力和执政水平整体提升的必要保证。执行力主要包括执行前对中央决策部署的理解力和领会力,执行中对中央决策部署的服从力、组织力、结合本地实际的贯彻力和创新力,执行后的评估力、问责力。❶

1. 加强树立政治意识

要树立政治意识、大局意识、核心意识、看齐意识,牢固树立正确政绩观,把抓执行、抓落实的出发点放到为党尽责、为民造福上。将上级指示与具体实际情况结合起来,创造性地开展工作。积极开展调查分析,因地制宜提出贯彻落实的实招。

2. 加强执行力能力建设

从教育培训、锻炼培养、选拔任用、考核监督等环节入手,制定措施、加强管理、从严要求,把执行力建设纳入干部教育培训计划。增设相关课程、举办专题培训班,同时采取网络在线学习、邀请专家讲解和外出观摩等学习方式,着力强化领导班子和领导干部的执行意识和落实本领,在一线培养锻炼干部,结合干部自身特长与发展需求,打破界限,培养服务本领,提高发展能力。

3. 完善监督考评体系

建立领导班子和领导干部责任落实、执行决策部署信息库,采取定期报

---

❶ 多措并举有效提高干部执行力 [EB/OL]. [2017-09-26]. http://dangjian.people.com.cn/n1/2017/0926/c117092-29560149.html.

送、跟踪考核、多维监督等方式，了解掌握各级领导班子干部在执行决策部署中的现实表现，并将其作为干部选拔任用的重要依据。用好考核评价的指挥棒，通过日考勤、周记实和季考评，加强对领导干部工作作风、工作能力、工作效率等情况的定性、定量分析和考核评价。对工作表现突出的进行表扬激励、推先推优；对考核评价靠后的通过谈话诫勉、离岗培训等措施帮助其提升执行力；对因执行不力，严重违反禁令、党纪政纪的要严肃问责追究。

4. 构建组织执行力文化

领导者要从战略高度看待执行力，并对此有"执行""执行到底"的坚定信念和决心，企业领导者通过其言传身教和身体力行在组织内部逐步构建一种执行力文化，让执行力成为所有行为的最高准则和终极目标。通过有效管理养成高执行力行为，行为成为习惯，习惯形成高执行力价值观。价值观形成后又会反过来影响、指导行为，团队因此形成高效执行的风气和氛围，人人以高效执行为荣，以偷懒拖拉为耻，团队自然会产生强大的战斗力。

五、领导者提高激励力的方法

(一) 激励力

激励是指激发人的行为的心理过程。在管理上，激励是指激发员工的工作动机，用各种有效的方法去调动员工的积极性和创造性，使员工努力去完成组织的任务，实现组织的目标。

有效的激励会点燃员工的激情，促使他们的工作动机更加强烈，让他们产生超越自我和他人的欲望，并将潜在的巨大的内驱力释放出来，为企业的远景目标奉献自己的热情。

(二) 领导者提高激励力的方法

1. 提高激励的表达技能

领导者肩负着执行党的路线、方针、政策，制定本公司、本部门的发展战略，率领部属和群众，实现既定的宏伟目标这一重任。领导者的意图、意志、指标体系、工作措施和手段，均离不开高超的语言表达才能。

具有超凡说话魅力的领导能吸引、控制、激发他们的追随者。首先，领导好的表达能力要有四度，即高度、深度、密度和力度。高度指有思想的高度；力度指演讲艺术的感染力，要有战斗性；深度指理论的深度，并且要能够深入浅出；密度指信息量要大，信息量越大标志着领导的能量越大。其次，要做好四个"真"，即做真人、讲真心、表真情、说真话。

2. 根据具体情境熟练运用激励工具

任何有效的激励方式都必须从满足员工的某种需要出发，由于员工的需要多种多样，因而领导的激励方式也要根据具体情境熟练运用激励工具。激励方式具有多样性。

（1）目标激励。

领导者在调动员工积极性时，可以设置适当的目标来激发员工的动机。合理的目标应该具有价值性、挑战性和可能性。它必须满足一定的社会需要、群体需要和个人需要，付出相应的努力才能实现，目标过高过低都不利于对员工的激励。

（2）参与激励。

让员工参与本部门、本单位重大问题的决策与管理，并对领导者的行为进行监督。这种做法可充分调动员工的积极性，对提高效率和管理水平十分有效。通过对话达到参与激励的目的，员工可提出各种意见和质疑，领导者听取意见、回答质疑。通过参与激励，领导与员工之间可以营造出一种良好的相互支持、相互信任的氛围，具有极大的激励作用。

（3）奖惩激励。

在奖励激励的过程中，领导者要善于把物质奖励与精神奖励结合起来。奖励要及时，奖励的方式要考虑到下属的需要，做到因人而异。奖励的程度要同下属的贡献相当，领导者要根据员工贡献的大小拉开奖励档次，奖励的方式要富于变化。惩罚的方式也是多种多样的，领导者要做到惩罚合理，达到化消极因素为积极因素的目的。惩罚要和帮教结合，实施惩罚时，一定要辅以耐心的帮助教育，使受惩罚者知错改过。掌握好惩罚的时机，查明真相时，要及时进行处理。惩罚时要考虑其行为的原因和动机，对行为不当或过失但动机尚好者，或主要因客观原因所致者，宜从轻惩罚；对一般性错误，惩罚宜轻不宜重。在对过失者进行惩罚时，应考虑到错误的性质和过失者本人的个性特征，有针对性地进行惩罚。

（4）公正与公平激励。

公平激励是强化积极性的重要手段。公正就要体现在领导者对部门利益的合理分配方面，所以在工作过程中，领导在对员工的分配、晋级、奖励、使用等方面要力求做到公平、合理。

(5) 关怀激励。

支持下属的工作，就要尊重他们，注意保护他们的积极性。领导者要经常与下属谈心，了解他们的要求，帮助他们克服种种困难，并为他们的工作创造有利的条件。下属因为有领导者的支持，就会干劲倍增，更有勇气和信心克服困难，顺利完成工作任务。

(6) 荣誉激励。

主要是把工作成绩与晋级、提升、推优评先联系起来，以一定的形式或名义标定下来，主要的方法是表扬、奖励、经验介绍等。荣誉可以成为不断鞭策荣誉获得者保持和发扬成绩的力量，还可以对其他人产生感召力，激发比、学、赶、超的动力，从而产生较好的激励效果。

第五节 新任领导者的工作方法

我们都喜欢下象棋，下棋的开局是指双方按各自的战略思想把棋子布成一定阵势的阶段。如果我们把领导者到一个新单位或者新领域工作的开始称为开局的话，那么应该如何操作呢？

一、领导者开局重点要抓什么

(一) 抓最急迫需要解决的事情

俗话说，万事开头难。其实开局是个很难的事情，也是个大的事情。有了好的开端，后面的工作就顺利多了，领导者的威信也就可以建立起来，群众的心也可以归拢起来，工作就更顺畅了。问题是开局的工作，到底应该主要考虑什么呢？

领导的开局首先要抓急迫需要解决的问题，这几乎是顺理成章的。心理学上有著名的首因效应，是指最初接触到的信息所形成的印象对人们以后的行为活动和评价的影响。人与人第一次交往中给人留下的印象，在对方的头脑中形成并占据主导地位，这种效应即为首因效应。如果我们从开局就抓住了群众关心的大事情并加以解决，群众的情绪便会振奋起来。

《史记·滑稽列传》中有记载，大意是：西门豹到治所新上任，一到邺县,风尘仆仆,便召见长老,访问民间疾苦,是一个关心百姓疾苦的好官吏。而在听了长老的详细介绍"为河伯娶妇"的情况以后,他马上决定将如何革除这一陋习作为履职的最急迫需要解决的事情。从革除为河伯娶媳妇这一陋习的过程中,可以看出西门豹胆识过人,谋略超群。他明知这一陋习由来已久,自己所面对的势力十分强大,不仅有恶势力的代表三老、廷掾与巫祝,而且还有被愚弄但并不觉悟的百姓。他从长老的谈话中了解到这一陋习对百姓为害最烈,便毅然决然地担负起了移风易俗的重任,主动地向恶势力发起挑战,并且战而胜之。

(二)抓理顺群众情绪

在抓理顺群众情绪方面,可从以下四点入手。

1. 抓热点问题

有的事情成了舆论中心,现实性又很强,这自然是需要抓的。只有把这些群众关心的热点问题处理好,群众的情绪才会平稳。

《宋史·孝宗本纪》中有记载,大意是:绍兴三十二年(1162年)五月二十八日,赵玮被立为皇太子,改名为赵眘。此后,宋孝宗一改赵构朝奸臣当道对群众的负面情绪影响,同年七月,赵眘在即位后的第二个月,颁布手谕,召主战派老将张浚入朝,共商恢复河山的大计,并且接受史浩的建议,下诏为名将岳飞冤狱平反,追复其原官,赦还岳飞被流放的家属。除此之外,赵眘还逐渐为被贬谪和罢免的主战派大臣平反复官。他重用主战派,积极备战。隆兴元年(1163年)五月,赵眘任命张浚为北伐主帅,展开隆兴北伐,宋军于一月之内恢复灵璧、虹县和宿州等地,威慑中原。

隆兴和议之后,宋、金两国维持了四十多年的和平,赵眘在内外政策上都转向平稳,南宋朝廷又陶醉在了"中外无事"、偏安一隅的升平景象之中。当时社会民生富庶、人民安居乐业,呈现出政治繁荣的局面。南宋政府重视生产,劝课农桑,兴修水利,民和俗静,家给人足,牛马遍野,余粮委田,出现了天下康宁的升平景象,史称"乾淳之治"。

2. 抓难点问题

有一些问题是瓶颈因素造成的,有的是滞重因素造成的。只有以此为抓管理的突破口才能够事半功倍。

《清史稿·于成龙传》中有记载,大意是:于成龙,字北溟,山西永宁人。顺治十八年(1661年),被任命为广西罗城知县。罗城县处在万山之中,流行瘴气瘟疫，民风粗犷凶悍。又正处于战争之后，遗地荒草荆棘，县城中仅有六家居民，县城也没有城墙和官署。于成龙到任以后召集官吏百姓安抚他们，明确保甲制度。有强盗出现，就立即抓捕治理，向上级请示，审判清楚后就处决，百姓安居乐业，全力耕作土地。于成龙和百姓相亲相爱如同家人一样。他向上级写文书请求放宽徭役制度，又兴建学舍，创立养济院，凡是应当兴办和去除的事情，都按次序一件一件实行，全县治理得很好。总督卢兴祖等人以政绩"卓异"为理由把他推荐给朝廷。康熙六年（1672年），于成龙升任四川合州知州。大乱之后，合州剩下的百姓只有一百多人，可是赋税和劳役却很繁重。于成龙请求革除旧弊，招揽百姓开垦荒地，借给百姓耕牛和种子，满一个月后，户口增加到上千。又升任湖广黄冈的知州，官署设在岐亭，他曾经到村落中去微行私访，遍访民间隐情，遇到盗贼及其他可疑案件，就按其踪迹抓到案犯，百姓非常惊叹佩服。

从中可见，于成龙每到一个地方上任，都主抓当地的难点问题且解决得十分完美。

3. 抓关系群众切身利益问题

这些涉及群众切身利益的事儿，有的解决了是锦上添花，但主要是解决那些雪中送炭的事情，解决了会让群众暖心。

《清史稿·于成龙传》中有记载，大意是：康熙十七年（1683年），迁官为福建按察使。有百姓因为与海外有来往而获罪，株连了几千人，案件审讯完毕，判处统统斩首。于成龙写信告诉康亲王杰书，认为所株连的多是平民，应该查清以后释放他们。康亲王平素很敬重于成龙，就全部答应了他的请求。康熙十九年（1685年），于成龙被提拔为直隶巡抚。宣化以前有因被洪水冲上泥沙覆盖的田地一千八百顷，前任长官金世德请求免除田赋，没有得到批准。于成龙又上奏章请求，朝廷采纳了。因为这地方夏秋两季屡次遭受灾害，于成龙请求朝廷赈灾。又另外写奏章弹劾青县知县赵履谦贪污，赵履谦被按律惩治。康熙二十年（1686年），进京朝觐，回答皇帝垂问，皇上褒奖他是"清官第一"，还作诗表达对他的褒扬和恩宠，并命令户部派官员协助于成龙赈济宣化等地的饥民。不久，于成龙升任江南江西总督。

4. 抓干部自身约束问题

《清史稿·仁宗本纪》中对嘉庆帝的评价是：仁宗初逢训政，恭谨无违。追躬莅万几，锄奸登善。削平逋寇，捕治海盗，力握要枢，崇俭勤事，辟地移民，皆为治之大原也。诏令数下，谆切求言。而吁咈之风，未遽睹焉，是可慨已。

说的是嘉庆帝即位后，面对乾隆末年危机四伏的政局，嘉庆帝打出"咸与维新"的旗号，整饬内政，整肃纲纪。诛杀权臣和珅，罢黜、囚禁和珅亲信死党。诏求直言，广开言路，祛邪扶正，褒奖起复乾隆朝以言获罪的官员。诏罢贡献，黜奢崇俭。要求地方官员对民隐民情"纤悉无隐"，据实陈报，力戒欺隐、粉饰、怠惰之风。在一定程度上扭转了清朝政局的颓败。

（三）抓宏观政策和机制设计

这一点，特别是在激烈变革的时期显得十分重要，关系到一个组织的方向和命运。迫切需要解决的问题并不一定是根本性的，理顺群众的情绪虽带有根本性，但不一定能从根本上解决问题。在当今剧烈变革的时期，抓住宏观的政策和机制的问题在一段时间内才是根本性的，才能从根本上解决问题。在这里，抓一个组织管理和经营机制的变革，抓新的人事和分配政策都是比较容易的。抓生产经营、领导体制的改革就要更为困难。但不管是在哪一方面的动作，都需要做到精心策划，不能轻率从事。

（四）抓基础工作

不管组织处在什么样的情况下，只要是基础性的工作没有做好，就要补上。只是有时可以在开始阶段抓，有时可以放在以后抓，这是个观念的问题。我们平常习惯性认为，在一个滞重的或不景气的组织里，要想开拓出新局面，就要采取变革性的措施，其实这也是一种误解。从我们目前的组织情况来看，大多数问题出现在管理层面。

二、领导者开局怎么抓工作

（一）表态亮相

领导应该先有个"安民告示"，这既是表态又是亮相，而且是重要的首次亮相。人们对新任领导的第一印象十分关注，而第一印象也会深刻长远地在人们心里起作用。所以，怎样用自己的外表、语言、行动取得人们的信任，建立起初步的信心，这里面是有学问的。

一般地，大多数领导新上任的讲话无非用的是惯常套路，领导的讲话稿无非要透露这么几层意思：一是很荣幸来到这个岗位工作（表现为诚惶诚恐的，感恩的心必须要有的，感谢组织和大家的信任）；二是非常高兴和大家一起工作、共同学习、共同进步（刚来嘛，总得谦虚点），希望得到大家的支持和帮助；三是继续学习上一届领导留下的好思想好作风（一上任就先全部推倒前任的制度决策未免不妥）；四是一定谦虚谨慎、戒骄戒躁，在这个岗位上创造新的辉煌（表态发言）。这也不是不可以，但是太四平八稳就没有震撼力。出色的领导者亮相演讲要能展示领导者独特的形象魅力，成为演讲者所代表的某个社会组织形象的一个亮点，也更好地为以后工作打下基础。

(二) 进行工作布署

所谓工作布署是领导进入角色之后给自己主管的工作提出的任务、方向、思路和措施。一般而言，人们觉得任务是明摆在那儿的，自己的工作实际上就是拿出措施和办法，而较少考虑工作的方向在哪儿，用什么样的思路去完成任务。实际上方向是第一位的，比如在企业中，提高效益并不等于方向，方向是工作长远的、根本性的指向，是建立一种价值观及企业文化，提高全体人员的素质，创立品牌声誉等，还是具体的经济指标等。思路是达到目的的指南和途径，也是体现在好的政策、策略和方法上的。如此看来，当领导进入一个新的环境，就要很快拿出自己的工作布署。根据一般的研究结果分析，这段时间少则需要四到六周，多则需要三个月左右。这时间与组织的大小、工作的难易度相关。无论从领导自己还是从群众的角度而言，都是希望尽快地布置工作。但问题是了解情况是个基础的工作，要拿出实实在在的布置，也需要一个思考和研究的过程。如此一来，太急是不行的。实际上有了前面的"安民告示"，这个环节可以慢慢做。

(三) 先做再调整

先干起来，再做组织调整工作。明确任务、方向和思路是个统一思想的过程，这是十分重要的。这个工作不做不行，但求统一思想再干工作可能就耽误时间了，思想也都是在工作中统一起来的。所以，布署完工作，就得尽快地进入落实措施的阶段。这是个稳定干部、群众的阶段，也是考察干部了解群众的阶段。在这以后，在需要时调整组织、调整干部就顺理成章了。这么做，自己心里有数，也不会引起过大的震动和波折。所以不能急于做组织调整工作。原因有三：一是了解干部得有个过程；二是一些干部过去没有显示出能力，可能是因为他们的长处在前任领导面前没有机会发挥；三是急于做组织调整工作，会引起部分干部心理上的波动和抵触。另外，动组织手术也可以先搞小的，再搞大的，既要稳又要准。

（四）初战必胜

慎重出战、务求必胜，这也是选择工作实施的突破口并加以落实的要求。在操作上，一是要考虑避开矛盾，聚拢人心，先优化人的心理环境；二是采取的措施不求大，只求实际，为的是达到聚拢人心的目的；三是集中力量打有把握的仗，力求开个好头。这些事情不是很大，但很容易出效果，容易起作用。

三、领导者开局的注意事项

（一）摸清楚情况后再动作

人们常说的"新官上任三把火"，描述的是有些新到任一处的领导者为了显示其才干或者尽快树立形象，会大刀阔斧地干几件大事情，这也成了许多新领导到任后的例行动作。一般而言，领导新到一个比较滞重的岗位或者单位的时候，总是想抓几件带有方向性的、根本性的大事。但问题是，刚到任时就抓这些大事，在缺少群众基础的时候会很困难。所以需要与群众沟通好，了解了情况后再"点火"。

（二）开局重点聚焦于群众热点

在领导工作中，无论什么时候都有群众关心最多的问题，也有群众议论最多的问题。这些问题不一定就是领导者最需要解决的，但是在领导上任之初，若解决好群众视线最集中的热点问题，那么就很容易取得群众的理解和信任。这也为以后的工作奠定基础。

（三）抓准、抓狠、抓实

领导工作就是要"抓紧、抓细、抓具体、抓住不放、一抓到底"。不管在什么时候下手抓工作，只要抓，就要抓准、抓狠、抓紧、抓实、抓出成效。只有当群众从领导者的工作中看到了领导者的作风、意志和能力，领导者的威信才能够极大地树立起来。

正如习近平总书记在十八届中央纪委二次全会上指出，作风是否确实好转，要以人民满意为标准。他强调，要以踏石留印、抓铁有痕的劲头抓下去，善始善终、善做善成,防止虎头蛇尾,让全党全体人民来监督,让人民群众不断看到实实在在的成效和变化。"踏石留印,抓铁有痕"这八个字,铿锵有力、斩钉截铁、掷地有声、振聋发聩,凸显出一股力量,展现出一种刚强,凝聚着一份真情,弘扬着一腔正气,堪称当前抓作风、反腐败的一个时代强音。

(四)造势、乘势、成势

所谓"势"指的是一切事物力量表现出来的趋向。一旦成了势,就没有人会游离于势之外,而只能随势而动,也就是因为势的存在许多平时很少想的以至于不敢想的事情就会变成现实,这就叫作大势所趋。奇迹往往与势连在一起。这里所说的势,包括态势、条件、环境、时机。用兵打仗,不但要善于识势、造势、借势,更要善于用势。在同样的社会环境、时空条件、文化背景、政策法律的形势下,有的企业能飞速发展,有的企业则动作迟缓,关键在于是否善于用势。领导者在开局中要会造势、乘势、成势。

《史记·滑稽列传》中有记载,大意是:对于河伯娶媳妇,西门豹仿佛比谁都更相信,也更虔敬。他以所嫁女不美作为借口,解救了这一女子,接着以向河伯报告情况为理由,将大巫妪投入河中。之后又以催促大巫妪返回以及女子"不能白事"为幌子,先后把大巫妪的三个弟子以及三老投入河中。最后还准备以催促巫妪、三老返回为名,将廷掾、豪绅投河,吓得这帮家伙跪地求饶,才算结束了这出由西门豹亲自执导的好戏。从此以后,为河伯娶媳妇的陋习不禁自止,再也没有人敢提起了。革除了当地陋习后,西门豹乘势针对破除"必须为河伯娶妇,否则就会发大水,淹死人"的迷信观念兴建水利,然后成势了。百姓们嫌修渠吃苦,不想干,西门豹却毫不动摇。他说:"今父老子弟虽患苦我,然百岁后,期令父老子孙思我言。"后来关于西门豹兴建水利的深远影响,文中写到,百姓们都得到水利,由穷变富,后代官吏想要合渠水,改桥梁,百姓们认为这是西门豹当年开凿的,不愿意改变。由此可见西门豹在后人心目中的崇高地位,虽没有听说过西门豹在邺县给自己树立过记功的丰碑,但他为邺县百姓除弊兴利,这是他在邺县百姓的口碑中留下的一段最好的记载。

四、新任领导者履职在制度与人情之间的拿捏力道

所谓"拿捏"即把握或掌握的分寸。新任领导者履职时,随着对履职环

境的熟悉及渐入佳境，要掌握好处理问题的方圆力道，也就是原则性与灵活性的统一。

领导者在面临制度和人情之间进行抉择时可采取如下策略。

（一）坚持制度的刚性原则

制度是以执行力为保障的，原则是说话或行事所依据的法则或标准。制度一旦形成，执行起来就必须令行禁止，这就是制度的刚性原则。在制度面前人人平等，不讲特殊，这就避免了人情和利益冲突所带来的矛盾；相反，若不按制度办事，即使是很简单的问题，处理起来也会变得很复杂、很难办。对于组织内违反制度的行为，领导者在制度和人情之间进行抉择时必须要坚持原则，"铁面无私"。

（二）根据实际情况及环境变化把握灵活性

刚性管理往往通过制定工作标准对员工的工作绩效进行量化，方便考核。其主要缺陷是严格执行某项规章制度势必降低组织活动的灵活性，常常会影响人际关系及士气，诱发冲突，还影响组织与外部环境的协调。特别是有时候领导者过度执着于刚性原则，做事情的条条框框太多，并且养成了固有的行为习惯，则可能会束缚人的思维，让人失去开拓创新的精神，甚至思想僵化，很难适应不断发展变化着的社会环境。因此，领导在遵守制度的原则性的同时，还要随时根据环境变化做出适当灵活调整，更多些"柔性管理"和"人本管理"，以人为中心适度顾及人情世故，使管理"有温度"，才能合作默契。

（三）利用原则性与灵活性的把控选择策略模型进行处理

组织的原则性是指规章制度、法律法规和基本规律，灵活性是指处理问题的方式方法、艺术性。灵活性与原则性是辩证的关系，原则是基础，灵活是发展，原则是灵活变化的度，灵活是在原则限制范围内的灵活，又反作用于原则。原则性和灵活性都是领导工作中始终必须坚持的，要处理好两者关系。为此，笔者创新性地首次提出领导行为抉择模型，如图6-1和图6-2所示。

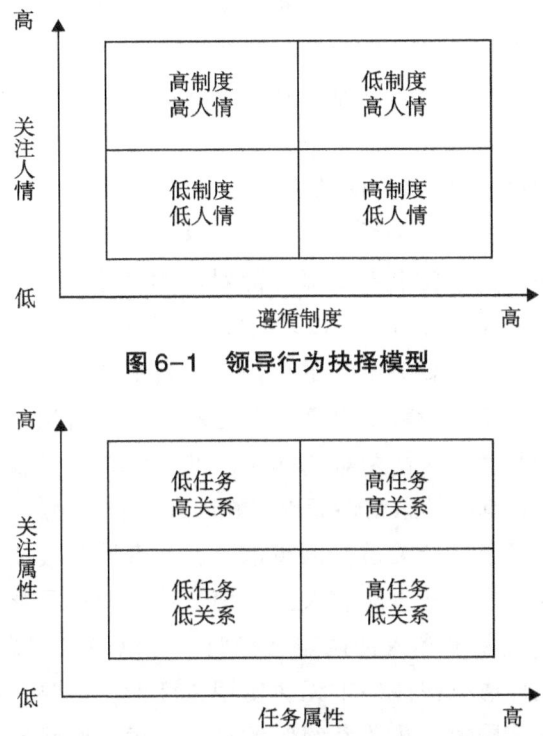

图 6-1　领导行为抉择模型

图 6-2　领导所要处理事情的分类模型

上面笔者创设的两个模型，图 6-1 是领导行为抉择模型，它运用四分图工具给出了领导在处理两难选择事情时在灵活性与原则性处理上的四种方式：

类型 1 是"低制度，低人情"的处理方式。这种领导者在处理制度和人情两难选择的事情时，既不是严格遵循制度刚性来处理，也不考虑人情世故。其结果必然是组织和当事人都不满意。

类型 2 是"低制度，高人情"的处理方式。这种领导者在处理制度和人情两难选择的事情时，谙熟人情世故，洞悉社会关系本质和人际交往潜规则，八面玲珑，长袖善舞，忽略制度的原则性而更多地向人情取向倾斜。结果是虽能赢得当事人满意，却损害了组织利益。

类型 3 是"高制度，低人情"的处理方式。这种领导者在处理制度和人情两难选择的事情时，做人、做事严格遵守国家法律、道德底线或公众共同认知的理念，不侵害国家、集体利益，自律意识很强，头脑冷静，意志坚定，永远不违背原则。但时常会因不近人情，过于强硬，会影响甚至导致与被管理者的人际关系的紧张。

类型4是"高制度，高人情"的处理方式。这种领导者在处理制度和人情两难选择的事情时，既能坚持原则，遵循制度的规定，又能够在世情民意下人性化地使当事人或下属的合理要求得到满足。

图6-2是笔者创设的领导所要处理事情的分类模型，它是根据任务性和关系性的两个维度做出事情的四种分类。

类型1是"低任务，低关系"的事情。这类事情一般价值较低，完成过程简单，且也不涉及复杂的利害关系。面对此类事情，领导者几乎不存在处理制度和人情两难选择的窘境，可以采取以制度原则为先的做法应对即可。

类型2是"低任务，高关系"的事情。这类事情一般任务完成的结果对组织影响不大，但涉及较为棘手复杂的各方利害关系价值较高，面对此类事情，领导者在处理制度和人情两难选择时，可以采取"低制度，高人情"的处理方式，灵活处理制度的原则性而更多地向人情取向倾斜。

类型3是"高任务，低关系"的事情。这类事情一般任务完成的结果对组织影响重大，其涉及的各方利害关系价值不高，或也可能较高，面对此类事情，领导者在处理制度和人情两难选择时，可以采取"高制度，低人情"的处理方式。在此种情况往往根本无法使用灵活性，则要不徇私情严格遵守制度的刚性，不侵害国家、集体及组织的利益，意志要坚定，永远不违背原则。不要怕得罪人影响到人情。

类型4是"高任务，高关系"的事情。这类事情一般任务完成的结果对组织影响重大，且涉及的各方复杂的利害关系价值高，面对此类事情，领导者在处理制度和人情两难选择时，可以采取"高制度，高人情"的处理方式。领导者在处理事情时，既能坚持原则，遵循制度的规定，又能够适度灵活变化使各方的合理要求得到满足。

受传统文化的影响，中国社会有人情味，讲人情关系、人情世故、礼尚往来，但也不能丧失对规则和法律的尊重。正确认识和理解原则性与灵活性的关系，特别是掌握面临制度和人情的双重抉择时的领导艺术，对于领导者提高领导水平有重要意义。

第六节 领导者提高非职权影响力的方法

前面已述领导者权力的来源分别基于职位的权力和非职位权力，职位权力主要是：法定性权力，指组织内各领导所固有的合法的、法定的权力；强制性权力，指领导者对其下属具有的强制其服从的力量；奖赏性权力，指领导者提供奖金、提薪、晋级、表扬、理想的工作安排和其他任何会令人愉悦的东西的权力。而非职位权力主要是：专长性权力，指领导者由个人的特殊技能或某些专业知识而形成的权力；参照性权力，指领导者与个人的品质、魅力、资历、背景等相关的权力。后者是非职权影响力，职务权力带来的强制性影响力与个人权力（非职务权力）带来的非强制性影响力，二力合成，即构成现实的领导影响力。

在当今复杂的环境中，仅依靠垂直领导力已无法为组织带来持续竞争优势所需的创造力和灵活性。在这种背景下，一种新的领导力模式——共享领导力正日益受到企业关注。在当今时代背景下，共享领导力逐渐在占据主导地位。共享领导力指由不同专业知识和技能的人根据情境轮流承担领导职能，鼓励成员共同参与决策，使正式领导和非正式领导互相补充。这更需要依靠领导者的非强制性影响力。以下介绍几种领导者提高非职权影响力的方法。

一、领导者要有较高的专业能力

随着新时代中国特色社会主义事业的不断向前发展，急需一大批讲党性、顾大局、能力强、敢担当的高素质党员干部，必须突出政治可靠、能力突出、作风优良，必须坚持"又红又专"。

"红"是关键，即有过硬的政治素质，坚守党性原则，始终与以习近平同志为核心的党中央保持高度一致，认真贯彻执行党的各项决策部署，牢固树立"四个意识"，坚定"四个自信"，严守政治纪律和政治规矩。只有政治上可靠的人，才能忠诚于党、服务于民，才能甘于奉献、敢于担当。"专"是重点，即在具有较强领导能力的前提下，精通业务，勤于思考，善于学习，具有能持之以恒开展工作、不胜不休的敬业精神；能结合自身岗位实际，深入实践，联系实际；能在全局中思考问题，谋划工作，善于在发现和解决实际问题中，提炼总结规律，不断获取完善各项工作、促进事业发展的好点子、好做法。领导者可以从以下两个方面入手提高专业能力。

（一）强化专业知识学习和培训

在自我学习方面，领导者要系统地学习邓小平理论和"三个代表"重要思想，学习党的十八大精神和习近平总书记重要讲话等，并着力在正确把握党的十八大精神的深刻内涵和精神实质上下功夫，在深刻理解党的最新理论成果的新思想、新观点、新论断上下功夫，在全面掌握科学理论的立场、观点、方法上下功夫。此外，还要加强对党的基本知识和党的方针、政策、法律、法规，以及历史、文化、市场经济等方面知识的学习，不断拓宽知识领域，改善知识结构，做到"专"与"博"相结合。

在组织培训方面，在加大新理念、新知识和岗位能力的培训力度的同时，要更关注领导者能力素质短板及其绩效差距产生的原因，并据此确定培训对象、培训内容和培训方法；在培训方式上应灵活选择，如讲授法、视听法、案例研究、参观考察、角色扮演、岗位轮换、挂职锻炼等。

（二）在实践中提高

要在实践中提高领导者的专业能力，坚持实践导向和基层导向，注重在工作一线中发现培养、锻炼提高干部能力。要抓好实践锻炼这个"生动课堂"。对那些看得准、有潜力、有发展前途的干部，要注重多岗位培养锻炼，及时放到任务重、矛盾多、情况复杂的岗位上，敢于压担子、交任务，使其经风雨、见世面、长本领。

二、提高领导者品德的方法

"政者，正也。"每个党员和领导干部的个体道德水平在一定程度上反映了执政党的整体道德水平。列宁曾说："只有拥护正义德性的人，才能知道如何去运用法则。"❶ 领导干部道德修养的好坏直接关系着党和政府的形象，对整个社会具有重大的引导与规范作用，其作用不可估量。

（一）加强理论知识学习

一个人的整体素质的高低与他的文化素养是相联系的。如果一个人注重学习，在看问题、办事情方面思维就开阔，考虑问题就全面。要想提高整体素质，可以从以下几个方面入手：对于经济、政治、文化、社会、教育、文艺、法律、体育、军事等知识，都要有所涉猎；要精通各门管理科学，包括经济管理、行政管理、科技管理、领导科学、思想政治工作概论等方面内容；要熟悉社会生活方面的知识，积累自己的直接经验，使零碎知识向系统知识提高；要通晓专业知识，专业知识掌握得越多，越熟悉本行业，在工作中就

---

❶ 苏玲. 列宁政治伦理思想研究［M］. 北京：东方出版社，2015：200.

越有发言权。

(二) 经常自我反省

个人的至高修养源于正确的自我觉知,自我觉知是建立在自我反省基础上的。自我反省就是自我醒悟、自我检查、自我批评,主要是对自己的思想和言行进行反省,通过周围的人和事来反思。

(三) 强化道德责任感和使命感

道德境界是指人们通过接受道德教育过程中所表现出来的道德觉悟度以及所形成的道德品质状况。一个人的道德境界越高,就越能以属于该境界的道德要求为指导,自觉地加强道德修养。面对纷繁复杂的世界,领导者一定要保持平静的心态,以清廉为荣,以谋私为耻,不为繁华困扰,不让名利缠身,不因贪逸丧志,过好名利关、权力关、人情关、金钱关、美色关,挡得住诱惑,管得住小节,耐得住寂寞。

(四) 组织方面要强化道德素质教育

首先,持续强化勤政为民的公仆意识教育,告诫每个领导干部都应把为人民服务、廉洁奉公、勤政为民作为"官德"的核心,恪守热爱祖国、爱岗敬业、诚实守信、办事公道、服务群众、奉献社会、廉洁奉公的职业道德。其次,要求领导干部遵守纪律,严于律己。要真正做到严于律己,必须身先士卒、胸怀大局,真正使用好手中的权力,多为人民办好事、办实事。领导干部具备了优良品德,就会勤政为民,廉洁奉公,树立起反腐败的屏障,就能在人民群众中塑造清官形象。最后,要持续改进领导作风,认真解决领导干部在思想作风、学习作风、工作作风、领导作风和生活作风方面存在的突出问题,深入基层,深入实际,不唯虚,只唯实,勤政为民。牢固树立"情为民所系,权为民所用,利为民所谋"的政绩观和利益观。

三、提高领导者个性魅力的方法

20 世纪初,德国社会学家马克斯·韦伯是魅力型领导研究的先驱者,他在分析权威的三种来源方式时就提到魅力型权威,又称克里斯玛型权威,是指建立在个人魅力基础上的一种权力的来源方式,这种魅力是指因领导者个人的品质或社会背景等因素而赢得追随者的尊重和服从。1977 年,美国学者豪斯在韦伯研究的基础上正式提出魅力型领导风格的概念，他认为魅力型领导所应具备的人格特质包括强烈的自信心、对权力的渴望、描绘愿景的能力、具有亲和力、善于激发追随者的内在动机和树立个人典范。[1]

（一）提高战略思维能力

一个领袖必须具备卓越的超前战略思维能力，他能够感知事物的现行运行方式与可能的或应该的运行方式之间的差距，能够认识到现存秩序的缺陷，并能够提出如何克服这些缺陷的设想。他所设想的愿景不只是一种预测，而且表达了整个组织的未来理想。这种愿景为追随者解释各种事件和行为提供了共同的概念框架，因而它对追随者既具有激励的效用，也具有凝聚的效用。

（二）提高自信力

领导者要对自己的能力、正确性和自己的信仰在道德上的正义性高度自信。他们在情感、动机、情绪和价值观念上的内心冲突比其他人要少得多，在斥责团体成员时很少感到愧疚和不安。而那些非魅力型的领导者在失败与批评面前总是怀疑自己。越是自信的领导者，越能够对下属产生激励，激励下属全身心地投入，以实现领导者的愿望。

（三）提高身心素质充满热情

心理素质是指领导者的心理过程和个性特征方面表现出来的根本特点，是领导者进行领导活动的心理基础，它对领导者的行为起调节作用。领导者的心理素质主要包括：强烈的事业心和责任心，积极的自尊心和自信心，顽强的意志，良好的性格和气质等。领导者要提高情绪智力水平，情绪智力包括自我知觉，自我管理（能够自我约束、自我控制），自我激励（无论遇到多大的困难，都不屈不挠，坚持到底，决不轻言放弃，永不言败），换位思考（设身处地站在对方的角度考虑问题），社会技能。领导者只有具备足够高的情绪智力，才能以身作则，引领下属。身体素质是指领导者其他素质赖以存在和发挥作用的物质载体。在身体素质方面，领导者需要具备健康意识、健康知识、健康能力和健康体魄。领导者一般精神饱满、精力充沛，对实现目标充满激情，而且他们能够用各种方式充分和生动地表达自己的情感。

---

[1] 刘晓林. 国内外主要领导风格理论研究综述［J］. 商情，2019（4）：296.

(四) 提高言辞表达水平

领导者要善于表达自己的思想，擅长运用各种言辞和非言辞的表达技巧。他们有卓越的沟通能力，与下属交流时思想内容丰富，旁征博引，能够对追随者产生强烈的感染力。凭借这种表达能力，能够使追随者理解他的愿景，激发追随者的热情，挑起人们对现状的不满，推动他们对新的未来设想的支持。

(五) 敢于冒险、甘于奉献

魅力型的领导者通常都是冒险型的，敢于冒险会增加他们的魅力。当领导者用一种无私的方式倡导他们的观点，并且表现出关心其追随者的需要而不是关心他们自己的利益时，他们就会被别人依赖。领导者为实现共同理想准备承担的个人风险或所带来的个人损失越大，他们在值得完全依赖的意义上就越有魅力。

第七节 领导的其他常用工作方法

为了有效地带领群众实现目标，领导者要熟练掌握一些常用的领导方法。领导方法就是领导者为动员和组织群众完成一定工作任务而采取的行动方式、程序和手段。领导者其他的常用工作方法有：

一、示范工作法

有时候遇到大的、严重的、确实困难的问题，只是依靠下级的力量难以推动，此时往往需要领导者亲自出面去做那些具体的、本不是应该由领导者来做的工作。这种情况很普遍，有时高层的领导去做普通人的工作，就是想通过示范、提倡推动整个工作的进展。有些时候在号令不通难以推动的情况下，领导者不得不采取自己去做的办法，以此促使警醒下级按照自己的样子去做，这是一种不得不使用的办法，带有一定的心理强制性。有时候试点也是启动和推动工作的一种好方法，所以不少领导很注意使用这种方法，比如领导带队包村、包厂去蹲点，还有一些企业的领导者亲自去抓一个项目等，这些都很有成效。与领导者自身示范的上述方法不同，还可以抓示范队伍，也就是抓出一支能够长期起模范带头作用的典型队伍。

二、动员群众工作法

(一) 直接动员

群众是实践的主体,领导者直接动员群众的方法有:第一,发动群众直接动员法,就是领导者大张旗鼓地向全体群众做直接的动员。这种动员需要大的气魄,大的声势,大的影响覆盖面。第二,讲话动员,亲自号召。就是在特定的环境条件下利用场合对群众进行直接的动员讲话,以此来号召鼓动群众。第三,下发文件书面动员。这种方法虽然不如面向群众讲话的影响力大,但是它有内在的严肃性,且较直接动员更为灵活,面可大可小,层次上可上可下。第四,临场动员,鼓舞士气。这是临战状态下人们特别需要的,在此状态下,他们需要见到他们的指挥官,需要指挥官向他们说说那些鼓舞士气的话。

(二) 间接动员

间接动员的方法有:第一,改变机制,政策动员。实行政策本身就是一种巨大的动员力量,我们领导常常把自己的注意力放在面对面的工作上,摆脱不了思维的局限,其实政策更具有内在的推动力。实行政策这种机制性的工作,会动员起下属和群众自身的力量;第二,公之于众,让群众产生自觉行动。无论我们遇到什么情况,尤其是在困难的情况下,把情况明晰地告诉给群众,让群众产生自身的驱动力,这是一种十分必要的办法;第三,活动动员,点燃兴奋点。我们可以有意识地组织一次或几次无论哪一方面比较成功的活动,那么就会把群众动员起来。这样的事虽然不算大,却动员了群众的心劲儿;第四,参与进来,干中动员。任何观念和思想都是在实践中产生的,让实践本身来说服人是最有利的。所以使人参与也是一种动员,处于潮流之外的人让他们参与进来,他们就成了潮流里的人,处于工作之外的人让他们参与进来,他们就会从这个工作的角度来说话、来想问题了。

三、时间运筹法

领导者的时间往往很紧张,不够用,这是个极为普遍的问题。领导者充分利用时间的技巧有以下几点。

第一,运用四象限法则。这是时间管理理论的一个重要观念,即应有重点地把主要的精力和时间集中地放在处理那些重要但不紧急的工作上,这样可以做到未雨绸缪，防患于未然。把要做的事情按照紧急、不紧急、重要、不重要的排列组合分成四个象限：第一象限，是一些紧急而重要的事情，这一类的事情具有时间的紧迫性和影响的重要性，无法回避，也不能拖延，必须首先处理优先解决，主要表现为重大项目的谈判、重要的会议工作等；第二象限包含的事件是那些紧急但不重要的事情，这些事情很紧急但并不重要，因此这一象限的事件具有很大的欺骗性，因为很多人认识上有误区，认为紧急的事情都显得重要；第三象限的事件大多是些琐碎的杂事，没有时间的紧迫性，没有任何的重要性；第四象限不同于第一象限，这一象限的事件不具有时间上的紧迫性，但是，它具有重大的影响。所以策略是：首先要有准确的判断能力，确定是既紧急又重要的事情，然后优先处理。尽可能地把时间花在重要但不紧急（第四象限）的事情上，这样才能减少第一象限的工作量。对于紧急但不重要的事情的处理原则是授权，让别人去做。而对不重要也不紧急的事情尽量少做。

第二，对于必须做的事情，一件事一次做完。一次做不完的也要从速进行。事情总在变化或者机会过了，或者趋向复杂，难度大了，只要留着尾巴，这个尾巴就会越拖越长，更难以解决。一般性的事情当即处理，复杂的事情要问问：要不要做？由谁做？能不能由别人来做？怎么做？在思考上花时间，行动时就格外省时。

第三，把最重要的事情放在周初如星期一和星期二来做。这时候精力旺盛，办事从容，易于做好，而一旦大事落地整个星期都会宽松愉悦。把时间集中在最重要的、关键性的少数活动上，从最重要的事情做起，依次做那些次重要的。相对集中时间归类处理文件、回信等例行工作，尽可能避免零敲碎打，精力集中效率高，有利于学习和思考。

第四，养成记工作笔记的习惯。一天或两天要整理一次自己的工作情况和安排，这样可以使自己的工作有条理而不忙乱。随时记录遇到的新情况、新材料或偶尔的好主意，并按时汇总整理。这些零星的偶得往往成为某种成功的契机，这随时拾来的财富往往胜过许多时间的努力。

四、转变观念工作法

在变革时期转变人的观念是带有根本意义的事情，而这一件事情难度很大。转变观念的方法主要如下。

第一，先做后说。人的真理性的认识只能通过实践才能获得，检验认识的正确与否也必须通过实践。而在我们干起来之前，对大多数人而言，在他们还没有得到正确认识的时候，要他们同意并支持我们的措施，尤其是变革性的措施是有一定难度的。在许多情况下，为了减少阻力，避免议论纷纷、无法决断情况的发生，我们就不得不先干起来，只要有人能跟上，不持反对态度就行了。事情最后的结果往往是干起来了，人们的认识就统一了。

第二，先试点，再让事实说话。让事实说话这是十分正常的，人们只有经过了这些事情并对这些事情有了体会，受到了教育，才会扭转自己的看法。在很多时候，嘴上的说服是很没有力量的。

第三，制造压力迫使人们转变观念。其一，制造舆论，输送信息，施加心理压力。比较是会产生压力的，当人们了解大量外在的优势信息时，他们的心里就会出现一种恐慌，这时寻找心理解脱的欲望就随之产生。我们正可以利用这种心理引导人们认识事情的真实情况，借以做好转变观念的工作。其二，抓住关键，激化矛盾，施加有形压力。以此形成一种压力场，造成不得不干、不能不干的既成事实。其三，另起炉灶，用对立面施加压力。通过提倡组织内部的竞争，优胜劣汰，这样通过压力来让大家转变观念。

第四，开展大讨论，思想先行。这也是我们熟悉的方法，现在用的不太多。在重大问题上采用这种方法有利于统一思想，统一行动，形成合力。不过采用这种方法主要还是在干部这个层面，在企业有时扩展到职工这个层面也是必要的。对于在什么情况下，在事情进展到什么程度时，在哪个层面采用这种方法，就得具体问题具体对待了。

第五，改变人的环境，让环境改变人。虽然我们经常说内因是主要的，但在一定的条件下，外因则会引发内因的转化。所以，改变人的环境也是一种改变人观念的方法。比如一些企业把工人派到国外去参加培训，还有一些农村把村干部派到沿海开放区域去学习，这些都是可行的办法。

第六，组织群众自己教育自己。比如成立民间的各种研究会，把题目交给他们，让他们自己研究，自己解决问题，以此改变自己，并带动别人转变观念。向他们请教，迫使他们进入角色，变成转变观念的主人，发动群众出主意、想办法，引导人们转变观念等。

五、提高领导干部应对重大突发事件能力的方法

在当今这个决胜全面建成小康社会，进而全面建设社会主义现代化强国的新时代，提高各级政府的治理能力和治理水平是推进国家治理现代化的核心与关键。有效应对突发事件的发生,将突发事件造成的危害降到最低,这才是高明的决策者和有效的领导。但要做到这些就需要领导者具有强大的应对突发紧急事件的能力。提高领导干部应对重大突发事件能力的方法如下。

(一) 在思想上做好充分准备,时刻保持警醒并搞好各种应急预案

对于领导者,特别是基层领导干部,平时最担心、工作中最棘手的恐怕就是各种突发事件。如果不能迅速果断地及时控制局面,使矛盾激化、事态扩大,就会产生严重的后果。

要有一种常备不懈的精神状态,在思想上高度重视,对自己管辖范围内或负责的工作中可能突然发生的情况,要高度警觉,心中有数,不能有侥幸麻痹心理。因此,领导干部必须站得高看得远,比一般群众研究得要深一些,预见性要强一些,平时想问题、办事情,善于发现倾向性、苗头性、全局性的因素,锻炼见微知著的能力,做到未雨绸缪。领导干部对各种突发事件,必须制定出具体的、周密的、细致的应急方案,并把这种方案付诸实施,才能算是真正有计划、有准备。应急方案和我们日常所做的工作计划与方案不同,它可能用得上,也可能用不上。

(二) 构建领导者应急能力评价模型

构建领导者应急能力的胜任力模型,是基于应急管理领导力的专业能力发展,特别是围绕一系列的行为维度建立应急管理领导胜任力模型,在绩效评估、职位配置、培训开发和继任管理体系中都有所体现,并将这些标准作为甄选、晋升和奖惩的基本标准。构建领导者应急能力的胜任力模型对于应急管理领导者是否具备某一特定的能力或素质都可以进行量化式鉴别,量化管理也可以使组织内的管理者采用统一的评估标准,更为准确地确定应急管理领导者所具有的特定能力,并随着时间的推移对其职业生涯发展计划进行跟进。

通过分析提炼领导者应急能力指标,构建领导者应急能力胜任力模型如表 6-1 所示。

表 6-1 领导者应急能力胜任力模型

素质	素质定义	级别	范围
应急的知识与技能	在突发公共事件的事前预防、事发应对、事中处置和善后管理过程中，通过建立必要的应对机制应对危机，应该掌握的知识和技能。		
应急知识	关于应急管理的模式与实施，应急管理的方法与运用，应急预案的编制、实施与管理，以及应急救援保障系统的构成与具体建设等基本知识。	1级	不能掌握应急管理的方法与运用等相关知识，不能运用其解决问题。
		2级	了解应急管理的方法与运用等相关知识，一般能运用其解决问题。
		3级	理解应急管理的方法与运用等相关知识，比较能灵活运用，达到解决问题的程度。
		4级	掌握应急管理的方法与运用等相关知识，且能灵活运用，达到熟练解决问题的程度。
应急技能	这是一种在突发事件发生后建立必要的应对机制，采取一系列必要措施，应用科学、技术、规划与管理等手段，保障公众生命、健康和财产安全，促进社会和谐健康发展的有关活动的实施技能。	1级	不熟悉应对紧急情况的必要措施，不能运用有效手段解决重大危机。
		2级	熟悉应对紧急情况的必要措施，基本能应用科学、技术、规划与管理等手段解决重大危机。
		3级	掌握应对紧急情况的必要措施，应用科学、技术、规划与管理等手段解决重大危机。
		4级	精通采取一系列必要措施，应用科学、技术、规划与管理等手段解决重大危机。
应对危机能力	在突发紧急事件发生的前提下寻求破解之道，实现局面迅速恢复正常的能力。		
预测能力	这是一种利用已经掌握的知识和手段，预先推知和判断事物未来发展状况的一种能力。	1级	不能预先推知和判断事物未来发展状况。
		2级	能利用已经掌握的知识和手段判断事物未来发展状况。
		3级	熟练利用已经掌握的知识和手段，预先推知和判断事物未来发展状况。
		4级	精通利用已经掌握的知识和手段，预先推知和判断事物未来发展状况。

续表

素质	素质定义	级别	范围
判断能力	这是一种对事物进行剖析、分辨、单独进行观察和研究的能力。	1级	对事情、难题，分析判断能力较差，往往思前想后不得其解，以致束手无策。
		2级	掌握对事物进行剖析、分辨、单独进行观察和研究的技能，大致能作出判断。
		3级	对事物熟练地进行剖析、分辨、单独进行观察和研究，并准确作出判断。
		4级	分析判断能力强，能自如地应对一切难题，进行准确判断。
科学决策能力	这是一种在应对突发事件时决策者所表现出的科学快速的决断能力。	1级	头脑不冷静清晰，抓不住问题的关键，犹豫不决，贻误战机，导致事态扩大和失控。
		2级	基本能保持平稳的心态和冷静清晰的头脑，抓住问题的关键，通过收集真实信息，迅速采取措施控制局面。
		3级	能保持平稳的心态和冷静清晰的头脑，抓住问题的关键，通过收集真实信息，迅速作出符合实际的决定。
		4级	一贯处变不惊，维持平稳的心态和冷静清晰的头脑，抓住问题的关键，善于收集真实信息，迅速作出决定。
应变能力	指在突发事件发生后，经过大量思考过程后迅速作出的决定，有良好应变能力，能审时度势，随机应变。	1级	不能够较迅速地作出新的判断，不能灵活机智地选择出适应新情况的新应变方法，应对突发事件、危机非常被动。
		2级	基本能够迅速作出新的判断，灵活机智地选择出适应新情况的新应变方法，使自己始终保持应变的主动。
		3级	比较能够迅速作出新的判断，灵活机智地选择出适应新情况的新应变方法，使自己始终保持应变的主动。
		4级	灵活地根据已发生了的情况，迅速作出新的判断，灵活机智地选择出适应新情况的新应变方法，使自己始终保持应变的主动。

续表

素质	素质定义	级别	范　围
开拓创新能力	根据确定的目标与需要灵活地、创造性地运用已知的一切知识与信息提出某种具有独到见解的、新颖的、具有开拓性的对策方案的能力。	1级	不能根据确定的目标与需要灵活地、创造性地运用已知的一切知识与信息提出具有独到见解的、新颖的对策方案。应对突发危机手足无措。
		2级	基本能根据确定的目标与需要灵活地、创造性地运用已知的一切知识与信息提出具有独到见解的、新颖的对策方案。
		3级	熟练根据确定的目标与需要灵活地、创造性地运用已知的一切知识与信息提出具有独到见解的、新颖的对策方案。
		4级	具备丰富的知识与经验，拥有超群的才干、过人的胆识，能接受新思想，吸纳新知识，抓住新机遇，创造新成果。
组织管理能力	为了有效地实现消除危机目标，灵活地运用各种方法，把各种力量合理地组织和有效地协调起来的能力。	1级	遇到突发事件惊慌失措，不能明确责权关系，不能使组织中的成员互相协作配合、共同劳动，不能有效实现消除危机目标。
		2级	基本能通过建立应对危机的组织结构，规定职务或职位，明确责权关系，使组织中的成员互相协作配合、共同劳动，一定程度上消除危机。
		3级	熟练通过建立应对危机的组织结构，规定职务或职位，明确责权关系，使组织中的成员互相协作配合、共同劳动，有效实现消除危机目标。
		4级	积极主动履职，勇于承担责任，不拖延、不推诿，不畏困难。精通通过建立应对危机的组织结构，规定职务或职位，明确责权关系，使组织中的成员互相协作配合、共同劳动，有效实现消除危机目标。

第六章　新时代管理者提高领导力的方法

续表

素质	素质定义	级别	范　　围
综合协调能力	是指根据应对危机工作任务，对资源进行分配，同时控制、激励和协调群体活动过程，使之相互融合，从而实现消除危机目标的能力。	1级	不了解如何合理地对资源进行分配，同时控制、激励和协调群体活动过程，并使之相互融合，不能实现消除危机目标。
		2级	为实现应对危机的目标，了解如何对资源进行分配，同时控制、激励和协调群体活动过程，使之相互融合，基本能实现消除危机目标。
		3级	在应对危机工作中，熟练地对资源进行分配，同时控制、激励和协调群体活动过程，使之相互融合，从而实现消除危机目标。
		4级	快速识别应对危机工作的任务，精通对资源进行分配，同时控制、激励和协调群体活动过程，使之相互融合，从而实现消除危机目标。
贯彻执行能力	能够准确理解工作目标和组织意图，遵循依法行政的原则，根据客观实际情况，及时有效地完成任务。	1级	不能准确理解工作目标和组织意图，难以根据客观实际情况，及时有效地完成任务。
		2级	基本上能理解工作目标和组织意图，遵循依法行政的原则，根据客观实际情况，大致有效地完成任务。
		3级	比较理解工作目标和组织意图，遵循依法行政的原则，根据客观实际情况，及时有效地完成任务。
		4级	十分准确地理解工作目标和组织意图，遵循依法行政的原则，根据客观实际情况，及时有效地完成任务。
学习与实践能力	学习能力就是指观察和参与新的体验、把新知识融入已有的知识从而改变已有知识结构的能力。实践能力是在发展过程中升华形成的人的基本活动技能。	1级	不能运用科学的学习方法去独立地获取信息，加工和利用信息，分析和解决实际问题。不能把所掌握的理论运用到实践中去，以有效解决突发事件危机发展中面临的实际问题。
		2级	基本能运用科学的学习方法去独立地获取信息，加工和利用信息，分析和解决实际问题。能把所掌握的理论运用到实践中去，以有效解决突发事件危机发展中面临的实际问题。

续表

素质	素质定义	级别	范　　围
学习与实践能力	学习能力就是指观察和参与新的体验、把新知识融入已有的知识从而改变已有知识结构的能力。实践能力是在发展过程中升华形成的人的基本活动技能。	3级	熟练运用科学的学习方法去独立地获取信息，加工和利用信息，分析和解决实际问题。能把所掌握的理论运用到实践中去，以有效解决突发事件危机发展中面临的实际问题。
		4级	精通运用科学的学习方法去独立地获取信息，加工和利用信息，分析和解决实际问题。能把所掌握的理论运用到实践中去，以有效解决突发事件危机发展中面临的实际问题。
选才用人能力	能坚持党管干部原则，坚持德才兼备、以德为先，坚持五湖四海、任人唯贤，坚持事业为上、公道正派，把好干部标准落到实处，为应对危机配置好人才的能力。	1级	选人用人制度机制混乱，不严把选人用人政治关、品行关、能力关、作风关、廉洁关。在应对危机中选人用人失当，不能最大限度发挥人才使用效益。
		2级	基本能用正确的选人用人制度机制，严把选人用人政治关、品行关、能力关、作风关、廉洁关，坚决匡正选人用人风气，推动选人用人工作取得显著成效。在应对危机中对人才及时、放手、大胆使用，做到用当其时、用当其位，最大限度发挥人才使用效益。
		3级	熟练优化选人用人制度机制，严把选人用人政治关、品行关、能力关、作风关、廉洁关，坚决匡正选人用人风气，推动选人用人工作取得显著成效。在应对危机中对人才及时、放手、大胆使用，做到用当其时、用当其位，最大限度发挥人才使用效益。
		4级	精通选人用人制度机制，严把选人用人政治关、品行关、能力关、作风关、廉洁关，坚决匡正选人用人风气，推动选人用人工作取得显著成效。在应对危机中对人才及时、放手、大胆使用，做到用当其时、用当其位，最大限度发挥人才使用效益。

续表

素质	素质定义	级别	范围
媒体控制能力	具有机智敏捷、化危为机、随机应变地在报纸、广播、电视等媒介上进行形象传播的能力和控制媒体的能力。	1级	难以提出传播对策，不能迅速开放信息渠道，把必要的信息公之于众，统一口径与充分显露。难以控制信息传播的走向，未能有效消除不实传言。
		2级	基本能提出传播对策，以取得良好的意外事件处理效果。迅速开放信息渠道，把必要的信息公之于众，统一口径与充分显露。控制信息传播的走向，消除不实传言。
		3级	熟练提出传播对策，以取得良好的意外事件处理效果。迅速开放信息渠道，把必要的信息公之于众，统一口径与充分显露。控制信息传播的走向，消除不实传言。
		4级	及时正确地提出传播对策，以取得良好的意外事件处理效果。迅速开放信息渠道，把必要的信息公之于众，让公众及时了解危机事态和组织正在尽职尽责地加以处理的情况，统一口径与充分显露。控制信息传播的走向，特别是在新闻界发布了有关偏向信息之后所进行的新闻传播走向控制，消除不实传言。须具备随机应变的能力。
培训及宣传教育能力	指制订内容全面、可操作性强的应对突发事件宣传教育培训计划，完善宣传教育培训体系，切实做好实施工作，提升突发事件防控能力，有效预防和减少突发事件的发生，增强居民安全防范意识和应急自救能力。	1级	无应对突发事件宣传教育培训计划制订，未能完善宣传教育培训体系，培训及宣传教育实施工作不到位，难以提升突发事件防控能力。
		2级	基本掌握应对突发事件宣传教育培训计划制订，完善宣传教育培训体系，切实做好实施工作，提升突发事件防控能力，增强居民安全防范意识和应急自救能力。
		3级	熟练应对突发事件宣传教育培训计划制订，完善宣传教育培训体系，切实做好实施工作，提升突发事件防控能力，增强居民安全防范意识和应急自救能力。
		4级	精通应对突发事件宣传教育培训计划制订，完善宣传教育培训体系，切实做好实施工作，提升突发事件防控能力，增强居民安全防范意识和应急自救能力。

续表

素质	素质定义	级别	范围
善后恢复能力	指在突发事件发生和对事件本身处置之后，决策者对事件原因的调查，对相关人员的处理和对问题的改进，以及消除事件造成的影响恢复正常的生产和生活秩序等方面的能力。	1级	不能分析出事件发生的客观原因，不能查找出潜在的主观因素，善后恢复进展缓慢。
		2级	基本能分析事件发生的客观原因，能查找出潜在的主观因素，对问题的改进快速有序，善后恢复能抓住关键点。
		3级	熟练地认真分析事件发生的客观原因，能查找出潜在的主观因素，对问题的改进快速有序，善后恢复能抓住关键点，对人员处理合法合理。能深刻总结教训杜绝同类事件的再次发生。
		4级	认真分析事件发生的客观原因，能查找出潜在的主观因素，对问题的改进快速有序，善后恢复能抓住关键点，对人员处理合法合理。能深刻总结教训杜绝同类事件的再次发生。
领导作风	是领导者在领导机构和领导活动中的态度和言行的一贯体现，会对人们的思想和言行产生影响。		
思想作风	在思考、处理、探索、研究问题时，所表现的一贯性的基本态度和行为方式。	1级	不能根据事物的发展、变化的规律去观察和处理问题，不能应对复杂局面。
		2级	根据事物的发展、变化的规律去观察和处理问题，基本能应对复杂局面。
		3级	掌控局面，实事求是地根据事物的发展、变化的规律去观察和处理问题。
		4级	一切从实际出发，实事求是地运用事物的发展、变化的辩证唯物主义观点，去观察和处理问题，并形成一种自觉的行为、态度和习惯。
工作作风	领导者在工作中所表现的一贯态度和行为。它是领导者的思想道德素养和科学文化素养等在日常工作中的具体反映。	1级	对下属管理松散、赏罚不分明；对待群众不能做到公正无私，并把其利益放在心中。
		2级	基本能对下属严格要求、赏罚分明；对待群众公正无私，能把其利益放在心中。
		3级	比较信任和严格要求下属、赏罚分明；对待群众平易近人、公正无私。
		4级	对待下属充分信任、严格要求、和蔼可亲、赏罚分明；对待群众平易近人、公正无私，时刻把其利益放在心中。

续表

素质	素质定义	级别	范围
生活作风	在日常生活中所表现的一贯态度和行为。	1级	在生活作风上不严肃、不检点，小节不保。
		2级	讲政治、讲纪律、讲正气，处事公道正派，襟怀坦荡、光明磊落，敢于抵制不正之风。
		3级	生活正派、情趣健康，讲操守，重品行，注重培养健康的生活情趣，保持高尚的精神追求。
		4级	有一个健康的心理和完整的高尚人格，有良好生活作风，生活简朴、和蔼可亲、助人为乐、待人热情、关心群众。讲道德、讲原则、讲人格、讲正气。
成就导向	这是希望更好地完成工作或达到一个优秀的绩效标准。	1级	自我实现意识不强烈，没有强大的使命感，缺乏内驱力，满足于现状，不愿意冒险，应对不了复杂局面。
		2级	有较强的使命感，对自己有较高的标准，对于出色完成任务取得工作成果有较强烈的渴望。
		3级	始终把搞好工作、创造更好的成就作为自己的奋斗目标，渴望成功，喜欢迎接挑战，不断追求卓越。
		4级	追求卓越，执著追求成功近乎偏执，对自己以及员工要求极高，渴望追求完美。

表6-2所示的领导者应急能力评价赋分表和表6-3所示的行为等级划分赋分表由被评价对象的上级考核填报。

表6-2 领导者应急能力评价赋分表

指标维度 指标及分值	二级指标	标准分（原始分值转换为最终标准分）
应急的知识与技能（16%）	应急知识、应急技能	（原始评分/20）×16
应对危机能力（40%）	预测能力、判断能力、科学决策能力、应变能力、开拓创新能力、组织管理能力、综合协调能力、贯彻执行能力、学习与实践能力、选才用人能力、媒体控制能力、培训及宣传教育能力、善后恢复能力	（原始评分/130）×40
领导作风（44%）	思想作风、工作作风、生活作风、成就导向	（原始评分/40）×44

表 6-3　行为等级划分赋分表

等级	赋分	行为描述
1级	0	不合格的胜任特征行为
2级	5~7	合格的胜任特征行为
3级	8~9	优秀的胜任特征行为
4级	10	卓越的胜任特征行为

（三）构建"四位一体"机制提高领导者的岗位执行力

要提高其执行力，素质是基础、纪律是根本、考核是动力、组织文化是核心，要将四个相辅相成的要素有机结合起来。首先，要依培训和锻炼循序渐进不断提高领导者的自身素质；其次，要严格强化纪律性，做到令行禁止，将遵守纪律从习惯升华、内化为素养；再次，用好考核管理工具助推执行力；最后，要逐步构建并形成单位的执行力文化。

（四）建立"复盘"机制

建立"复盘精进"机制，领导者要高度关注在每次应急管理任务中处置流程的逻辑性，熟练运作每个环节并不断总结、反省和提高。通过"复盘"以下步骤达到精进：首先，是否建立突发事件源头防控机制，建立健全应急管理体制、制度，做好应对准备；其次，是否采取传统与科技手段相结合的办法进行预测，将突发事件消除在萌芽状态，一旦不可消除则及时预警；再次事件发生后是否及时启动应急预案，实施有效救援以防扩大和发展，建立科学的资源共享与调配机制防止短缺恐慌，及时、有序、科学地实施现场抢救和安全转送以降低伤亡率及损失，同时以现代信息技术为支撑保持信息畅通；最后是否在善后恢复阶段稳定局面，尽快使生产生活恢复，并及时调查突发事件的发生原因和性质，评估危害范围和危险程度，进行全面的分析和总结。

（五）强化干部基层历练

要强化干部到急难险重任务区历练的力度。"宰相必起于州部，猛将必发于卒伍"，基层的历练是干部成长的必修课和"压舱石"。到艰苦地区、复杂环境、关键岗位砥砺锤炼是培养干部"处突"能力的磨刀石，历史上有名的能臣干吏无不如此。明朝51岁"救时宰相"于谦在"土木堡之变"后力挽狂澜打赢"北京保卫战"化解危局，避免了第二次"靖康之耻"的发生，这种扭转乾坤的应急能力源于其23岁入仕后近30年基层的军政历练。

(六) 提高应急管理中领导者对传媒的控制和利用能力

现代传媒是重要的治理工具，国外政要对此谙熟于心、运用起来游刃有余，我国领导者也要掌握运作媒体的能力，这需要培训和锻炼。事发后领导者必须及时正确地提出传播对策，开放传播渠道公布真相，让公众接受客观真实的信息。对需要的信息进行内容和形式的加工，确保真实性和准确性，帮助新闻界作出正确报道。对在其他诱惑驱使下断章取义、造谣传谣、破坏良好网络舆论生态的自媒体，领导者要坚决快速打击。要学会与自媒体用户、平台企业进行沟通合作，不断增长管好与利用好自媒体的能力。

(七) 不断强化提高领导干部国家安全敏锐感

要进一步增强干部的国家安全意识，提高防范和抵御安全风险能力。承平日久，改革开放40多年我国已经成为世界第二大经济体，但西方敌对势力对我瓦解分化的战略未变，当前国家安全形势已发生巨大变化，部分干部国家安全意识尚比较薄弱，对对外开放中的经济安全、文化安全、信息安全、生物安全等警惕性不够。要通过常态化宣传、教育、培训等方式不断强化提高领导干部对国家安全的敏锐感和政治警惕性。

后　记

拿破仑曾说过"一头狮子带领的九十九只绵羊可以打败一只绵羊带领的九十九头狮子"，这句名言说明了主帅的重要性，也就是领导者对于组织的重要性。在处于百年未有之大变局的今天，无论是政府组织还是企业都必须要有无数卓越的领导者，才能领导大家坦然面对即将来临的巨大挑战。卓越的领导者具有不可替代的重要性，究竟如何才能成为卓越的领导者？答案很简单，无论你是否天生就具备卓越领导者的潜质，要成为卓越领导者，领导力的提高取决于后天持续自我造就的过程，取决于你是否愿意持续地在实践中去挖掘、去学习。

领导力的本质不是建立在权力基础上，而是建立在影响力之上。进入21世纪，各类组织广泛认同组织不仅需要在各个层级拥有能够胜任的个体领导者，更要将个体联合，从而使组织中产生集体的和联合的领导力，这是一种组织整体层面上的集体能力而非个体能力。随着人类进入信息社会，领导过程中的客体——被领导者也发生了巨大的变化，当代领导者不仅要通过对知识型员工施加影响来完成企业的目标，也要学会如何去适应知识型员工的新特点和新变化。领导者影响和适应知识型员工的能力是其领导力的重要体现，并且在领导者和被领导者的这种良性互动中，能够进一步提升其领导力。本书正是出于帮助管理者通过学习快速掌握提升领导力的方法和技巧的初心而撰写。

本书通过粗浅的研究，希望能给各级领导者、人力资源管理从业者及组织管理者提供启发。

廖宇

2021年5月于武汉

参考文献

[1] 斯蒂芬·P.罗宾斯, 玛丽·库尔特. 管理学 [M]. 11版. 北京: 中国人民大学出版社, 2012.

[2] 周三多, 陈传明, 鲁明泓. 管理学: 原理与方法 [M]. 5版. 上海: 复旦大学出版社, 2009.

[3] 余敬, 刁凤琴, 成中梅. 管理学 [M]. 武汉: 中国地质大学出版社, 2006.

[4] 谭力文, 刘林青, 包玉泽. 管理学 [M]. 北京: 高等教育出版社, 2010.

[5] 陈春花, 杨忠, 曹洲涛. 组织行为学 [M]. 北京: 机械工业出版社, 2016.

[6] 郁阳刚. 组织行为学 [M]. 北京: 清华大学出版社, 2014.

[7] 关培兰. 组织行为学 [M]. 3版. 北京: 中国人民大学出版社, 2011.

[8] 斯蒂芬·P.罗宾斯. 组织行为学 [M]. 孙建敏, 等译. 北京: 中国人民大学出版社, 1999.

[9] 孙健敏, 张德. 组织行为学 [M]. 北京: 高等教育出版社, 2019.

[10] 加里·尤克尔. 领导学 [M]. 8版. 北京: 机械工业出版社, 2014.

[11] 刘远我. 人才测评: 方法与应用 [M]. 北京: 电子工业出版社, 2007.

[12] 王淑红. 人员素质测评 [M]. 3版. 北京: 北京大学出版社, 2012.

[13] 孙宗虎, 庄俊岩. 人员测评实务手册 [M]. 北京: 人民邮电出版社, 2012.

[14] 杨生秀, 章志杰. 领导力开发 [M]. 沈阳: 东北大学出版社, 2016.

[15] 徐明. 战略人力资源管理理论与实践 [M]. 大连: 东北财经大学出版

社, 2015.

[16] 张登印, 李颖, 张宁杰. 胜任力模型应用实务：企业人力资源体系构建技术、范例及工具 [M]. 北京：人民邮电出版社, 2014.

[17] 肖琳. 人力资源管理概论 [M]. 大连：东北财经大学出版社, 2016.

[18] 杨河清. 人力资源管理 [M]. 大连：东北财经大学出版社, 2017.

[19] 王玉新. 给领导者的100种方法 [M]. 北京：中国经济出版社, 1997.

[20] 司马迁. 史记 [M]. 北京：中华书局, 2019.

[21] 汪受宽, 等. 二十五史简明读本 [M]. 上海：上海古籍出版社, 2018.

[22] 司马光. 资治通鉴 [M]. 长沙：岳麓书社, 2018.

[23] 罗贯中. 三国演义 [M]. 北京：中华书局, 2017.

[24] 杨宪福. 毛泽东领导理论与实践 [M]. 济南：山东大学出版社, 2017.

[25] 舒天戈, 孙乃龙. 领导决策谋划：决策中的创新与智慧 [M]. 成都：四川大学出版社, 2016.

[26] 陈讲红. 心理学与领导力 [M]. 北京：中国法制出版社, 2019.

[27] 贾东荣. 领导力 [M]. 北京：知识产权出版社, 2020.

[28] 潘鹏. 唤醒你的领导力：打造高绩效团队的秘密 [M]. 北京：人民邮电出版社, 2018.

[29] 郑红峰. 中国哲学史 [M]. 北京：北京燕山出版社, 2011.

[30] 姜国柱. 中国思想通史：先秦卷 [M]. 武汉：武汉大学出版社, 2011.

[31] 尹奎杰. 马克思权力观研究 [M]. 长春：东北师范大学出版社, 2015.

[32] 瞿铁鹏. 马克思主义社会理论 [M]. 上海：上海人民出版社, 2017.

[33] 苏玲. 列宁政治伦理思想研究 [M]. 北京：东方出版社, 2015.

[34] 马克·安德森. 领导力实践手册：将行动学习转化为能力的方法 [M]. 王华, 易厚萍, 译. 北京：电子工业出版社, 2015.

[35] 赵彦峰, 江洪湖. 领导细节全书 [M]. 北京：企业管理出版社, 2006.

[36] 周迎春, 郭晓丽. 一把手如何成为精神领袖 [M]. 北京：中国经济出版社, 2010.

[37] 张兆娟. 软实力：中式成功领导品质 [M]. 北京：企业管理出版社, 2006.

[38] 李睿. 卓越领导统御权谋 [M]. 北京：中国物资出版社, 2011.

[39] 邱霈恩. 领导学案例 [M]. 北京：中国人民大学出版社, 2008.

[40] 谈宜彦. 领导要论 [M]. 北京：红旗出版社, 2009.

[41] 杨春贵. 领导干部必知的马克思恩格斯列宁经典名言［M］. 北京：中共中央党校出版社，2013.

[42] 郭德宏，陈登才，钟世虎. 毛泽东修身齐家管理［M］. 北京：红旗出版社，2015.

[43] 朱继东. 新时代党的意识形态思想研究［M］. 北京：人民出版社，2018.

[44] 中共浙江省委党校编写组. 学习习近平总书记系列讲话精神干部读本［M］. 杭州：浙江人民出版社，2014.

[45] 习近平. 论坚持人民当家作主［M］. 北京：中央文献出版社，2021.

[46] 李丹秀，徐娟，张勇. 企业战略管理［M］. 北京：清华大学出版社，2016.

[47] 习近平. 习近平谈治国理政：第四卷［M］. 北京：外文出版社，2017.